Elisabeth Blum /
Peter Neitzke (Hg.)

BOULEVARD ECKE DSCHUNGEL

StadtProtokolle

Edition Nautilus

„Bedenke, wenn du zu reden versuchen wirst, du wirst dich auf keine Tradition berufen, keines jener klangvollen Worte: Freiheit, Fortschritt, Rechtsstaat, Demokratie, Menschenrechte gebrauchen können. […] Du wirst es auf dich nehmen müssen, das Unerträgliche zu beschreiben […].“

Giorgio Agamben

Edition Nautilus Verlag Lutz Schulenburg
Alte Holstenstraße 22 · D-21031 Hamburg

Umschlaggestaltung: Maja Bechert
1. Auflage 2002 · Printed in Germany
www.edition-nautilus.de

1 2 3 4 5 · 07 06 05 04 03 02

ISBN 3-89401-397-4

Einleitung

Boulevard Ecke Dschungel ist keine Adresse wie Kleiststraße Ecke Eisenacher oder Große Bleichen Ecke Jungfernstieg. *Boulevard Ecke Dschungel* ist allerdings auch kein unauffindbarer oder gar verschwiegener Ort, ganz im Gegenteil. Die ‚Adresse' spricht von Ecke oder Kreuzung als von einem Ort, an dem ‚aufgeräumte' und ‚unaufgeräumte' Bilder der Stadt kollidieren. Sie thematisiert prekäre Entwicklungen und konfliktgeladene Oberflächenäußerungen, die von anderen Bildern und Perspektiven der Stadt und des stadtgesellschaftlichen Lebens sprechen, als eine Politik und eine Planung sie entwerfen, die, wie Roger Willemsen sagt, „ihr Pathos darin haben, Dinge zum Verschwinden zu bringen".

In der wissenschaftlichen Literatur dürfte das Wort Dschungel kaum vorkommen. Bezeichneten Stadtsoziologen, Stadtgeographen, Stadtplaner den Gegenstand ihrer Leidenschaft als undurchdringliches Dickicht, man würde sie in der *scientific community* nicht ernstnehmen. Glücklicherweise brauchen Dichter sich nicht an solche Regeln zu halten. In seinem Stück *Im Dickicht der Städte* (1922/1923) zeichnet Bertolt Brecht den Dschungel der Großstadt als bedrückenden, lauten und rohen Alptraum, dessen Personal täglich ums Überleben kämpfen muß. Daran hat sich bis heute nichts geändert. Illegal Beschäftigte, Menschen ohne sicheren Aufenthaltsstatus, all diejenigen, denen der Markt signalisiert, daß er sie je länger je weniger braucht, versuchen im Dschungel der Stadt zu überleben.

Etymologisch sind *Boulevards* ursprünglich Bollwerke. Das Wort geht zurück auf das mittelniederländische *bolwere* beziehungsweise das deutsche *Bohlwerk* für Wall- oder Ringstraße; die Boulevards in Paris sind unter Ludwig XVI. dort angelegt worden, wo sich zuvor die alten Befestigungswerke befanden – ein temporäres Rückbauprojekt war beim G8-Gipfel in Genua zu sehen: eine auf Teilen des mittelalterlichen Walls aus Containern gebaute Demonstrationssperre. Auch das Wort *Boulevard* verwenden wir, wie Dschungel, nicht als Begriff, sondern als Anspielung. *Boulevard* meint dynamisch und profitabel, Show und Shopping rund um die Uhr, ‚Urbanität' als Nonstop-Theater. Auf den Bühnen, im Parkett, auf den Rängen und den Logen des Boulevardtheaters: Kunden, Klienten, Konsumenten. Umsatzsteigerung und standing ovations.

Boulevard Ecke Dschungel verschränkt Stadtwelten, die – offiziell wenigstens – bislang nirgends dieselbe ‚Adresse' hatten. Aber es gibt sie: die funktionale Arbeitsteilung unter ein und demselben politischen Dach – die

Funktionäre einander ergänzender Interessen, die sich hier zu Arbeitsgesprächen zurückziehen, einweihen, ehren, verleihen, lancieren, ‚die Öffentlichkeit informieren' und anderes mehr, und die Operationsbasen und Arsenale der sogenannten Ordnungskräfte, deren Auftritte vielfach nicht mehr von den rohen Inszenierungen gewalttätiger Szenen zu unterscheiden sind.

Statt einer Einleitung ein Blick auf zwei an der Oberfläche als unvereinbar erscheinende Szenen, in denen sich Boulevard und Dschungel so verschränken, daß sie nicht länger zwei Realitäten von Stadt sich zuschreiben lassen, sondern vielmehr einander bedingen. Dimensionen eines *anderen* Dschungels. Ihnen gelten die beiden folgenden Texte.

E.B., P.N.

Die Stadt der Zukunft oder Das Kartell

„P. Marlowe und ich verachten die oberen Klassen nicht, weil sie immer schön sauber gebadet sind und Geld haben; wir verachten sie, weil sie vor Verlogenheit stinken", schreibt der amerikanische Schriftsteller Raymond Chandler seinem Lektor Dale Warren am 7. Januar 1945. Daß die oberen Klassen den verführerischen Duft der reinen Wahrheit verströmten, läßt sich ja wirklich nicht behaupten. Aber kümmert es den Vorsitzenden des Aufsichtsrats, der eben 12 000 Leute auf die Straße hat setzen lassen und für diese unumgänglich genannte Maßnahme um Verständnis bittet, wenn die Zeitungen ihn verlogen nennen und verachtenswert? Hätte er deswegen die Beschädigung seines Rufs zu befürchten? Der Mann hat Geld wie Heu, da regelt sich alles übrige bekanntlich von selbst.

Worum also geht es dann? Nicht um Moral, sondern um Tatsachen. Mackie Messers proletarische Einsicht „Erst kommt das Fressen, dann kommt die Moral" gilt erst recht ganz oben. Wo es um viel Geld geht, gilt die erste Frage nicht der Idee, sondern dem Interesse.

Urbanität, lebendig steuerbegünstigt

Minister, Oberbürgermeister, Dezernenten, Manager, Kulturschaffende, Wissenschaftler meinen selten dasselbe, wenn sie dieselben Wörter gebrauchen, eignen sich aber dazu, diese oder jene Sache von öffentlichem Interesse mit ihren Namen und ihrem ‚Engagement' als förderungswürdig zu beglaubigen. Eine im Herbst 2000 gegründete Stiftung ist eine solche Sache.

Name und Programm sind affirmativ codiert (für Interessenten aus der Wirtschaft) und attraktiv (für das allgemeine Publikum): Stiftung „Lebendige Stadt“. Das hochmotivierte Personal will der *Krise der Städte* mit positiven Signalen, „stadtinnovativ“ genannten Initiativen und leuchtenden Projekten entgegentreten. Die Stiftung wolle, heißt es, dazu beitragen, „Urbanität zu fördern und Auflösungstendenzen entgegenzuwirken“. Genauer wird man nicht.

Genaueres steht in Paragraph 2 der Satzung: Die Stiftung widme sich „den europäischen Städten als Zentren für Leben, Arbeiten, Wohnen, Kommunikation, Kultur und Handel“. Darüber, was diese einigermaßen dürftige Idee als wesentliches *Interesse* motiviert, klärt derselbe Paragraph auf: Man verfolge „ausschließlich und unmittelbar gemeinnützige Zwecke im Sinne des Abschnitts ‚steuerbegünstigte Zwecke‘ der Abgabenverordnung“. *Geschäftslebendige Stadt.*

Instrumente, leuchtend und sprudelnd

Kümmern wir uns zunächst um die öffentlichen Auftritte des Vereins: spektakuläre Veranstaltungen, die den für innovativ gehaltenen Urbanitätsgedanken der Unternehmung lebendig illustrieren sollen. Etwa wenn Hamburgs Erster Bürgermeister das Stiftungsprojekt *Illuminierte Speicherstadt* per Knopfdruck startet und mit 600 Scheinwerfern das historische Kontorhausviertel aus seinem (kundenunfreundlichen) Dunkel erlöst. So sprach Hamburgs Wirtschaftssenator. Rang und Qualität einer Gegend beziffern sich nach dem Design des Quartiers und dem von diesem begünstigten Umfang der getätigten Umsätze. Gefragt sind Käufer, nicht Citoyens.

Zu *vor Ort* inszenierten Festakten wie der Illuminierung der Hamburger Speicherstadt strömt regelmäßig auch die Prominenz. Immer dabei ist der Vorsitzende des Stiftungskuratoriums. Alexander Otto, der Name kommt einem irgendwie bekannt vor. Richtig, kürzlich auf der Immobilienseite der *Frankfurter Allgemeinen Zeitung*. Honni soit qui mal y pense.

Der Herr war auch in Düsseldorf dabei. An einem Ort, der zusätzlichen Rummel eigentlich nicht nötig hat, ließ die Stiftung einen „Innovationskongreß“ über ein Thema diskutieren, das *ihre* Idee von Urbanität treffend beim Namen nennt: *Die Stadt als Bühne*. Schöne Gelegenheit für einen Bundesminister, der sich normalerweise eher zu Fragen des Schienenverkehrs und des Autobahnausbaus äußert, sich als Schirmherr einzubringen. Der Minister ist an Fragen der Stadt nicht nur interessiert, er gibt sich auch als Förderer des Lebendigen. Um Licht ging es, wie zuvor in Hamburg, auch hier.

Als „neue städtische Attraktionen“ des innovativen Bühnenzaubers waren „Klang und Wasser“ hinzugebeten worden.

Später wird der Vorsitzende des Stiftungskuratoriums den Kongreß ein „beispielgebendes Instrument“ nennen. Hat er sich auch dazu geäußert, wer es braucht? Und wofür? Und was dabei für wen rausspringt? War die Qualifizierung *beispielgebendes Instrument* im Sinne des Ministers, der doch angeblich das Gesamtinteresse (der Öffentlichkeit, des Publikums etc.) zu vertreten hat?

Erstmals seien in Deutschland, sagte der Kuratoriumsvorsitzende – und wieder begegnet man dem schon bekannten Personal: Minister, Stadtoberhäupter, Kulturschaffende, Wissenschaftler und Wirtschaftsvorstände – zusammengekommen, „um gemeinsam die Zukunft unserer Städte zu gestalten". Was sie unter Gestaltung verstehen? Wir kommen darauf zurück.

Ein Jahr darauf wird die Stiftung deutlicher. Auf einem gemeinsam mit der Volkswagen AG im Spätsommer 2002 organisierten Symposium geht es nicht mehr um die *Zukunft unserer Städte,* sondern – entschieden konkreter soll es schon sein, und von der *Stadt als Beute* will man, öffentlich wenigstens, nicht sprechen – um die *Stadt der Zukunft*. Schwerpunkte des Leitthemas *Zukunftsperspektiven für die europäische Stadtkultur* (in dieser Reihenfolge): *Gewerbe* und *Finanzen*, gefolgt von *Visionen*, schließlich *Stadtentwicklung* und *Stadtverkehr*. Tagungsort der Inszenierung: die erst im Vorjahr eingeweihte ‚Autostadt‘ des Volkswagenkonzerns in Wolfsburg.

Passender hätte er nicht gewählt werden können. In den bewegenden Worten des Stiftungsvorstandsvorsitzenden, sie finden sich in einem Informationsschreiben zum Symposium *Stadt der Zukunft*, ist die ‚Autostadt‘ für die eigenen Ziele geradezu vorbildlich: „ein neues Forum, welches das Thema ‚was den Menschen bewegt‘ auf neuartige und überraschende Art und Weise erfahrbar und erlebbar macht“. Und nicht nur das. In den „futuristischen Räumen des Tagungsortes“ spiegelten sich, wer soll das alles eigentlich verkraften?, „Visionen“ (kongenial dem Themenschwerpunkt des Symposiums), „Werte, Lebensgefühl – Emotionen und Impressionen rund um die Autowelt – Nostalgie und Träume – Vergangenheit – Gegenwart – Zukunft“.

Der Volkswagenkonzern interessiert sich „für die Lücke, die durch die Zerfransung und Auflösung der traditionellen Stadt entstanden ist“ – Volltreffer: für dieselbe Lücke interessiert sich ja auch die Stiftung „Lebendige Stadt“ –, und mit der ‚Autostadt‘ bedient der Konzern „das Bedürfnis nach Urbanität, indem er sie simuliert“ (Hanno Rauterberg in: *CENTRUM 2000-2001*). Nur konsequent, daß die Stiftung die in der ‚Autostadt‘ als architektonische Scheinvielfalt inszenierte Versammlung von Pavillons, in denen die jeweils neuesten Modelle des Konzerns (Audi, Bentley, Seat, Skoda, Lamborghini, Bugatti, Volkswagen) besichtigt werden können, als Paradigma ihrer Idee von städtischer Lebendigkeit betrachtet. Gleiches gilt offenbar für das Publikum: Kunden und Klienten. Ein Segment, das gern *innovative Einkaufszentren* aufsucht und überdies jede Menge ausgesuchte *Büro- und Spezialimmobilien* benötigt.

Emotionen und Impressionen rund um die Einkaufswelt

„Bauwerke", so steht es in der Selbstdarstellung der Jahrzehnte vor der Stiftung gegründeten und inzwischen den europäischen Markt beherrschenden ECE Projektmanagement GmbH & Co. KG, „können der urbanen Landschaft Atmosphäre und Flair verleihen und so ein Umfeld schaffen, in dem sich Menschen wohl fühlen." ECE plant, realisiert und managt Verkehrsimmobilien, Logistikzentren, Firmenzentralen, Bürokomplexe und ganze Stadtteile mit einem ständigen Bau- und Planungsvolumen von 2 Milliarden und einem realisierten Projektvolumen von 8,1 Milliarden Euro. Unter der Regie von ECE, lesen wir, seien ungezählte „Orte voller Lebendigkeit [!] und Vielfalt" entstanden, „Gewerbeimmobilien", die „höchste qualitative Maßstäbe" erfüllen und sich – wie man annehmen muß: in jeden denkbaren Kontext – „städtebaulich harmonisch einfügen". Sie „bestechen" sogar, in diesem Fall ausschließlich durch „elegante Funktionalität".

ECE besteht selbstverständlich auf architektonischer Qualität. Für die von Vitruv in den *Zehn Büchern* formulierten Ziele – firmitas (Festigkeit), utilitas (Zweckmäßigkeit), venustas (Anmut) – hat sie den Wahrnehmungs- und Werbemustern der modernen Lebenswelt entsprechende Formeln gefunden: „Ein kundenfreundlich konzipiertes und professionell geführtes Einkaufszentrum, das sich mit einer hochwertigen Architektur behutsam in das vorhandene städtische Umfeld einfügt", sagt die Firma, erhöhe „die Ausstrahlungskraft einer Stadt" und trage dazu bei, „verloren gegangene Kaufkraft zurückzugewinnen".

Gewerbe und Vision GmbH & Co. KG

Das liest sich nicht zufällig wie die Quintessenz des Programms der Stiftung „Lebendige Stadt". Kaum verwunderlich also, daß die Selbstanpreisungen der ECE Projektmanagement GmbH & Co. KG – ihnen sind die hier zitierten Partien entnommen – und die Verlautbarungen der Stiftung „Lebendige Stadt“ auf eine gemeinsame Quelle verweisen: ECE und Stiftung werden nämlich von ein und demselben Herrn geleitet. Alexander Otto hat den Vorsitz bei der Geschäftsführung der ECE Projektmanagement GmbH & Co. KG und beim Kuratorium der Stiftung. Deren Vorstand gehören überdies der Geschäftsführer der ECE Consulting sowie der Geschäftsführer der ECE Projektmanagement an. *Lebendige Kooperation.*

ECE und Stiftung „Lebendige Stadt“ bedienen sich auch aus demselben Fundus von als werbewirksam bewährten „Plastikwörtern“ (Uwe Pörksen) und Formeln, die als Bedürfnisse entdeckte Kundenwünsche in positive Konnotationen erzeugende Imperative übersetzen. Anders als beispielsweise die Kinowerbung, die die Reizmuster postmoderner Großstadterfahrungen auf höchst effektvolle und wirtschaftlich offensichtlich einträgliche Weise verarbeitet, verzichten die von der Firma ECE und der Stiftung beauftragten Werbeagenturen darauf, das Stadtprogramm – im Jargon zeitgenössischer Werbung: die Stadt*vision* – ihrer Geschäftspartner mit dem jeweils Neuen, Abweichenden, Exzentrischen attraktiv zu bebildern.

Mit Grund: Die Stiftung „Lebendige Stadt“ und ECE sind an einem kosmopolitanen Großstadtpublikum nicht interessiert. Beider Interessen im Weg wäre die Stadt, wenn man sie als „Verhandlungsraum“ betrachtete, als „Kampfplatz unterschiedlicher Interessen und Wertorientierungen, an dem es unter anderem deswegen so spannend ist zu leben, weil sich an diesem Ort nichts vereinheitlichen läßt – es sei denn mit Gewalt und Unterdrückung“ (Sighard Neckel, vgl. S. 110). Stiftung und Firma haben *einander ergänzende*, wenn nicht übereinstimmende, *nicht* verhandelbare Interessen und Wertorientierungen. Zu deren Durchsetzung brauchen sie ein mehr oder weniger einheitliches, Ambivalenzen und Widersprüche als „Ordnungsstörung“ (Zygmunt Bauman) empfindendes Publikumssegment. Ein Publikum, dem man die Maximen jederzeitigen Wohlverhaltens nicht erst zu erläutern braucht, weil es sich bereits durch Disziplin einschließlich Kontrollbereitschaft (ergo freiwillige Knechtschaft) plus Kaufkraft auszeichnet. Als *Partner* suchen Stiftung und Firma Bewohner und Besucher, die die Formeln der Urbanitäts*reklame* verinnerlicht haben, bevor und damit sie auf sie positiv reagieren. Für sie als Repräsentanten einer *virtuellen Urbanität* sollen die Stadtkerne *erlebbarer* und *lebenswerter* (lies umsatzfreundlicher) *gestaltet* werden. Für sie soll die Stadt – oder das, was man hilfsweise noch so nennt – wie ein Theaterbetrieb funktionieren, dessen Publikum, dafür hat es schließlich bezahlt, von der Intendanz erwarten kann, die jeweilige Inszenierung störungsfrei genießen zu können.

Die „präventive Sicherheitsordnung“, beobachtet der Soziologe Trutz von Trotha, übersetze „die Struktur ökonomischer Ungleichheit in die soziale Ungleichheit der Sicherheit." Verfahre „die staatliche Ordnung nach dem Grundsatz ‚Gleiche Sicherheit für alle'", so folge „die präventive Sicherheitsordnung der Richtschnur: ‚Gleiche Sicherheit für alle, die sich Sicherheit leisten können'". (vgl. S. 184) Dem entspricht, daß die Stiftung „Lebendige Stadt" den Großteil gerade jener vitalen Lebensäußerungen, die die Stadt im Wortsinne lebendig machen, die jedoch in der inszenierten Lebendigkeit als störend angesehen werden, mit dem negative Konnotationen bewirkenden, im Grenzfall Ängste stimulierenden Wort Auflösungstendenzen etikettiert.

Ersetzen, löschen

Es bedarf nicht erst einer gründlicheren Analyse der sprachlichen Muster, die die politische Werbung nicht anders als jegliche Reklame benutzt, um zu erkennen, daß eine Warnung vor beziehungsweise ein Programm gegen „Auflösungstendenzen" nur die *ideologische* Oberflächenformel ist, welche das „urbanistische" Leitbild der Stiftung „Lebendige Stadt" und das wirtschafliche Interesse der ECE-Projektmanagement propagandistisch zusammenbindet. Die Warnung hält sich an die Erfahrung des Diebes, der auf jemanden in der Menge zeigt und „Haltet den Dieb!" ruft. Getarnt durch das Warnschild „Achtung Auflösungstendenzen!" betreiben die Geschäftspartner Stiftung und ECE die Aufflösung der Stadt – zugunsten der Funktionalisierung und Sicherung der Stadt für das urbane Restprogramm ‚Kaufen und Verkaufen'. Das Projekt scheint aufzugehen. Ein städtisches Publikum, das Angst hat vor den Fährnissen nicht segregierter, nicht risikokontrollierter städtischer Verkehrsformen, bewegt sich bereits mit seinen – notabene hergestellten – Wünschen in den Bezirken jener Scheinurbanität, deren Bilder die Stiftung „Lebendige Stadt" in Auftrag gibt, als kulturelle Beiträge propagiert und vermarktet: Kulissen, Shows, Events und Mitmachaktionen, die die „Surrogatstadt in der Stadt" erzeugen. Nachdem ähnlich zugerichtete Bezirke am Rand der Städte, in Flughäfen, in und bei Bahnhöfen längst die Erwartungen und sozialen Verhaltensmuster konditioniert haben, erledigt die Surrogatstadt in der Stadt den Rest. Erledigt im doppelten Sinne des Wortes.

Surrogate City: Die Konzepte und Pläne stammen aus den Untiefen des Großstadtdschungels. Vom Rang, vom Erscheinungsbild, von den Umgangsformen und von den Sätzen des sich gelegentlich öffentlich zeigenden leitenden Personals soll man sich nicht irritieren, aber auch nicht täuschen lassen. Mit höchster Aufmerksamkeit sollte man aber die Figuren zur Kenntnis nehmen, die auf dem Surrogate-City-Symposium „Stadt der Zukunft“ als Redner auftreten. Neben diversen Vorsitzenden (Vorstand, Kuratorium, Stiftungsrat) und den wie bei allen Veranstaltungen der Stiftung „Lebendige Stadt“ präsenten Bürgermeistern, Dezernenten, Staatssekretären und ganzen zwei Architekten entdeckt man den Sprecher der Geschäftsführung der Deutschen Immobilien Leasing (Deutsche Bank Gruppe), je ein Mitglied des Vorstandes der Volkswagen AG und der DEKA Immobilien, den Vorsitzenden der Geschäftsführung der ThyssenKrupp Immobilien GmbH sowie den Präsidenten des Automobilclubs ADAC. Einander ergänzende, wenn nicht übereinstimmende Interessen und Wertorientierungen. Sie werden die Stadt solange im Griff haben, solange „die globalen Massen der Verbraucher [...] keine irgend neue Gestalt der *polis* erahnen“ lassen. (Giorgio Agamben)

P.N.

Im Dschungel legalisierter Illegalität

Zürich, 21. April 2002. Kurswechsel. Mitten beim Schreiben dieser Einleitung eine Nachricht von der Tankstelle aus dem Quartier: Der zwanzigjährige Bosnier Eldar S., Sohn des Tankstellenbetreibers, wird an jenem Sonntag auf dem Weg ins Zürcher Shopville von zwei Männern, die ihn angeblich für einen Drogendealer halten, mit einem Metallgegenstand auf den Kopf geschlagen, mit Handschellen an ein Geländer gefesselt, auf die Knie gezwungen und mit Stiefeltritten und Fäusten traktiert, ins Gesicht, auf den Hinterkopf. Er blutet heftig. „Hört auf, auf ihn einzuschlagen!“ ruft jemand. „Wir tun nur unsere Arbeit!“ reagiert einer der Schläger. Plötzlich Polizeisirenen, im Blitztempo kreuzen Polizisten auf. Die beiden Männer zücken ihre Ausweise. *Polizeiausweise.*

Schwer verletzt wird der Mann zu einer Polizeiwache gefahren und dort weiter geschlagen. Stöße, Tritte, sadistische, fremdenfeindliche Ausfälle. Zwischendurch nackt ausgezogen in einer fensterlosen Zelle. Die Fotos, die später die Bevölkerung wachrütteln, werden kurz nach der Einlieferung des Opfers im Universitätsspital gemacht. Draußen beziehen im Verlaufe der nächsten Stunden über zehn Polizisten Stellung, bis ihnen das Krankenhauspersonal unmißverständlich klarmacht, daß der Mann im Spital bleiben wird.

Ein Ort und ein Datum, das den Blick auf die Polizei als Ordnungshüter kippt und die *Struktur* von Ereignissen bloßlegt, die bis dahin inmitten des alltäglichen Nachrichtengewirrs nicht in einem Zusammenhang gesehen worden wären. Daß es diesmal anders kam, muß als ‚glücklicher' Zufall angesehen werden, für dessen Zustandekommen die folgenden Bedingungen entscheidend waren: *erstens* der Ort in der Stadt, ein gutbürgerliches Quartier. Wäre der Vorfall aus einem anderen Stadtkreis gemeldet worden, die verbreiteten Vorurteile gegenüber ‚gewalttätigen' Ausländern hätten ausgereicht, um den Vorfall wiederum zugunsten der gewalttätigen Polizisten darzustellen. *Zweitens* die soziale Basis der Empörung: Quartiersbewohner „in Hemd und Anzug" (Pressemeldung), die sich für das ihnen bekannte Opfer wehren und gegenüber den Medien aktiv werden. *Drittens* ein in Sachen Polizeiopfer erfahrener Anwalt, der seine Kenntnisse öffentlich macht. *Viertens* Medien, die jetzt über den Fall im Kontext weiterer Beispiele polizeilicher Gewaltübergriffe berichten.

Der Fall Eldar S, wie er in den darauffolgenden Wochen in den Medien und Kundgebungen heißen wird, wirkt wie ein Katalysator. Er mobilisiert die wichtigste öffentliche Ressource: *Aufmerksamkeit*. Ohne ihn wäre womöglich keiner der vielen, fast schon verblaßten brutalen Übergriffe der Stadtpolizei wieder ans Licht gekommen. Doch nun sind die Fälle der zurückliegenden sechs Monate, chronologisch aufgelistet, in der Tagespresse nachzulesen:

Am 1. Mai 2002 wird einem Dreiunddreißigjährigen von einem Polizeihund das Gesicht zerbissen, ein Freund wird, trotz Handschellen, mit Schlägen traktiert. Am 21. April der Überfall auf Eldar S. Am 18. April wird ein Rentner von einem rückwärts fahrenden Polizeifahrzeug überfahren und stirbt zwei Wochen später an den Folgen seiner schweren Verletzungen. Am 15. März muß einem Mann ein Bein amputiert werden, nachdem Polizisten ihn für einen Einbrecher gehalten und ihn mit dem Auto gegen eine Hausmauer gedrückt hatten. Am 1. Februar erleiden zwei Demonstranten auf der gegen das World Economic Forum gerichteten Demonstration nach einem Tränengaseinsatz schwerste Hautverätzungen. Polizisten wurden dabei beobachtet (http://www.ssi-media.com/pigbrother/Report2002.htm), wie sie ein „Tränengas-Wasser-Gemisch" in drei öffentliche Brunnen einleiteten. Am 26. November 2001 schießen zwei Polizisten auf einen Autodieb, der zu entkommen versucht, und verletzen ihn tödlich. Am 4. November überfallen Polizisten den 47-jährigen Goran B. in seiner Wohnung und lassen ihn verletzt zurück. Im Januar 2002 überfallen sie ihn ein zweites Mal, und weil der Mann sich zuerst anziehen will, treten sie die Tür ein. Seither ist der vierfache Familienvater traumatisiert und arbeitsunfähig. (Rund sieben

Monate später hat sich die Polizei bei ihrem Opfer entschuldigt.)

Von entsetztem Staunen („Was, sowas in Zürich? Das kennt man doch nur von Polizeistaaten …“) über die Politisierung nicht nur der unmittelbaren Nachbarschaft setzt sich der Protest in Form brisanter politischer Fragestellungen und entschiedener Forderungen bis in die Medien fort. Gefordert wird der sofortige Rücktritt der Polizeivorsteherin und des zuständigen Polizeikommandanten. Weil die Polizeigewalt durch interne Absprachen, lasche Verfahrensführung, Gruppenloyalität und anderes „praktisch der strafrechtlichen Sanktion entzogen“ werde, so ein in der Sache erfahrener Zürcher Anwalt, habe Amnesty International schon Ende 2001 die „Schaffung einer unabhängigen Institution für die Überwachung der Schweizer Polizeiarbeit“ verlangt.

Kurze Zeit später lädt die Mediengewerkschaft *comedia* unter der Losung „Übergriffe der Stadtpolizei gegen Medienschaffende – Es reicht!“ zu einer Pressekonferenz. Die Anklagen zielen in die gleiche Richtung: In „systematischer Abfolge und Häufigkeit“ würden Journalisten und Pressefotografen von Zürcher Polizeikräften behindert, eingeschüchtert, schikaniert oder sogar festgenommen. Die Gewerkschaft fordert das Zeugnisverweigerungsrecht für Medienschaffende – in der Schweiz als letztem europäischen Land seit dem 1.April 1998 eingeführt, in der Rechtspraxis jedoch nicht durchgesetzt. Sie verlangt die Herausgabe der intern gehandhabten Zürcher Richtlinien, die den Umgang zwischen Polizei und Medienschaffenden regeln, die jedoch nach wie vor unter Verschluß gehalten werden. Sie fordert die Anerkennung des Presseausweises – in der Schweiz, wie die Öffentlichkeit erfährt, immer noch polizeiliche Ermessenssache oder „der individuellen Willkür von Polizeibeamten anheimgestellt“. Die Polizeivorsteherin hatte das Gesuch eines Fotojournalisten und der Gewerkschaft *comedia* um „Herausgabe der Dienstanweisungen“ mit der Begründung abgelehnt, daß es sich um interne Dokumente handele, die „keinerlei Außenwirkungen zeitigten“. Kantonale Instanzen schützen diesen Entscheid. Mit dem Resultat, daß inzwischen über den Rechtsweg und gestützt auf ein Gutachten eines Professors der Universität Bern und seines Assistenten die Erfüllung dieser Forderungen als elementaren Geboten der Rechtsstaatlichkeit verlangt wird.

Mehr als fünf Wochen dauert es, bis die sozialdemokratische Zürcher Polizeivorsteherin – der neu gewählte Stadtpräsident, ebenfalls Sozialdemokrat, steht ihr darin zur Seite – zum Fall Eldar S. Stellung nimmt. Zum Entsetzen der Öffentlichkeit ist sie es, die die Aufklärungsarbeit der aktiv gewordenen Bürgerinnen und Bürger sowie der Medien so zu unterlaufen versucht, daß der Fall ins Muster der bisherigen Fälle paßt: Notwehr auf Seiten der Polizei. Um das schwer angeschlagene Vertrauen in die Polizei wiederherzustellen, greift sie auf einer Pressekonferenz zu einer unerwarteten Taktik. O-Ton: „Ich habe Hinweise, die ein anderes Bild von Eldar S. ergeben, als in den Medien verbreitet. Ein Bild, das von gewalttätigen Vorfällen spricht." Und dies, obwohl die Medien Wochen zuvor berichtet hatten, daß gegen Eldar S. strafrechtlich nichts vorliege. Noch am selben Abend liefert das Zürcher Lokalfernsehen Tele Züri dazu die ‚Fakten': Inzwischen hatte man in Eldars Schulzeit herumgewühlt und war angeblich fündig geworden: mit dem Statement eines Schulleiters, der, wie man erst später erfährt, dem Schüler Eldar nie begegnet ist, oder Informationen eines Karatelehrers, der Eldar als Fünfzehnjährigen aus einem Kurs gewiesen hatte, weil dieser „die Grenzen überschritten" hätte. Die Sendung *Die dunkle Seite des Eldar S.* folgt, einem Spiegel gleich, der Richtung der polizeilichen Verteidigungsstrategie: Fortsetzung der Gewalt mit anderen Mitteln. Der Zürcher *Tages-Anzeiger* spricht anderntags zu Recht von „Vorverurteilung".

Diese geplante Verschiebung des Falls Eldar S. löst Unbehagen, um nicht zu sagen ein unheimliches Gefühl aus. Was sie – ungewollt – entblößt, ist ebenfalls nur durch eine Verschiebung möglich und erfüllt eine der Freudschen Definitionen des Unheimlichen: Unheimlich sei, wenn etwas eigentlich ein Geheimnis, also im Verborgenen hätte bleiben sollen und plötzlich hervortritt. Im vorliegenden Fall zugleich ein ‚unheimliches' Glück, weil es zur Aufklärung von Strukturen hilfreich ist, die einen Fall wie diesen in die Richtung der Unkenntlichkeit verschieben wollen. Diese Praxis des Verschiebens läßt sich hier wie folgt charakterisieren:

Statt über Aufklärungsabsichten innerhalb der Polizei zu sprechen nur dunkle Andeutungen der zuständigen Politikerin, die sich zudem auf äußerst dürftige Recherchen aus Kindheit und Jugend von Eldar S. beziehen. Auf diese Weise versucht die Polizeivorsteherin rückwirkend eine biographische Tendenz zu konstruieren, die es erlauben soll, das Moment der Gewalttätigkeit von den Schlägern auf das Opfer zu verschieben. Die vagen Andeutungen sind das suggestive Mittel, die fehlende Verdichtung zu dieser Interpretation der angestachelten Phantasie in den Köpfen der ‚Informierten' zu überlassen. Diese ersten Verschiebungen erzeugen eine weitere: Die öffentliche Aufmerksamkeit soll von den polizeilichen Übergriffen auf die angeblich gewalttätige Disposition des Opfers verschoben werden, nach dem Muster: Das Opfer ist selber schuld. Was den gewalttätigen Polizisten jederzeit zugestanden wird (weswegen sie vorläufig nicht nur noch im Dienst sind, sondern nicht einmal eine Rüge entgegennehmen mußten), nämlich das Recht auf Unschuldsvermutung, wird bei Eldar S. nicht nur öffentlich demontiert, die Polizeivorsteherin versucht sogar, die normalen Lebensäußerungen eines Heranwachsenden als Etappen einer potentiellen kriminellen

Karriere darzustellen. Zuletzt wird jene entscheidende Verschiebung sichtbar, die die verantwortliche Politikerin statt als politisch Handelnde als fahrlässige Dilettantin im Fahrwasser vulgärpsychologischer Praktiken zeigt. Auf die Verführbarkeit der Bevölkerung, das heißt auf deren erhöhtes Mißtrauen gegenüber Fremden setzend, will sie die Öffentlichkeit umstimmen, sie gegen Eldar S. einnehmen. Ihr verspätetes Handeln – es kann sich keineswegs um eine vorschnelle Reaktion gehandelt haben – zeigt sich nicht etwa im Eingeständnis politischen wie menschlichen Unrechts, sondern in der uneingeschränkten korporativistischen ‚Solidarität' (beziehungsweise Kumpanei) mit den Polizisten. Es grenzt schon an Realitätstrübung, wenn die Polizeivorsteherin im Magazin *Facts* sagt: „Es gibt keinen einzigen Fall, wo man der Stadtpolizei oder mir den Vorwurf machen könnte, wir hätten versucht, etwas zu vertuschen."

Physische Gewalt ist sichtbar, beweisbar, anklagbar – psychische Gewalt nicht. Von psychischer Gewalt wird in diesen Fällen öffentlich nicht gesprochen, weil dazu die sprachlichen Konventionen fehlen. *Psychische* Gewalttätigkeit jedoch regiert nicht nur Teile des Zürcher Polizeikorps, sondern auch dessen politische Leitung. Die Konstruktion einer von Gewaltbereitschaft geprägten Biographie liegt auf derselben Linie wie die gegenüber Eldar S. ausgesprochene Drohung eines Polizisten, er werde, besonders was seinen „weiteren Verbleib in der Schweiz" betrifft, Probleme bekommen, falls er es wage, sich an die Medien zu wenden.

Eldar S. hat seine Erfahrungen mit der Zürcher Stadtpolizei in einem detaillierten Protokoll festgehalten (http://www.stevejam.ch/eldar/) und einen Anwalt beauftragt, Anzeige gegen Unbekannt zu erstatten. Ein Quartierskomitee hat unmittelbar nach dem Vorfall eigene Ermittlungen begonnen, regelmäßig die Bevölkerung und die Medien informiert und eine Kundgebung unweit des Tatorts organisiert. Daß die großen Tageszeitungen die Lesart der Polizeiführung und der im Stadtrat politisch Verantwortlichen kritisch prüfen, bezweifeln oder sogar heftig in Frage stellen, gehört zu den erfreulichen Erfahrungen dieser Tage.

Im Juni 2002 *E.B.*

Mike Davis

Die Flammen von New York

Zwischen Fiktion und Patriotismus: der paranoide Untergrund einer epochalen Katastrophe

> „Lower Manhattan war bald ein Hochofen blutroter Flammen, aus dem es kein Entrinnen gab. Autos, Schienen, Fähren, alles war verloren; kein Licht wies den Weg für die verstörten Flüchtenden in diesem staubigen Chaos außer dem Licht des Brandes […] Staub und schwarzer Rauch ergossen sich über die Straßen, immer wieder durchsetzt von roten Flammen."[1]
> H.G.Wells, *War in the Air*, New York 1908

Dieses Szenario, Teil einer langen, warnenden Abhandlung über das „Massaker von New York", schlummerte fast ein Jahrhundert in einem hinteren Regal der New York Public Library. H. G. Wells, dieser sozialistische Nostradamus, verfaßte sie im Jahre 1907. Die amerikanische Ausgabe seines *War in the Air* enthält eine außergewöhnliche Illustration (fast könnte man denken, sie stamme von CNN): eine Feuersbrunst, die die Wall Street verschlingt, die glimmende Trinity Church im Hintergrund. Wells machte in diesem Text auch ein paar scharfsinnige und bittere Kommentare über New Yorks messianischen Glauben daran, daß es von der bösen Seite der Geschichte ausgenommen sei:

„Seit vielen Generationen hatte New York dem Krieg keine Beachtung geschenkt, außer vielleicht als etwas, das weit entfernt geschieht, die Preise beeinflußt und die Zeitungen mit aufregenden Schlagzeilen und Bildern versorgt. Die New Yorker waren überzeugt davon, daß ein Krieg im eigenen Land unmöglich sei […]. Sie sahen Krieg, wie sie Geschichte sahen, durch einen schillernden, duftenden Nebel, in dem all die wesentlichen Grausamkeiten taktvoll verborgen blieben. Sie jubelten der Fahne aus Gewohnheit und Tradition zu, sie verachteten andere Nationen, und wann auch immer ein internationaler Konflikt entstand, waren sie durch und durch patriotisch, soll heißen, sie waren erzürnt über jeden hiesigen Politiker, der das gegnerische Volk nicht bedrohte oder ihm hart und kompromißlos entgegentrat."[2]

Als die von Kartellen und Monopolen dominierte Außenpolitik Amerika in einen allgemeinen Krieg der Großmächte hineinzieht, versammeln sich die New Yorker, noch ohne die wirkliche Gefahr zu ahnen, hinter Flaggen, Konfetti und einer imperialen Präsidentschaft. „Und dann, plötzlich, brach Krieg herein über diese Welt, die sich so friedlich mit der Vervollkommnung von Waffen und Sprengstoff beschäftigt hatte [...]. Die erste Reaktion New Yorks [...] war einfach nur, seine normale Leidenschaftlichkeit zu verstärken. Menschenmassen versammelten sich [...], um patriotischen Reden zu lauschen und zu applaudieren und es gab eine monströse Anzahl kleiner Fahnen und Anstecker [...] starke Männer weinten beim Anblick der Landesflagge [...] Der Verkauf von Handfeuerwaffen stieg enorm [...] und es wurde gefährlich, keinen Kriegsanstecker zu tragen [...]. Eine der erstaunlichsten historischen Tatsachen über diesen Krieg und gleichzeitig eine, die die Trennung zwischen den Methoden der Kriegsführung und der Demokratie zur Vollendung bringt, war die effektive Geheimhaltung Washingtons [...]. Sie verschwendeten keinen Gedanken daran, der Öffentlichkeit auch nur ein einziges Detail ihrer Vorbereitungen zu verraten. Sie ließen sich nicht einmal dazu herab, mit dem Kongress zu sprechen. Sie unterbanden jegliche Nachforschung. Der Krieg wurde vom Präsidenten und dem Außenminister vollständig im Alleingang geführt."

Die Amerikaner jedoch, verblendet von der eitlen Wahnvorstellung, in einer von ihnen allein bestimmten Geschichte zu leben, sind leicht Zielscheiben für jenes raffinierte Neue Assyrien: das wilhelminische Deutschland. Durch den Überraschungsangriff der kaiserlichen Zeppelinflotte wird das New York des Ragtime zur ersten modernen Stadt, die aus der Luft zerstört wird. In nur einem Tag verwandeln sich die hochmütigen Manhattaner in abgeschlachtete Eingeborene.

„Als die Luftschiffe vorbeiflogen, zerschmetterten sie die Stadt wie ein Kind seine Städte aus Pappe und Bauklötzen. Unter sich ließen sie Ruinen zurück, eine lodernde Feuersbrunst und Haufen verstreuter Leichen: Männer, Frauen, Kinder, gemischt, als seien sie nichts weiter als Mauren, Zulus oder Chinesen."[3]

I

„Die Maske. Seht nur, die Maske!
Sand, Kaiman und Furcht kommen über New York."
Federico García Lorca[4]

Falls Wells durch das Fernrohr seiner Zeit das Ende der amerikanischen Sonderstellung mit geradezu schauriger Präzision vorhersah, so ist seine Vision doch nur eine unter den ungezählten, denen wir ausgesetzt sind, seit das World Trade Center zur Wiege allen Terrors geworden ist. Lorcas New York-Gedichte etwa sind so durchdrungen von Angst und Vorahnung, daß der andalusische Dichter sie ursprünglich mit *Einführung in den Tod* betitelte. An jenem Schwarzen Dienstag des Jahres 1929 wanderte Lorca durch die Schluchten der Wall Street und beobachtete erschüttert, wie sich ruinierte Investoren aus den Fenstern der monströsen Gebäude stürzten, eine „Schattenschlucht [...], in der die Krankenwagen eben diese Selbstmörder mit den schwer beringten Händen abtransportierten"[5]. Inmitten dieses „grausamen Schweigens des Geldes"[6] hatte Lorca „dem leibhaftigen Tod ins Auge gesehen, dem hoffnungslosen Tod, der nur Verwesung ist und sonst nichts"[7]. Für ihn war es also einfach, sich die unvermeidliche Zerstörung von Lower Manhattan als „Hurrikane aus Gold" und „Tumulte von Fenstern" vorzustellen – vielleicht eine Vorahnung, wie sie Zigeunern eigen ist, von der tödlichen schwarzen Wolke, die die Wall Street im September einhüllte. Vielleicht war die Todeswolke aber auch eher der aus dem Paradies wehende Sturm, „der unablässig Trümmer auf Trümmer häuft", vor dem Walter Benjamin gewarnt hatte.[8] Auf jeden Fall ist es nicht nur das, „was wir den Fortschritt nennen" (die eigentliche Geschichte des amerikanischen Imperialismus im Mittleren Osten), was auf uns zurückfällt, sondern es sind auch all unsere phantasierten Katastrophen, Racheengel und Tage der Abrechnung.

Der ummauerte Vorort, der am Ende der Geschichte auf uns wartet, scheint nur eine U-Bahn-Station vom *Krieg der Welten*[9] entfernt zu sein. Die Fatwa aus einer Höhle in Afghanistan hat jeden Eindringling und jedes Monster in den Schatten gestellt, die jemals die Fans von *Amazing Tales* oder Universal Pictures das Fürchten lehrten. Wells' Zeppeline ließen glühenden Tod auf die Wall Street regnen. King Kong und Godzilla haben die Fifth Avenue in Schutt und Asche gelegt. Außerirdische verwandelten SoHo in Pech und Schwefel. Albtraumbakterien machten aus Radio City eine Geisterstadt. Fu Manchu und der böse Ming haben einen Vetter in Afghanistan. Science Fiction ist Realität. Eigentlich kann alles passieren. Aber der Schauder ist anders, als wir ihn uns vorgestellt haben.

Angststudien

In der Tat war der 11. September eine umgekehrte gesellschaftliche Geisteraustreibung. Es ist in diesem Zusammenhang wichtig, sich den bereits angespannten Kollektivzustand in Erinnerung zu rufen, bevor der *wirkliche* Terror in Gestalt einer Flotte entführter Flugzeuge alles veränderte. „Akte X“ stand für die Neunziger in der gleichen Weise wie einst die „Honeymooners“ für die Fünfziger. Es war ein Zeitalter der unerklärlichen Furcht. Obwohl es mittlerweile lachhaft erscheint, haben anscheinend Millionen vor der dunklen Bedrohung gezittert, die von schwarzen Hubschraubern ausging, von Killerasteroiden, durchgeknallten Teenagern, wiedererlangter Erinnerung, tödlichen Zecken, satanistischen Grundschulen, Straßenrevolten, Ebola-Fieber, kolumbianischen Kartellen, Computerviren, chinesischen Atomspionen und ähnlichem. Unter den Sozialwissenschaftlern und Kulturtheoretikern war man sich weitgehend einig, daß Amerikaner unter akuter und vielleicht tödlicher Hypochondrie litten. Auf der Schwelle zum Jahr 2000 war die non-apokalyptische „Angstforschung“ – oder „Soziophobie“, wie es manchmal genannt wird – zur hippsten Nische im Wissenschaftsbetrieb entwickelt. Dutzende von Experten ereiferten sich über die „Normalität einer Verschwörungskultur“, die Ankunft der „Risikogesellschaft“, die „Hermeneutik der Verdächtigungen“, die „Pest der Paranoia“, das „Böse-Welt-Syndrom“ oder die kürzlich entdeckte Rolle des Mandelkerns als „Zentrum der Angstspirale im Gehirn“[10].

Zu den scharfsinnigsten Beobachtern dieser Art gehört Barry Glassner, der systematisch einige der gängigsten Schreckensvisionen entlarvte: junge schwarze Männer, harte Drogen, extremistische political correctness und andere Schreckgespenster, die den Weg zu einem öffentlichen Verständnis für soziale Probleme wie Arbeitslosigkeit, schlechte Schulbildung, Rassismus und Welthunger erschwerten. Eindringlich beschreibt er, wie mediengeschürte Ängste der versteckte Ausdruck einer postliberalen Weigerung sind, am Zustand der Ungleichheit etwas zu ändern. Angst war seit 1980 der beste Partner des Rechtsrucks. Glassners Ansicht nach „fürchten sich Amerikaner vor den falschen Dingen“, haben sich von den Nachfolgern von Orson Welles' berüchtigter *Krieg der Welten*-Ausstrahlung an der Nase herumführen lassen. „Die Marsmenschen werden nicht kommen.“[11]

Nun sind sie leider doch gekommen, die bedrohlichen Teppichmesser. Obwohl Spielfilme ebenso wie Flugzeuge und Frauengesichter in der Hindukusch-Version von Utopia nicht vorkommen, sind die Angriffe auf New York und Washington als episches Horrorkino mit Liebe zum Detail und zur Inszenierung organisiert worden. Die entführten Flugzeuge sollten eben jene empfindliche Grenze zwischen Phantasie und Realität treffen. Im Gegensatz zu der Radio-Invasion von 1938 waren Tausende von Menschen, die am 11. September ihren Fernseher anstellten, davon überzeugt, daß diese epochale Katastrophe nur eine Fernsehsendung oder ein Scherz sei. Sie dachten, sie sähen Ausschnitte des letzten Bruce-Willis-Films. Seitdem hat es nichts gegeben, was sie von dieser Illusion befreit hätte. Je unwahrscheinlicher das Ereignis, um so vertrauter das Bild. Titel wie *Attack on America*, später *America Fights Back* und *America Freaks Out* sind Fortsetzungen jener cineastischen Wahnvorstellungen, die man sich in jedem Videoladen ausleihen kann: *Alarmstufe: Rot*, *Independence Day*, *Einsame Entscheidung*, *Outbreak* und so weiter. George W. Bush, der ein noch größeres Filmbudget als Hollywood zur Verfügung hat, reagiert derweil auf Osama bin Laden wie ein Filmregisseur auf den anderen, mit einer eigenen riesigen Übertreibung.

Ist Geschichte dann nichts anderes mehr als eine verrückte Montage vorgefertigter Horrorszenarien, die in den Wohnzimmern von Hollywoodschreibern entstanden sind? Sicherlich war das Pentagon dieser Meinung, als es heimlich eine Anzahl berühmter Drehbuchschreiber verpflichtete, unter ihnen Spike Jonze (*Being John Malkovich*) und Steven De Souza (*Stirb langsam*), „um gemeinsam über terroristische Ziele und Komplotte in Amerika zu spekulieren und Lösungen für diese Bedrohung zu erarbeiten". Die Arbeitsgruppe hat ihren Treffpunkt in der University of Southern California, die das Hollywood-Wissen ausnutzt, um interaktive Kriegsspiele mit ausgeklügelten Handlungssträngen zu entwickeln. Eines ihrer Produkte ist *Real War*, ein Videospiel, das Militärführer darin ausbildet, gegen „Aufrührer im Mittleren Osten" zu kämpfen. Als am 20. September ein ungenannter „ausländischer Geheimdienst" das FBI vor einem möglichen Angriff auf ein großes Hollywoodstudio warnte, war dies nur noch der letzte Dreh in einer Moebiusschleife, die immer wieder die Simulation in Realität verwandelte und wieder zurück.[12]

Das endlos Unheimliche

Reiner Skeptizismus scheint wirkungslos zu sein, wenn es darum geht, solchen Ereignissen die Maske des Phantastischen abzureißen. Wenn Hypochonder sich die Krankheit zuziehen, vor der sie sich am meisten gefürchtet haben, scheint sich eben dieser Wesenszug zu verabschieden. Als der Südturm des World Trade Center über seinen Tausenden von Opfern zusammenbrach, rief das Kind eines Freundes: „Aber das ist ja gar nicht so echt, wie echte Sachen echt sind!“ Genau. Es fühlt sich auch nicht so an, wie echte Dinge sich echt anfühlen. Natürlich gibt es einen Begriff für diese schaurige Empfindung einer Wirklichkeit, in die die Phantasie eindringt. So schrieb Freud, daß es „nämlich oft und leicht unheimlich wirkt, wenn die Grenze zwischen Phantasie und Wirklichkeit verwischt wird, wenn etwas real vor uns hintritt, was wir bisher für phantastisch gehalten haben [...].“[13]

Ich bin mir allerdings nicht sicher, ob Freud wirklich eine solche Walpurgisnacht der unheimlichen Doppelungen und Wiederholungen vorausgeahnt hat. Die israelische Psychoanalytikerin Yolanda Gampel, eine Expertin für die Folgen des Holocausts in der zweiten Generation, hat sich mit dem extremen Zustand befaßt, den sie die „endlose Unheimlichkeit“ nennt. Es ist eine Empfindsamkeit – jetzt vielleicht auf große Massen anwendbar –, „welche vom Leben all derer Besitz ergreift, die Zeugen einer außergewöhnlichen, unfaßbaren und irrealen Wirklichkeit wurden“, wie zum Beispiel eines Massenmords. „Sie konnten ihren eigenen Augen nicht mehr trauen: Sie hatten Schwierigkeiten, zwischen dieser irrealen Wirklichkeit und ihrer Einbildung zu unterscheiden. Außerdem wird ein solcher Angriff auf die Grenze zwischen Phantasie und Realität selbst traumatisch und führt zu einer großen Angst vor den eigenen Gedanken und Erwartungen.“[14]

Zweifellos gibt es einen großen und vielleicht kurzlebigen Ausbruch von altmodischer Hysterie. Wenn der Bürgermeister von Chicago die Bürger der Stadt über das Fernsehen beruhigen muß, daß ein Kleckser Guacamole auf dem Bürgersteig keine tödliche Andromeda-Rasse sei, dann sind wir wieder im Reich der vertrauten Panikattacken wie bei Orson Welles' Radiomarsianern in New Jersey oder dem japanischen „Bombenangriff“ auf Los Angeles nach Pearl Harbor. Aber während sich die Hysterie legt, bleibe das Unheimliche erhalten, „nicht als Symptom, Verhalten oder neurotische Organisation“, sondern als „gelebte Erfahrung“: eine permanente Vorahnung des städtischen Raumes als potentieller Ground Zero.

II

> „Dem Bürger fliegt vom spitzen Kopf der Hut, [...]
> Die Eisenbahnen fallen von den Brücken."
> Jakob van Hoddis[15]

Aus der psychoanalytischen Perspektive gibt es noch einiges mehr zu sagen. Freud definierte das Unheimliche als etwas, das die „Wiederkehr des Verdrängten" einschließt – wie wenn „die Götter nach dem Sturz ihrer Religion zu Dämonen werden"[16] (oder Wolkenkratzer in Infernos?). Aber worin besteht die unterdrückte Wurzel der modernen urbanen Angst? Was ist das ultimative psychosoziale Substrat, auf das die Politik (denn was anderes ist sie?) Schicht für Schicht gespenstische Gefahren aufgetürmt hat: Angst vor den Armen, Angst vor Verbrechen, Angst vor Schwarzheit und nun Angst vor bin Laden?

Die interessanteste Antwort, zumindest innerhalb der marxistischen Tradition, kommt von Ernst Bloch. Obwohl Bloch hauptsächlich als Dialektiker der Hoffnung bekannt ist, schenkte er seine Aufmerksamkeit auch den unheimlichen Eigenschaften der Großstadt. Als der einzige reuelose Expressionist in den Reihen des westlichen Marxismus erhielt er sich jene Weltuntergangsstimmung, die erstmals in dem revolutionären Gedicht *Weltende* zum Ausdruck kam, das Jakob van Hoddis im Neopathetischen Cabaret 1910 las. „Etwas Unheimliches lag in der Luft", und der Expressionismus war der Blitzableiter, der die großstädtische Angst auf der Schwelle zum Ersten Weltkrieg einfing und in eine angedeutete Vision des kommenden Horrors verwandelte.[17] Die Gedichte von Georg Heym und Georg Trakl und die Leinwände von Franz Marc, Ernst Kirchner, Erich Heckel und vor allem Ludwig Meidner strotzen nur so vor hellsichtigen Darstellungen von Mordopfern, zerfallenden Häusern, explodierenden Städten und vorbeieilenden Leichen. „Mein Hirn blutete in schrecklichen Gesichten", schrieb Meidner im sengenden Sommer des Jahres 1912. „Ich sah nur immer einen Tausendreigen der Skelette tänzeln. Viel Gräber und verbrannte Städte durch die Ebene sich winden."[18]

Schwarze Utopie

Im ebenso bedrohlichen Jahr 1929 kehrte Bloch zu seiner eschatologischen Nervosität zurück. In *Die Angst des Ingenieurs* beschreibt er den „angsterfüllten Bürger" eindringlich durch den Kontrast der urbanen Umwelt in kapitalistischen und vorkapitalistischen Städten. In letzteren (sein Beispiel ist Neapel) herrscht nicht der Irrglaube einer totalen Kontrolle über die Natur, sondern nur eine andauernde ökologische Anpassung. Die Stadt ist eine imperfekte und karnevaleske Improvisation, die sich dem Fluß der dynamischen Mittelmeerlandschaft ergibt.

„Der Unterschied zu den vorkapitalistischen Angstzeiten, aber auch zu den südlichen Vertrauensformen eines Lebens ist lehrreich, das die Dinge noch halbwegs wirklich läßt und sich ihres Ablaufs, ihres Ausgleichs erfreut."[19] Obwohl die unveränderlichen Schicksalsschläge (Vulkanausbrüche, Erdbeben, Erdrutsche und Überschwemmungen) wohl in größerem Umfang eintreten als in jeder anderen europäischen Großstadt, kommt Neapel mit dem „alten Drachen" der desaströsen Natur gut zurecht. Keine Ängstlichkeit erfüllt das Alltagsleben an den Hängen des Vesuvs.

In der „amerikanisierten großen Stadt" hat im Gegensatz dazu die bürgerliche Wunschvorstellung einer vollständig berechenbaren und sicheren Umwelt paradoxerweise eine radikale Unsicherheit hervorgebracht. „Die immer künstlicher werdende Stadt ist in ihrer Abgehobenheit und Landschaftsferne dermaßen kompliziert und verwundbar zugleich, daß sie von Unfällen im selben Verhältnis wachsend bedroht ist, wie sie sich auf Luftwurzeln gleichsam, ja auf immer mehr synthetisch hergestellten Wurzeln aufbaut."[20] Zum Teil liegt dies daran, daß die technologischen Systeme einer Metropole so untrennbar miteinander verquickt sind – was die Amerikaner im Herbst 2001 selbst herausfanden. Im Grunde will dies sagen, daß die kapitalistische Großstadt deshalb „extrem gefährlich" ist, weil sie die Natur eher dominiert als mit ihr kooperiert. (Obwohl Bloch die altmodisch zentralistische Industriestadt im Sinn hatte, läßt sich seine Behauptung auch auf das vernetzte und multizentrisch angelegte Großstadtgebiet übertragen.)

Das Unheimliche besteht in eben jenem „Nichts an Natur, in jener Kalkül-Natur, die mit der Maschine gekommen ist…" Obwohl Bloch sich über die bevorstehenden Gefahren des Faschismus und eines neuen Weltkriegs sehr wohl im klaren ist, besteht er darauf, daß die tiefsitzendste städtische Angst nicht Wells' Krieg aus der Luft ist, sondern die „Loslösung von der Erde"[21]. „Die Subjekte stehen erst am Anfang des absoluten Nihilismus; sollte jedoch die Mechanei ohne wie mit Zielen, kurz die überall Sinnentleerung in der Lage sein, diese ihre Frucht auszukosten, so dürfte das künftige Nihil allen Sterbensängsten des spätantiken Menschen, allen Höllenängsten des Mittelalters so gut wie ebenbürtig sein."[22]

Jahre später sinniert Bloch im *Prinzip Hoffnung* wiederum über die Beziehung von moderner Angst und der städtisch-technologischen „Perversion". Diesmal konzentriert er sich auf Science Fiction und Katastrophen.

Sein Ausgangspunkt ist das 1844 erschienene bizarre Buch von J. Grandville *Eine andere Welt* und dessen Darstellungen monströser technisierter Natur voller riesiger Metallinsekten, überdimensionaler Gaslampen und Menschen mit den erstaunlichsten mechanischen Prothesen. Nach Blochs Auffassung war der „kleine schizophrene Spießbürger" Grandville (der drei Jahre später in einer Irrenanstalt starb) der Hieronymus Bosch der Industriellen Revolution und sein Buch ein großer Albtraum: „Mit hämischem oder höhnischem Angsttraum, voll Schreck vor der technischen Herausforderung und dem, was sie ruft."[23] Allerdings ist seine Landschaft des Schreckens, ebenso wie bei Bosch, sinnlich und voller Ironie. Indem er uns daran erinnert, daß die Hölle ein Ort des Gelächters ist, nennt Bloch den Ort des Untergangs, an dem alles Böse mit schwarzem Humor vorhergesagt wird, eine „schwarze Utopie"[24]. Vielleicht hat er dabei an New York gedacht.

III

> „In all diesen Aprilnächten, wenn er einsam durch die Straßen schweifte, hatte ein Wolkenkratzer ihn behext, ein zerfurchtes Gebäude, das mit zahllosen funkelnden Fenstern emporschießt und aus einem dahinjagenden Himmel auf ihn herabstürzt."
> John Dos Passos, *Manhattan Transfer*, New York 1925[25]

Im Land der Freiheit ist Ironie heute natürlich ein illegaler Fremdkörper. Selbst ein berufsmäßiger Satiriker wie Christopher Hitchens respektiert die heilige „No irony"-Zone rund um die Trümmer des World Trade Center. Ansonsten ließen sich Parallelen ziehen zwischen Jimmy Herfs Albtraum eines auf ihn herabstürzenden Wolkenkratzers in Dos Passos' *Manhattan Transfer* und dem hutlosen Bürger des expressionistischen Weltuntergangs. Wie eine 50.000-Volt-Stromleitung zieht sich die urbane Angst durch diesen berühmten Roman, der von vielen Kritikern selbst als „expressionistisch" bezeichnet worden ist. Er entstand wenige Jahre, nachdem italienische Anarchisten im September 1920 eine Wagenladung Dynamit vor den Büros von J. P. Morgan auf der Wall Street in die Luft gehen ließen und damit 40 Tote und 200 Verletzte verschuldeten. „Das Pferd und die Kutsche wurden in Stücke gerissen. Glas regnete von den Bürofenstern herab, und die Markisen zwölf Stockwerke darüber gingen in Flammen auf. In Panik flohen die Menschen, als eine große Staubwolke die ganze Umgebung einhüllte. In einem Büro in der Sicherheitsabteilung von Morgan fiel Thomas Joyce tot auf seinen Schreibtisch inmitten eines Schutthaufens aus Glas und Putz. Draußen lagen Dutzende von Leichen auf der Straße verstreut. Überall war Blut."[26]

Das New York von Dos Passos ist, wie Blochs Berlin, eine überdimensionale Lokomotive, die auf ungebauten Gleisen unbekannten Zielen entgegenjagt. Die unkontrollierbare Geschwindigkeit der Metropole mitsamt dem trunkenen Schwanken ihrer arroganten Skyline ist das Hauptthema in *Manhattan Transfer*. Es überrascht nicht, daß Fahrgäste dieses Geisterzuges mehr als nur ein wenig beunruhigt sind. Am Ende antwortet Jimmy Herf auf seine eigene rhetorische Frage – „Aber welchen Sinn hat es, sein ganzes Leben lang vor Sodom und Gomorrha zu fliehen?" –, indem er per Anhalter die Stadt verläßt. („Wie weit wollense denn?", fragt der Lastwagenfahrer. „Das weiß ich nicht", antwortet er. „Ziemlich weit [...]").[27]

In den Neunzigern war es die überhebliche Überzeugung der New Yorker Grundstücksbesitzer und Polizisten, daß eine schonungslose „Zero Tolerance"-Strategie die tiefsitzende Angst auslöschen könne, jene Angespanntheit, der Generationen von Mittzwanzigern mit der Verzweiflung von Drogensüchtigen nachgerannt sind. Der „Gotham Express" wurde auf einem Nebengleis abgestellt, ein nationales Schmuckstück, das beweisen sollte, daß große Städte wieder sicher sind. Von seinem so genannten Bunker aus (der Kommandozentrale im Notfall) verwandelte Bürgermeister Giuliani Manhattan in einen flirrenden städtischen Themenpark, der so sicher und, wie manche meinen, so steril ist wie ein Einkaufszentrum.[28]

Der Wurm im Apfel

In einer scharfen neuen Biographie über Rudolph Giuliani beschreibt ein Autor der *Village Voice*, Wayne Barrett, wie eine Polizeistation mit einem gefährlich hohen Testosteronspiegel zum Stadtplanungsbüro avanciert. „Der Bunker war auf symbolische Weise repräsentativ für eine Stadtverwaltung, welche unrechtmäßig den City Hall Park für alle, außer bürgermeisterlich genehmigten, Veranstaltungen schließen ließ, Brücken sperrte, um einen Taxifahrerprotest zu unterbinden, Zebrastreifen in Midtown verbarrikadierte, um Fußgänger zu maßregeln, und Obdachlose in der kältesten Nacht des Jahres aus ihren notdürftigen Betten riß, um alte richterliche Haftbefehle wegen öffentlichen Bierkonsums durchzusetzen."[29]

Allgemein empfanden die Medien die faschistoiden Schikanen gegenüber Fensterputzern, Schnorrern, Taxifahrern, Straßenverkäufern und Sozialhilfeempfängern als geringen Preis für den Triumph, Disney an den

Times Square (der ultimative Beweis der städtischen Sicherheit) und die Touristen zurück nach New York gebracht zu haben. Jetzt sehen sich Leute in Iowa das schauerliche Filmmaterial an, in dem das FBI den Schutt des World Trade Center bei „Fresh Kills" nach verwesenden Körperteilen durchstöbert (wobei Silvesterkracher benutzt werden, um die Aasgeier zu verscheuchen), und danken Gott, daß sie noch immer auf einer Farm leben oder zumindest in einem umzäunten Vorort von Des Moines. So sehr sie aber die stoische Ruhe Giulianis oder die Tapferkeit der New Yorker Rettungshelfer bewundern, so wenig werden Familienurlaube normalerweise dazu genutzt, um „Angst zu überwinden". Also bleiben sie lieber in Scharen zuhause, ebenso wie die unzähligen unterbezahlten Hotel- und Restaurantangestellten, die aufgrund der Touristenflaute entlassen wurden. Wenn New York jemals den Beigeschmack eines dunklen Sammelpunktes von Gefahr, Tod und Krankheit hatte, so ist dieser Eindruck noch durch die fast wöchentlichen „terroristischen Warnmeldungen" und geduldeten Panikstimmungen verstärkt worden, die auf die Septemberangriffe folgten.

Obwohl mit Sicherheit noch einige Überraschungen auf uns warten, ist schon zum jetzigen Zeitpunkt deutlich, daß der Anbruch des „katastrophalen Terrorismus" in Verbindung mit der vielleicht schlimmsten Rezession seit 1938 schwerwiegende Veränderungen in den amerikanischen Städten verursachen wird. Es wird zum Beispiel kaum bezweifelt, daß bin Laden und seine Helfer der „Wiederbelebung des Stadtkerns" in New York und anderswo den Todesstoß versetzt haben. Das traditionelle Stadtzentrum, in dem sowohl Gebäude als auch Grundstückswerte zum Himmel streben, ist zwar noch nicht tot, aber der Puls wird schwächer. Die Globalisierung der Angst wird den Prozeß der Umstrukturierung von zentralisierten Organisationen einschließlich Banken, Wertpapierfirmen, Regierungsbüros und Telekommunikationszentralen in regionale Netzwerke beschleunigen. Der Terror ist letztendlich der Geschäftspartner von Technologieanbietern wie Sun Microsystems oder Cisco Systems geworden, die schon lange mit der Meinung aufgetreten sind, daß entzerrte Verarbeitungen (ausgedehnte PC-Netzwerke) einen entzerrten Arbeitsplatz erfordern. In diesem räumlichen Modell (für welches das Al-Qaida-Netzwerk vielleicht ein Beispiel ist) werden Zweigstellenbüros, das Pendeln über weite Entfernungen und, wenn nötig, bequeme Bunker die meisten Funktionen dieses überholten Ungetüms Wolkenkratzer übernehmen. Riesige Hochhäuser sind schon seit langem zutiefst unökonomisch; in der Tat mußte das völlig übertrieben hohe World Trade Center – eine typische Schnapsidee von Rockefeller – massiv von öffentlichen Pächtern subventioniert werden. (Wird den entführten Flugzeugen eines Tages die gleiche Rolle für die Abschaffung der Wolkenkratzer zugeschrieben wie dem Chixulub-Asteroiden für das Aussterben der Dinosaurier?)[30]

Zugleich wird die „Angstwirtschaft", wie die Geschäftspresse den Komplex von Militär- und Sicherheitsfirmen nennt, der sich an dem nationalen Nervenzusammenbruch bereichert, inmitten des allgemeinen Hungers fetter werden. Das Sicherheitsaufgebot bei Abflügen wird bald eine Schablone für die Abfertigung von Massen in Einkaufszentren, Sportveranstaltungen und sonstwo bilden. Von Amerikanern wird erwartet werden, daß sie Dankbarkeit zeigen dafür, daß sie „zu ihrer eigenen Sicherheit" gescannt, abgelichtet, durchsucht, abgeklopft und befragt werden. Eine Menge Risikokapital wird in die zukunftsweisenden Bereiche strömen, die Killerbakteriensensoren oder Bedrohungsprofilsoftware entwickeln. Wie das Beispiel der häuslichen Sicherheitssysteme bereits deutlich zeigt, werden die diskreten Technologien der Überwachung, der Umgebungsbeobachtung und Informationsverarbeitung in einem integrierten System zusammenlaufen. Mit anderen Worten: „Sicherheit" wird zu einem öffentlichen Verbrauchsgut wie Strom oder Wasser.

Trotz der umfangreichen Pläne für eine „Verschärfung" und „Terrorabsicherung" der innerstädtischen öffentlichen Flächen und monumentalen Bauten würden es die meisten Büroangestellten vorziehen, eine verbesserte Sicherheit eher in der Nähe ihrer Vorortsiedlungen vorzufinden.[31] Bauliche Sicherheitsmaßnahmen – Verstärkung der Gebäudekonstruktionen, Gasmelder, Poller und Straßenverkehrssperren, intelligente Türen, Metalldetektoren, bombensichere Mülleimer, biometrische Überwachungsportale, weniger Parkflächen, Tiefgaragen und so weiter sind gewaltige und unvermeidliche Ausgaben für Städte, die ihre innenstädtischen Wirtschaftsträger unterstützen wollen. Es wird ihnen aber kaum gelingen, der großen Abwanderung von Arbeitsplätzen und Steuereinnahmen etwas entgegenzusetzen. Massive öffentliche Subventionen für Entwickler und Großpächter können diesen Trend zur Dezentralisierung eventuell zwar verlangsamen, aber nicht aufhalten. Während sich die selbsternannten Weltstädte auf eine lange Belagerung einstellen, ringen Stadtökonomen und Steuerexperten außerdem mit dem Dämon der „Deglobalisierung": jenem Teil globaler Dienstleistung und des internationalen Tourismus, der nun vielleicht für immer verloren ist.

Unnötig zu erwähnen, daß all dies auf eine Steuerkrise zuläuft, deren Umfang das kommunale Finanztrauma Mitte der siebziger Jahre weit in den Schatten stellen könnte. Für New York gilt dies auf jeden Fall, wo der von der Bank eingesetzte städtische Finanzchef Felix Rohatyn der Jahre 1973 bis 1993 jetzt vor einem bevorstehenden Bankrott warnte, während die Stadt sich mit einem Haushaltsdefizit von sechs Milliarden Dollar in einem Etat von 40 Milliarden herumschlägt.[32] Besonders düster sehen Rohatyns Vorhersagen für die Arbeiter unter den Immigranten aus, die bereits unter dem Schutt der eingebrochenen Touristen- und Dienstleistungsbranche begraben liegen. Wie der erfolglose Kandidat für das Bürgermeisteramt, Mark Green, gern warnt, wird der Wiederaufbau Lower Manhattans auch „Opfer von anderen erfordern". Da die aus der Giuliani-Ära stammende Verbrechensbekämpfung ebenso wie das Wohlwollen der Großindustrie unantastbar sind, werden die Haushaltssparer statt dessen lebenswichtige soziale Einrichtungen schröpfen – Sozialwohnungen, Bibliotheken, sanitäre Anlagen, Freizeitstätten und Jobförderung, all das natürlich nur in den ohnehin vernachlässigten Stadtteilen der Schwarzen und Latinos. Was auch immer die Lücke in Lower Manhattan füllen wird, eine Kopie der Zwillingstürme oder ein monumentaler Neubau, es wird höchstwahrscheinlich durch massive Kürzungen in Washington Heights, Mott Haven und Brownsville finanziert. Soviel zur berühmten New Yorker Solidarität.[33]

IV

> „Auf eine unmittelbare und allumfassende Weise
> wurde das Mißtrauen gegenüber den Arabern ganz natürlich."
> Frantz Fanon[34]

Es ist lange her, da schickt ein Tourist in New York eine Postkarte nach Hause. „Wenn die ganze Welt Amerika würde", schreibt der Dichter Sayyid Qutb, „wäre dies zweifellos der Untergang der Menschheit." Von der ägyptischen Regierung beauftragt, sich über amerikanische Erziehungsmethoden zu informieren, geht er im Herbst 1948 als Bewunderer der liberalen Moderne am Pier 42nd Street von Bord. Doch er fühlt sich abgestoßen vom Amerika der Truman-Zeit und macht einen tiefen religiösen Wandel durch. Zwei Jahre später kehrte er als glühender Anhänger der Muslimischen Bruderschaft nach Kairo zurück und wurde bald als ihr führender Propagandist verhaftet. Nach elf Jahren Gefängnis wurde er 1966 aufgrund erfundener Beschuldigungen, die ihm ein Komplott gegen Nasser vorwarfen, gehängt. Qutb wird allgemein als der wichtigste Philosoph des radikalen Islamismus angesehen, wenn nicht sogar, wie die *New York Times* behauptet, als der „intellektuelle Großvater von Osama bin Laden und dessen terroristischen Anhängern". Sein Meisterwerk *Meilensteine* (1964) wird häufig beschrieben als die islamistische Version von Lenins *Was tun?* aus dem Jahr 1902.[35]

Wie ist aus Qutb ein Anti-Whitman geworden, der sich mit Entsetzen vom legendären Spannungsfeld Manhattans abwandte? Die Gründe für seine Ablehnung gegenüber der selbsternannten „Hauptstadt des 20. Jahrhunderts" könnte ein wenig Licht werfen auf die Genealogie derjenigen muslimischen Kreise, die die Zerstörung des monumentalsten Symbols amerikanischer Finanzstärke bejubelten. Die durchschnittliche Analyse steckt jeden einfach in die jeweils vorgefertigte Schublade. In diesem Sinne war für Robert Worth und Judith Shulevitz (die unabhängig voneinander für die *New York Times* schreiben) der zweiundvierzigjährige ägyptische Literaturkritiker, wie alle muslimischen Fanatiker, einfach ein prüder Mensch, der von der „Dekadenz" der Großstadt, dem Kinsey-Report, dem Tanz und der sexuellen Freizügigkeit schockiert war. In der Tat prangerte Qutb die pornographischen Inhalte der amerikanischen Popkultur an, ebenso wie er die nationale Besessenheit kritisierte, mit der Rasenflächen gepflegt und damit das Familienleben vernachlässigt werde, oder dem kruden Materialismus vorhielt, jegliche Nächstenliebe im Keim zu ersticken. Der größte Schock jedoch, der New York auslöste – und Qutbs Reaktion war die gleiche wie die Garcia Lorcas zwanzig Jahre zuvor –, bestand in der bösartigen und fanatischen Rassendiskriminierung. Ohne jeden Zweifel hatte Qutb, ein schwarzer Mann aus Nordägypten, einige schmerzhafte Erlebnisse mit Jim Crow.[36]

Wenn Qutb heute Erfahrungen als Tourist machte, könnten diese weitaus traumatischer sein. Er könnte sich in Einzelhaft befinden, ohne Kontakt zu Verwandten oder einem Anwalt, und das aufgrund des „terroristischen" Verbrechens, sein Visum überschritten oder einfach das Mißtrauen seiner Nachbarn erweckt zu haben. Das wirkliche Gewicht der neuen städtischen Furcht – der Teil, der nicht eingebildet oder völlig überzogen ist – wird von all denen getragen, die dem Rassenprofil der weißen Angst entsprechen: arabische oder muslimische Amerikaner, aber auch all solche mit ungewöhnlicher Kopfbedeckung, Pässen aus dem mittleren Osten oder unpopulären Ansichten über Israel. Für jene, die am besten in das Raster dieser paranoiden Vorstellungen[37] hineinpassen, zum Beispiel pakistanische Taxifahrer in New York oder ein Sikh, der Elektroingenieur in Kalifornien ist, gibt es die Bedrohung durch reale Gewalt, aber vor allem durch die Unausweichlichkeit einer Überwachung durch Mächte, die „ungeheuer, kalt und unheimlich" sind.[38] Jegliche „Andersartigkeit" – Araber, der Koran, Milzbrandsporen – ist zum obsessiven Mittelpunkt der nicht enden wollenden Anweisungen des Pentagons oder der George W. Bush-Feierei geworden, die über die amerikanischen Bildschirme läuft. „Threat to America" (ein weiteres

Senderprodukt) wird im Grunde als außerirdisch dargestellt: der Mittlere Osten als der wütende rote Planet, der uns Monster schickt, die unter uns leben und uns umbringen.

Alles Marsianer

Über die gewaltsamen Übergriffe im eigenen Land als Gegenreaktion ist in den Medien wenig berichtet worden. Die Tageszeitungen der Großstädte und die Nachrichtenredaktionen zeigten ihre patriotische Sorge um das Bild der USA im Ausland, indem sie herunterspielten, was ansonsten als amerikanische Variante der „Reichskristallnacht" angesehen werden könnte. Aber selbst die fragmentarischen Statistiken sind erschreckend. Nach Schätzungen von Menschenrechtsorganisationen wurden in den sechs Wochen nach dem 11. September auf Menschen, die als „Araber" oder „Moslems" eingestuft wurden, mindestens sechs Morde und 1000 ernsthafte Angriffe verübt, davon einige Hundert auf Sikhs.[39] Der *Texas Observer*, eine progressive Wochenzeitung, die sich weigerte, die heimischen Angriffe herunterzuspielen, berichtete Anfang Oktober von den Gewaltausbrüchen, zu denen es in Vororten von Dallas als Folge der Angriffe auf New York und Washington kam. Abgesehen vom Lynchmord an einem eingewanderten pakistanischen Gemüsehändler wurde auf drei Moscheen geschossen, ein rumänischer Jogger wegen seines „Mittlerer Osten"-Aussehens zusammengeschlagen, und zwei Äthiopier wurden mit Messern angegriffen, während sie den Botanischen Garten von Fort Worth besuchten. Muslimische Gemeindevorsteher vor Ort beschuldigten die Medien (allen voran die *Morning News* aus Dallas), mit hetzerischen Schlagzeilen wie „Die Soldaten des Terrors leben nebenan!" Gewalt geschürt zu haben.[40]

Ereignisse wie diese erinnern an die „Araberjagd" in den Großstädten Frankreichs während des Algerienkriegs, die Frantz Fanon anprangerte: „Selbst ein Südamerikaner wurde von Kugeln durchsiebt, weil er wie ein Nordafrikaner aussah."[41] Um so mehr ruft die fieberhafte Suche des Justizministeriums nach „Schläfern" der Al-Qaida Erinnerungen wach an die andere große „Menschenjagd nach Terroristen", nämlich an die berüchtigten Palmer-Razzien von 1919-1920, bei der Tausende von eingewanderten Radikalen ohne Grund oder Haftbefehl festgenommen und dann Hunderte abgeschoben wurden, nachdem es in Washington eine Serie von Angriffen durch Paketbomben gegeben hatte (die Bomben in der Wall Street[42] wurden als anarchistische Rache für die Abschiebungen gewertet). Diesmal berichtet die *New York Times*, daß über 11.000 Menschen im Zuge der

„Terrorismus-Untersuchung" der Regierung verhaftet und eingesperrt wurden.[43] Von diesen sind viele im Labyrinth geheimer Bundesgefängnisse verschwunden, wo ihnen Anwälte verweigert, wo sie von Wärtern und Mitgefangenen geschlagen werden, wo man ihnen die Augen verbindet, sie in Isolationshaft nimmt und zwingt, sich Lügendetektortests zu unterziehen. Mindestens einer dieser Häftlinge ist an den Folgen gestorben, und Dutzende, gegen die keine strafrechtlichen Klagen vorliegen, werden unter den unklaren Bestimmungen festgehalten, die das Einwanderungsgesetz zuläßt. Nur über vier Personen wird gemunkelt, sie hätten einen direkten Kontakt zu bin Laden. Die meisten haben einfach den Geltungszeitraum ihres Visums überschritten oder falsche Personalausweise benutzt: was keineswegs ungewöhnlich ist in einem Land, in welchem schätzungsweise zehn bis zwölf Millionen unregistrierte Einwanderer die unverzichtbaren Billigarbeiten übernehmen.

Fanon würde sich wahrscheinlich nicht darüber wundern, daß sich frustrierte FBI-Ermittler, genau wie die französische „Sûreté" vor ihnen, dafür einsetzen, daß widerspenstige Verdächtige in den geräuschdämpfenden Keller geführt werden, wo auch Batterien und Elektroden zur Verfügung stehen. Zum ersten Mal in der amerikanischen Geschichte gibt es eine ernsthafte öffentliche Kampagne für den Einsatz der Folter bei Polizeiverhören. Mit der gut plazierten Unterstützung führender Liberaler wie Jonathan Alter in der *Newsweek* erhofft sich das FBI Zugang zu Methoden, wie sie die *Washington Post* euphemistisch als „gelegentlich bei israelischen Verhören verwendet" bezeichnet. Wenn amerikanische Gerichte vor dieser schmutzigen Arbeit zurückschrecken, gibt es immer noch die Alternative, die Aufgabe von den Profis in Übersee, dem Mossad etwa, erledigen zu lassen. „Eine weitere Idee", erklärte die *Washington Post* am 21. Oktober, „besteht darin, die Verdächtigten an verbündete Länder auszuliefern, deren Sicherheitsdienste die Bedrohung von Familienmitgliedern oder die Anwendung von Folter erlauben."

Der Kongreß, dem jedoch die Kompetenzen fehlen, über Elektroden zu verfügen (und in dem außerdem die Opposition ein Wörtchen mitzureden hat), hat das Justizministerium jedoch vor kurzem mit einer Fülle von vage umrissenen, unheilvollen Rechten ausgestattet. „Gesichert angemessene Maßnahmen zur Abfangung und Verhinderung terroristischer Akte" (PATRIOT) ermöglichen die Einsperrung von Nicht-Staatsbürgern, darunter Millionen von lateinamerikanischen und asiatischen Einwanderern, mit neuen rücksichtslosen Formen der Überwachung, Verfolgung und der Gefahr der Abschiebung. Dies ist jedoch nur ein Eckpfeiler in der ausgefeilten Version des Homeland Security State, welcher der Bush-Regierung vorschwebt. Bei einer Pressekonferenz zu Halloween erging sich Colin Powell, der sich so anhörte, als habe er gerade die Lektüre des Science-Fiction-Klassikers *Neuromancer* beendet, in Beschreibungen eines riesigen zentralisierten Datenlagers, in dem jede „nachteilige Information" über Besucher oder mögliche Einwanderer gespeichert würde. Der bundesweite Gesetzesvollzug wird so umstrukturiert, daß sich das FBI dauerhaft auf den Krieg gegen den Terrorismus konzentrieren kann – was bedeutet, daß es zu einer Elitetruppe der Einwanderungspolizei wird –, während eine mysteriöse neue Pentagon-Einheit, das Homeland Defence-Kommando, höchstwahrscheinlich die mexikanische Grenze als wichtigsten Kriegsschauplatz auswählen wird. Sowohl Mexiko als auch Kanada stehen unter enormem Druck, ihre Einwanderungspolitik strenger zu reglementieren und Washingtons Standards anzugleichen. Zur Freude von Neofaschisten und Patriotismusschreihälsen ringsum scheint der gesamte Block der OECD die Zugbrücken hochzuziehen und die Türen zu verschließen vor dem Rest der Menschheit.

Die Globalisierung der Angst ist zu einer sich selbst erfüllenden Prophezeiung geworden. Ohne zu zögern hat der Sicherheitsrat den Blankoscheck unterschrieben, den der Kongreß dem Weißen Haus ausstellte, um „das Böse von der Welt zu tilgen", und dafür amerikanische Kampfpiloten Splitterbomben mit den Namen toter Feuerwehrmänner aus Manhattan auf die Ruinen Kabuls werfen zu lassen – einer Stadt, die unendlich viel tragischer ist als New York. Terror ist zum Aufputschmittel des Imperiums geworden. Wenn auch unsicher und nervös, so hat sich die neue Ordnung doch unter den Stars and Stripes formiert. Oder wie der schadenfrohe und noch immer lebendige Henry Kissinger es ausdrückte: „Es ist das Beste, seit Metternich zuletzt mit dem Zar zu Abend gegessen hat."

Aus dem Amerikanischen von Anna Held

Anmerkungen

1 H.G.Wells, *War in the Air,* New York 1908, S. 210f
2 Ebd., S. 181f
3 Zit. nach a.a.O., S. 182f, S. 186 und S. 211
4 Zit. nach: Federico Garcia Lorca, *Dichter in New York*, Gedichte. Spanisch und deutsch, Übertragung und Nachwort von Martin von Koppenfels, Frankfurt am Main 2000, S. 45
5 Zit. nach Lorca, ebd., S. 194 (A.d.Ü.)
6 Zit. nach Lorcas Gedicht *Totentanz,* ebd., S. 47 (A.d.Ü.)
7 Zit. nach Lorca, ebd., S. 194 (A.d.Ü.)
8 „Das, was wir Fortschritt nennen, ist *dieser* Sturm." Zit. nach Walter Benjamin, „Über den Begriff der Geschichte", *Gesammelte Schriften,* Bd. I.2, hg. von Rolf Tiedemann und Hermann Schweppenhäuser, Frankfurt am Main 1974, S. 698

9 Deutscher Titel eines Hörspiels von Orson Welles, das auf H. G. Wells' Roman *The War of the Worlds* basiert (A.d.Ü.)

10 Ein paar repräsentative Studien: Marina Warner, *No Go the Bogeyman: Scaring, Lulling and Making Mock*, New York 1998; Jane Franklin (Hg.), *The Politics of Risk Society*, Oxford, 1998; Nancy Schultz (Hg.), *Fear Itself: Enemies Real and Imagined in American Culture*, West Lafayette 1999; Paul Newman, *A History of Terror: Fear and Dread through the Ages*, New York 2000; Robert Goldberg, *Enemies Within: The Culture of Conspiracy in Modern America*, New Haven 2001

11 Barry Glassner, *The Culture of Fear: Why Americans are Afraid of the Wrong Things*, New York 1999, S. 203

12 *Los Angeles Times* am 21. September 2001 und Reuters, 8. Oktober 2001

13 Sigmund Freud, *Das Unheimliche*, zit. nach: Studienausgabe, Bd. 4, Frankfurt am Main 1982, S. 267

14 Yolanda Gampel, „The Interminable Uncanny", in: Leo Rangell und Rena Moses-Hrushovski (Hg.), *Psychoanalysis at the Political Border*, Madison, 1996, S. 85-96

15 „Weltende" (1910), zit. nach: Johannes R. Becher, „Über Jakob van Hoddis", in: *Expressionismus*, Paul Raabe (Hg.), Freiburg im Breisgau, 1965, S. 52

16 „Es mag zutreffen, daß das Unheimliche das Heimliche-Heimische ist, das eine Verdrängung erfahren hat und aus ihr wiedergekehrt ist…". Zit. nach Sigmund Freud, a.a.O., S. 268. – „Der Doppelgänger", schreibt Freud, „ist zum Schreckbild geworden, wie die Götter nach dem Sturz ihrer Religion zu Dämonen werden." Ebd., S. 259. Freud verweist an dieser Stelle auf Heines *Die Götter im Exil* (vgl. Heinrich Heine, *Sämtliche Schriften,* hg. von Klaus Briegleb, Frankfurt am Main, Berlin, Wien 1981, Bd. 11 (Schriften 1851-1855), S. 397f)

17 „Diese zwei Strophen, o diese acht Zeilen [des Gedichts von van Hoddis, M.D.] schienen uns in andere Menschen verwandelt zu haben, uns emporgehoben zu haben aus einer Welt stumpfer Bürgerlichkeit, die wir verachteten und von der wir nicht wußten, wie wir sie verlassen sollten…" Johannes R. Becher, a.a.O., S. 52. Becher hat Hoddis' Gedicht als „Marseillaise der expressionistischen Revolte" bezeichnet, vgl. Lektürehilfen: *Lyrik des Expressionismus,* hg. von Franz Karl von Stockert, Stuttgart-Düsseldorf-Leipzig 2001 (Ernst Klett) S. 32

18 Zit. nach: Ludwig Meidner, *Septemberschrei. Hymnen – Gebete – Lästerungen,* Berlin (Paul Cassirer) 1920

19 Ernst Bloch, „Die Angst des Ingenieurs" (1929), in: *Literarische Aufsätze*, Gesamtausgabe, Bd. 9, Frankfurt am Main, 1965, S. 350 (A.d.Ü.)

20 Zit. nach Bloch, ebd. (A.d.Ü.)

21 Davis scheint hier auf eine Stelle aus Marx' *Grundrisse der Kritik der politischen Ökonomie* (Rohentwurf) 1857-1858, Berlin 1953, anzuspielen: „Wenn freie Arbeit und Austausch dieser freien Arbeit gegen Geld, um das Geld zu reproduzieren und verwerten, um von dem Geld als Gebrauchswert nicht für den Genuß, sondern als Gebrauchswert für Geld verzehrt zu werden, Voraussetzung der Lohnarbeit und eine der historischen Bedingungen des Kapitals ist, so ist die Trennung der freien Arbeit von den objektiven Bedingungen ihrer Verwirklichung – von dem Arbeitsmittel und dem Arbeitsmaterial – eine andre Voraussetzung. Also vor allem Loslösung des Arbeiters von der Erde als seinem natürlichen Laboratorium […]." Die Stelle findet sich im „Formen, die der kapitalistischen Produktion vorhergehn" überschriebenen Abschnitt auf S. 375. (A.d.Hg.)

22 Zit. nach Bloch, ebd., S. 352

23 Ernst Bloch, *Das Prinzip Hoffnung*, Berlin 1960, Erster Band, S. 464 (A.d.Ü.)
24 Ernst Bloch, *Das Prinzip Hoffnung*, ebd.
25 *Manhattan Transfer*, Deutsch von Paul Baudisch, Erstausgabe 1966, Hamburg 2000, S. 301. „Wolkenkratzer gehen in Flammen auf, in Flammen, Flammen." S. 210
26 Zit. nach: Paul Avrich, *Sacco and Vanzetti: The Anarchist Background*, Princeton 1991, S. 205
27 *Manhattan Transfer*, S. 301 und S. 333
28 Wayne Barrett, *Rudy! An Investigative Biography of Rudolph Giuliani*, New York 2000, S. 2
29 Barrett, ebd., S. 6
30 Robert Fitch hat darauf hingewiesen, daß für die Räumungen, die dem Bau des World Trade Centers vorangingen, 30.000 Arbeitsplätze verdrängt und durch enormen politischen Druck auch der Bau des benachbarten Battery Parks auf Kosten der wichtigen Lower Manhattan Docks durchgesetzt wurden. „Etwas war grundsätzlich falsch an den Prioritäten und der Politik einer Stadt, in der 30.000 Menschen zum Verlassen ihrer Arbeitsstellen und Läden für ein staatliches Gebäude gezwungen werden können [das World Trade Center gehört der Port Authority]." In: *The Assassination of New York*, New York 1993, S. 140f
31 Für eine ernüchternde Diskussion der finanziellen Frage einer Überwachung des Times Square, des Grand Central Bahnhofs, der St. Patrick's Cathedral und der Freiheitsstatue siehe auch David Barstow, „Envisioning an Expensive Future in the Brave New World of Fortress New York", *New York Times*, 16. September 2001
32 Fiscal Disaster the City Can't Face Alone, *New York Times*, 9. Oktober 2001
33 „Welches Opfer wird er [der neue Bürgermeister] in dieser Zeit des neuen moralischen Grundsatzes vom geteilten Opfer der Wirtschaft abverlangen? Weder Bloomberg noch Green konnten mir darauf eine befriedigende Antwort geben." James Traub, No-Fun City, *New York Times Magazine*, 4. November 2001, S. 41
34 Racist Fury in France (1959), in: Toward the African Revolution, New York 1967, S. 163
35 Robert Worth, „The Deep Intellectual Roots of Islamic Terror", *New York Times*, 13. Oktober 2001; und Anthony Shadid, „Legacy of the Prophet: Despots, Democrats, and the New Politics of Islam", Boulder, 2001, S. 58. Für eine ausgewogene Einschätzung des Gedankenguts von Qutb und zugleich eine faszinierende Mischung aus Anarcho-Humanismus und einem auf den Koran bezogenen Chiliasmus siehe auch Ahmad Moussali, *Moderate and Radical Islamic Fundamentalism*, Tallahassee 1999, Kapitel 5
36 Robert Worth, „Roots of Islamic Terror"; Judith Shulevitz, „The Close Reader: At War with the World" in: *New York Times Book Review,* 21. Oktober 2001; sowie „Legacy of the Prophet", S. 57. Außerdem John Calvert, „The World is an Undutiful Boy: Sayyid Qutb's American Experience" in: *Islam and Christian-Muslim Relations,* Bd. 11, No.1, 2000
37 Im Original *gestalt* (A.d.Ü.)
38 H. G. Wells, *Der Krieg der Welten*. Deutsch von G.A. Grünwall und Claudia Schmölders. Zürich 1974, erste Ausgabe 1898 in London. S. 4
39 Für die Aufzählung der Gewaltverbrechen, die vom Council on American-Islamic Relations am 22. Oktober 2001 herausgegeben wurde, siehe auch *Washington Post*, 26.10.01.
40 Karen Olsson, „Letter from Dallas", in: *Texas Observer*, 12. Oktober 2001
41 Frantz Fanon, *Racist Fury*, S. 163
42 die kurz darauf auf die Wall Street in New York verübt wurden (A.d.Ü.)
43 *New York Times*, 10. November 2001

Ich würde jeden Menschen als politischen Flüchtling bezeichnen, der verhungern würde, wenn er nicht wegginge aus seinem Land

Ein Gespräch mit dem Schriftsteller Robert Menasse

In Ihrem Roman Sinnliche Gewißheit *beschreiben Sie São Paolo: „Granja Julieta, ein Villen- und Gartenbezirk in São Paolo, Mauern oder Gitter um Häuser, Scherengitter vor den Fenstern, vergitterte Privatparkplätze, einige große, weiße Apartmenthäuser mit Wächterhäuschen und wieder Mauern, ein dichtes Gittersystem, das zusammen mit den Gittersystemen anderer guter Viertel einen Käfig um die schäbigen, armen Teile der Stadt bildete, so daß nicht die Verschanzten, sondern die Ausgesperrten gefangen sind.“*[1] *Welches Bild von Metropole haben Sie?*

Robert Menasse: In Städten, die man seit vielen Jahrzehnten als *Zukunftsstädte* charakterisiert, wird ununterbrochen Geschichte vernichtet. Städte sind Geschichtsvernichtungsorte. Die Entscheidungen, wie das geschieht, fallen in urbanen Zentren, wo die meisten ruhmsüchtigen, talentierten, genialischen, fiebrigen Menschen zusammenströmen.

Was verstehen Sie unter „Zukunftsstädten“?

São Paolo zum Beispiel. Ich habe zehn Jahre dort gelebt und erst langsam zu begreifen begonnen, daß das, was sich in Städten an Zukunftsprojekten entwickelt, paradigmatisch ist für die Zukunft menschlicher Gesellschaften überhaupt, eben weil Städte Entscheidungszentren sind. Ich bin 1981 nach São Paolo gekommen. Damals gab es dort ein Viertel, das klassische Sammelviertel der italienischen Einwanderung. Dieses Viertel hatte, und dies in einem fast musealen Sinne, einen unendlichen Charme. Man fand dort ein Italien, wie man es in Italien nicht mehr fand. Getrennt von der sogenannten Heimat überlebten hier Sprache, Gesten, Verkehrsformen, Moden, von denen sich das lebendige, real existierende Italien schon längst wegentwickelt hatte. Das italienische Viertel in São Paolo war so etwas wie ein positives Ghetto und zugleich eine „touristische“ Attraktion für die Menschen derselben Stadt. Man konnte innerhalb São Paolos in ein anderes und zugleich historisches Land reisen, wenn man in dieses Viertel aufbrach. Dann beschloß die Stadtverwaltung, das Viertel vollständig abzureißen, es lag nämlich genau dort, wo aus diversen Gründen die beste und logistisch attraktivste Möglichkeit bestand, eine sechsspurige Zu- und Abfahrt für die Stadtautobahn zu schaffen.

Gab es dagegen keinerlei Widerstand?

Es gibt in São Paolo keine Kultur des Ensembleschutzes. Eine Stadt, die von Anfang an immer Moderne produziert hat, findet den Gedanken an geschützte Fassaden geradezu lächerlich. Es gab natürlich Aufregung. Es gab Kommentare von Journalisten, die dort gerne weiter italienisch essen gegangen wären. Drei Monate später war das ganze Viertel platt gemacht. Heute ist dort eben eine Autobahnauffahrt, und die Bevölkerung des Quartiers lebt woanders. Im ersten Augenblick habe ich gedacht: Das kann ich nicht begreifen. Aber dann ist zweierlei passiert. Erstens fühlte ich mich im Laufe der darauffolgenden Monate und Jahre ganz einfach deswegen korrumpiert, weil die Autobahnauf- und -abfahrt auch mein Leben erleichterte. Wenn ich über die Stadtautobahn ins Zentrum fahren oder in bestimmte Teile der Stadt gelangen wollte, ersparte das mir eine Dreiviertelstunde im erstickenden Verkehr der Metropole. Einmal in drei Monaten vielleicht war ich dorthin essen gegangen, aber jeden Tag mußte ich aus beruflichen Gründen da irgendwie durch. Ich wurde durch die neue Realität korrumpiert. So ist die Geschichte des Abrisses in mir immer mehr abgesunken. Und zweitens hat mich die simple Tatsache, daß das Viertel nicht mehr existierte, gezwungen, mir für bestimmte Momente meiner Freizeit, meiner Genußgier und meiner Sehnsüchte anderes zu suchen. Und so habe ich plötzlich Viertel in der Riesenstadt kennengelernt, die ich vorher nicht kannte. Durch die Zerstörung *der Geschichte* wurde ich offener für die Gegenwart, und die Gegenwart hat mich damit belohnt, daß sie mein Leben erleichterte, eine unglaubliche Erfahrung. Im ersten Affekt habe ich mir gedacht: Wenn ich jemals zurückkomme nach Europa, wenn ich jemals heimkehren sollte nach Wien, werde ich fordern: Verbietet den Denkmalschutz! Später beginnt man das natürlich differenzierter zu sehen. Aber für mich ist diese jahrelange Erfahrung in einer wirklich megalomanischen Großstadt sehr interessant gewesen. São Paolo hat ja 20 Millionen Einwohner auf einer Fläche, die etwa der von Oberösterreich entspricht, aber dicht bebaut. Wenn man von der

Aussichtsterrasse des damals höchsten Gebäudes der Stadt in alle Richtungen schaut, sieht man nirgendwo einen Horizont ohne Stadt. Die Stadt geht über den Horizont hinweg, man hat den Eindruck, sie umfaßt den ganzen Erdball. Hinzu kam noch eine Erfahrung, die mir klar gemacht hat, was *Stadt als Zerstörungszentrum von Geschichte* bedeutet. Wie in jeder Metropole gibt es in São Paolo Viertel der Reichen, und es gibt Slums. Der Reichtum will sich auf irgend eine Weise zeigen, zugleich aber will er sich schützen. In diesen Vierteln wird eine Ästhetik produziert, die beides ermöglicht: stolze Demonstration der eigenen Macht und zugleich radikale Abschirmung und radikaler Schutz. In solchen Vierteln gibt es Gebäude, in denen der Reichtum sich nach dem Prinzip definiert: zeigen, daß man sich alles kaufen kann, was in der Welt als schön gilt, eine dorische Säule etwa oder ein gotisches Fenster, und das alles mit Wällen und Mauern umgeben, die so hoch sind, daß man nicht hinüberklettern könnte, und so geschützt mit modernster Technologie, daß in Selbstschußanlagen geriete, wer es trotzdem versuchte. Hinter den Mauern der Reichtum der gesamten Menschheit, von der griechischen Antike bis zur Chrysler-Building-Ästhetik. Die Zukunft, dachte ich mir, ist eigentlich eine Klitterung aus dem Schönsten der Vergangenheit, das Zitat, aber vollständig befreit vom Geist des Zitierten, einfach als ästhetisches Spiel. Handfest und materiell beglaubigt ist nicht der produzierte Schein, es sind ausschließlich die Mechanismen, mit denen er beschützt wird. Als ich 1989 nach Wien zurückkam und in die Ausläufer der Postmoderne-Debatte hineinstolperte, habe ich zum ersten Mal in meinem Leben eine Debatte, die ich fast versäumt hätte, unglaublich schnell begriffen. Gemessen daran, was in einer Weltstadt wie São Paolo existiert, war das hier nichts als eine Sandkastendebatte. Als ich später New York kennenlernte, wollte ich wissen, ob das Vernichten von Geschichte grundsätzlich auf Megazentren zutrifft. Es stimmt. Wo Weltentscheidungen fallen, können diese Entscheidungen nur auf der Basis der Zerstörung von Geschichte und zugleich auf der Basis der Ausbeutung ihrer Ästhetik getroffen werden.

Der Sturm der Geschichte

Wiederum in Sinnliche Gewißheit *findet sich eine Denkfigur, die Walter Benjamins Bild vom Engel der Geschichte umkehrt. Bei Ihnen hat der Engel „das Antlitz auf die Zukunft gerichtet. Wo eine einzige Katastrophe vor uns erscheint, da sieht er einen Idealzustand, der, weil er nie erreicht wurde, vor ihm in Trümmer zerfällt“. Ein starker Sturm gehe „vom nie erreichten Pa-*

radies aus, der sich in seinen Flügeln verfangen hat und so stark ist, daß der Engel sie nur mit großer Anstrengung ausbreiten kann". Der Sturm treibe ihn „unaufhaltsam in die Vergangenheit zurück, der er den Rücken kehrt, während vor ihm in immer bizarrere, unverständliche Trümmer zerfällt, worauf er hinauswollte." Und Sie schließen: „Das, was wir die Bewegung oder die Geschichte nennen, ist dieser Sturm."[2] *Vor welchem Bild der Zukunft graut dem Engel?*

Dem Engel graut davor, daß er die Zukunft plötzlich *sieht*. In Benjamins Bild[3] wußte der Engel ja nicht, wohin er fliegt, er blickte in die Vergangenheit und wurde in eine Zukunft getrieben, die er nicht kannte. Als er sich aber umdreht und man ihm die Zukunft zeigt, treibt ihn der von der Zukunft ausgehende Sturm zurück in die Vergangenheit. Dem Engel graut nicht *vor der Zukunft*, sondern davor, *daß er sie nicht mehr erreichen kann*. Zukunft ist heute nicht mehr, was sie einmal war. Die Geschichte der Zukunftsentwürfe läßt sich vereinfachend so zusammenfassen: *Vor* Hegel und Marx gab es keine Vorstellung von einem Telos der Geschichte. Erst Hegel und Marx haben eine der Weltgeschichte innewohnende Logik entdeckt: Die Entwicklung der Menschheit steuert auf ein Geschichtsziel zu, dieses Ziel können wir nicht nur erkennen, um es schneller zu erreichen, wir können in die Entwicklung auch bewußt eingreifen. In dem Augenblick aber, als die einen für ein *konkretes* Bild der Zukunft eintreten, für die größtmögliche Befreiung der Menschen und ihre Teilhabe am Reichtum der Welt, für den Sozialismus, widersprechen diejenigen, die die Welt weiter beherrschen wollen, diejenigen, die unter Freiheit ausschließlich *ihre* Freiheit verstehen und unter Reichtum nur *ihren* Reichtum, für dessen Produktion sie Arbeitssklaven brauchen. Es waren also zwei einander widersprechende Konzepte der Zukunft, die die Welt gespalten haben. Eine Metapher wie die vom Engel der Geschichte ist da vollkommen überflüssig, man kann sie in einem Roman verwenden, in einem Gedicht, in einem geschichtsphilosophischen Traumtext – wir brauchen das nicht, wir fragen einfach: Was ist und was kann die Zukunft? Noch einmal: Die Schlacht ist geschlagen worden. Sie wurde um das Bild der Zukunft geführt und ist in Kämpfen und Kriegen entschieden worden. Es gibt einen Sieger in dieser Auseinandersetzung. Mit Lukács gesprochen gab es zwei Konzepte von Zukunft: das eine wollte eine freie Zukunft, das andere nur noch die Rasierapparate verbessern. Wir haben uns eindeutig für das zweite Konzept entschieden. Danach gibt es keinen Grund mehr, die Welt nach konkurrierenden Zukunftsvorstellungen zu spalten, und so ist es auch kein Zufall, daß die Spaltung der Welt aufgehört hat, nachdem sich die Gegenwart in einem geschichtsphilosophischen Sinne die Zukunft zu verbieten begonnen hat – warum für eine andere Zukunft als die eintreten, die man bereits erreicht hat? Die Entfernung vom Paradies, das die Menschheit einmal mit der Geschichte erreichen wollte, ist aber die Rückkehr in die Barbarei. Diese Barbarei hieß Nationalsozialismus und Stalinismus. Wenn Zukunft nicht mehr das Ergebnis des Versuchs ist, ein bestimmtes Geschichtsziel zu erreichen, dann hören, geschichtsphilosophisch gesprochen, Geschichte und Vergangenheit auf. Wenn wir bestreiten, daß die Geschichte der Menschheit ein Ziel hat, oder wenn wir nicht erreichen wollen, was uns einmal als mögliches Ziel der Geschichte erschienen ist, dann bedeutet das auch, daß alles, was bisher geschehen ist, keinen Hinweis mehr darauf geben darf, daß der Geschichte ein Sinn innewohnte. Mit der Zerstörung der Idee eines Ziels der Geschichte zerstört man also zugleich die Vorstellung einer der Geschichte immanenten Logik, und damit zerstört man auch die Vergangenheit, man macht aus ihr ein Ensemble aus Beliebigkeiten und Zufällen.

Zygmunt Bauman drückt das ganz ähnlich aus: Man verzichte heute darauf, sagt er in Die Krise der Politik, *die Welt „durch eine Gegenüberstellung ihres Jetztzustands mit der Alternative einer besseren Gesellschaft" zu beurteilen. Jegliche kritische Theorie und Praxis soll „so fragmentiert, dereguliert, selbstreferentiell, singulär und episodisch" sein „wie das postmoderne Leben selbst"*[4].

Der Postmoderne ging – und geht – es ja darum, Entitäten zu zertrümmern, um die von ihrem Sinn befreiten und fragmentierten Teile und Splitter danach „neu" oder „besser" zusammenzusetzen, das ist ja gerade das Verführerische an der Postmoderne. Wie soll man aber leben – ohne Geschichte, ohne irgend eine Vorstellung von der Zukunft? Offensichtlich geht es nur noch darum, die Gegenwart zu akzeptieren, wie sie ist, für sie zu funktionieren und sich für sie fit zu machen.

Der weltweite Widerstand gegen die die Welt unter sich aufteilenden Konzerne und Kapitalgesellschaften akzeptiert die Gegenwart nicht, wie sie ist, im Gegenteil.

Die Kritiker der Globalisierung sind momentan die einzigen, die sich weigern zu akzeptieren, daß es keine Alternative geben soll. Die Geschichte der Befreiung der Menschheit war immer ein Kampf um immer weniger Herrschaft des Menschen über den Menschen, um Demokratie. Von Demokratie kann man allerdings nur reden, wenn man wirklich die Möglichkeit der Wahl hat. Heute haben wir einen demokratisch legitimierten Mangel an Wahlmöglichkeiten.

Die politische Delegitimierung von Alternativen und die Selbstanpassung an eine alternativlose Gegenwart bestätigen einander wechselseitig.

Richtig. Und die Idee, politisch gegenzusteuern, Alternativen zu formulieren und sich für sie einzusetzen, ist in der Politik praktisch verschwunden. Heute sagt die Politik nicht, wir müssen da und dort gegensteuern, sie sagt nur: So ist die Entwicklung, wir müssen uns für diese Entwicklung fit machen. Alles was Staat und Politik tun, ist, alle Ecken und Kanten so abzuschleifen, daß alles reibungslos im Sinne einer *ohnehin* stattfindenden Entwicklung funktioniert. Der helle Wahnsinn. Das ist nicht nur die Preisgabe jeglicher Verantwortung, es ist eigentlich die Zustimmung zur Selbstentmachtung, die Preisgabe der Idee der Entscheidungsfreiheit. Selbstentmachtung der Politik. Etwa wie wenn man sagen würde, Ende der zwanziger Jahre hätte sich deutlich abgezeichnet, daß Europa unter die Herrschaft des Faschismus kommen würde, und daß es ein Fehler der sozialistischen und kommunistischen Parteien war, dagegen zu kämpfen. Nach heutiger politischer Logik hätten sie durchzusetzen helfen sollen, was sich *ohnehin* als die stärkere Tendenz zeigte. Durchaus kein so unsinniges Beispiel, wie man vorschnell meinen könnte. Wer heute sagt, man müsse fit sein für die Entwicklung, die sich unter unseren Augen abspielt, ist jederzeit auch bereit, eine faschistische Entwicklung zu stützen, wenn diese sich als die stärkere herausstellt. Und deswegen ist – auch wenn wir jetzt nicht von Faschismus reden können – die Entwicklung *strukturell* faschistisch, Faschismus wäre die *physische* Ausschaltung von Alternativen. Die Frage ist nicht nur, wo wir ankommen wollen oder nicht wollen, sondern wie wir ein Leben in der Gegenwart – und zwar auch zukünftig – produzieren können – ohne Geschichte und ohne Zukunft.

Barbarei oder ideologiefreier Sozialismus

Wie um die Gegenwart der Vergangenheit *zu demonstrieren, kehrt die Armut an diejenigen Orte zurück, die die Gewinner der sogenannten Marktgesellschaft als Bühne* ihrer *Selbstdarstellung betrachten. Viele Menschen erfahren auch in Europa, daß man sie nicht mehr braucht. In ihrem Buch* Der Terror der Ökonomie *spricht Viviane Forrester davon, daß man ohne wei-*

teres auf die Idee kommen könnte, sich der Überflüssigen einfach zu entledigen.[5]

Durchaus kein zynischer Gedanke. Er überspitzt ja nur eine Situation, für die es bereits drei praktizierte Lösungsmuster gibt.

Die *erste* könnte man die Wiener Lösung nennen: Sozialpolitik, eine Politik mit dem Anspruch, Rahmenbedingungen zu schaffen und in gesellschaftliche Prozesse steuernd einzugreifen. Man entschädigt die sozial Scheiternden mit einem Lebensminimum. Ideologiepolitik, radikale Scheinpolitik.

Die *zweite* Lösung wird in New York praktiziert: Selbst die Obdachlosen sollen stolz darauf sein, in dieser Stadt zu leben. Zugespitzt formuliert: lieber obdachlos in New York als Sozialhilfeempfänger in Wien, lieber in der Warmluft eines New Yorker U-Bahn-Schachts überleben als in einer Gemeindewohnung der Wiener Sozialdemokraten. Die New Yorker Lösung: Man gebe den Menschen den Stolz, Bürger *dieser* Stadt zu sein – gegenüber der Wiener Lösung, bei der man das Steuervolumen erhöht, die Verlierer aber mit Sozialhilfe, Sozialwohnungen und so weiter abfindet.

Die *dritte* Lösung gibt es erst seit dem Fall der Mauer, die Berliner Lösung. Man gibt den Menschen beides: die Idee, im Zentrum der Welt zu leben, in einer sich radikal verändernden Stadt, selbst wer es nicht schafft, ist Teil einer Stadt, die es schafft – und zugleich versichert man ihnen, daß man niemanden verhungern läßt, der es nicht schafft.

Zugegeben, die New Yorker Lösung ist eine dürftige Lösung. Aber wenn ich lese, daß der Arbeitsplatz eines deutschen Kohlearbeiters so hoch subventioniert ist, daß die Subvention höher ausfällt als der Lohn, den der Arbeiter bekäme, dann finde ich das einigermaßen grotesk. Es ist doch ökonomisch wirklich grotesk, wenn ein Arbeiter rund 3000 Mark dafür bekommt, daß er in die Grube fährt, und der Staat bezahlt noch einmal 4000 Mark dafür, daß dieser Arbeitsplatz überhaupt existiert, so daß das Ganze auf diese Weise zusammen 7000 statt 3000 Mark kostet. Ich glaube, daß sich mittelfristig durchsetzen wird, was liberale Ökonomen heute schon vorschlagen: Wenn ein Mensch mit einer solchen Arbeit für 3000 Mark seine Gesundheit ruiniert und der Staat für die Erhaltung dieses Arbeitsplatzes noch einmal 4000 Mark zahlt, stellt sich doch die Frage, ob es nicht gescheiter wäre, dem Arbeiter gleich 4000 Mark zu geben und die Grube zu schließen. Der Arbeiter hat 1000 Mark mehr als bisher, die könnten in den Konsum gehen, und er hat Zeit, sich fortzubilden und, möglicherweise, Voraussetzungen dafür zu entwickeln, daß er selbst oder zumindest seine Kinder bessere Startbedingungen haben. Die Zukunft der entwickelten Zivilisationen, das heißt für mich: die Zukunft der Metropolen, wird in einer Art kapitalistischem Kommunismus liegen. Es wird ein aus rein ökonomischer Logik beschlossenes Grundeinkommen geben, ohne irgend einen ideologischen Überbau. Es wird ein Grundeinkommen geben, weil es sonst Barbarei geben wird. Man kann nicht einfach Existenzen zerstören, Menschen auf den Straßen Hungers sterben lassen, die ökonomischen Folgen und die sozialen und politischen Kosten wären mit Sicherheit höher, als wenn man die Zahlung eines Grundeinkommens vereinbarte, das ja in den Konsum zurückfließt. Das Ganze wird eine rationale ökonomische Entscheidung des entfesselten Weltkapitalismus werden, sozusagen ein Treppenwitz der Weltgeschichte: Der Sozialismus wird eingeführt aus Gründen der *Markt*vernunft. Zugleich wird das Grundeinkommen bewirken, was die Lebensgrundlagen des Kapitalismus verstärkt: noch exzessiverer Konsum, noch größere Raserei des Marktes. Ob das Ganze irgendwann implodiert, läßt sich von heute aus nicht entscheiden. Die Entscheidung wird auf jeden Fall die sein zwischen Barbarei und ideologiefreiem Sozialismus.

Der nicht nur rational einleuchtende Gedanke, daß die Zukunft der Metropolen in einer Art kapitalistischem Kommunismus liegen wird, scheint noch andere Denkexperimente zu eröffnen. Welcher mögliche Schluß daraus ist wahrscheinlicher, welches Bild von Metropolenbewohnern: stillgestellte, konsumierende Massen, oder Menschen, die sich, befreit von der Sorge um die Existenzsicherung, unter dem Reich der Freiheit mehr vorstellen als Einkaufszentren, soweit das Auge reicht?

Ich fürchte, daß nichts anderes bleibt als Konsum. Das Reich der Freiheit ist ja eigentlich nur vorstellbar, wie es in den Frühschriften von Marx beschrieben wird: in der absoluten Freiheit und Selbstbestimmung des Menschen in bezug auf seine Tätigkeiten, metaphorisch ausgedrückt: jagen, fischen, kritische Kritiken schreiben. Um es in einem Bild zu beschreiben: Im Staat der Mullahs rebellieren Frauen gegen den Tschador, um ihn, nachdem sie den Kampf gewonnen haben, aus ästhetischen Gründen weiterhin zu tragen.

Eine Metropole muß nichts anderes tun, als ihren Bewohnern den Ausnahmezustand als alltäglichen Bewußtseinszustand nahelegen

Richard Sennett identifiziert an einer Stelle seines Buches Verfall und Ende des öffentlichen Lebens *die fehlende Leidenschaft für unpersönliche Fragestellungen als strukturelles Merkmal für Rassismen aller Art.*[6] *Nun leben aber in ein und derselben Stadt Menschen verschiedenster Kulturen nebeneinander. Wenn aber das, was Stadt noch sein darf, auf private Empfindungen, auf Vertrautes zusammenschrumpfen soll, muß alles mögliche ausgeschlossen werden. Bedeutet das nicht den Ruin für metropolitanes Leben?*

Ich denke, daß die Diskussion zum Thema Konflikte zwischen Kulturen extrem ideologisch geführt wird. Daß es solche Konflikte in einer Stadt gibt, ist eine Fiktion. Es gibt nur Menschen, die anderen Angst machen, indem sie ihnen einreden, man könne am Sonntag bald nicht mehr in die Kirche gehen, weil es bald nur noch Minarette gebe. Eine Metropole hat Minarette, Kirchen und Synagogen. In einer Metropole leben Menschen, die Tür an Tür verschiedenste Kulturen leben. Eine Metropole hat innere Distanzen, die so groß sind wie das Wechseln zwischen Kontinenten. Eine Metropole muß aus diesem Grund nichts anderes tun, als ihren Bewohnern den Ausnahmezustand als alltäglichen Bewußtseinszustand nahelegen. Das ist alles. Absolut alles.

Angesichts einer zunehmenden sozialen und sozialräumlichen Polarisierung stellt sich die Frage, ob sich mit den tradierten Vorstellungen und Begriffen von Stadt noch arbeiten läßt.

Ein Beispiel, wiederum aus São Paolo, von dort kenne ich das Phänomen der abgesperrten Bezirke. Genau in dieser Stadt, wo es dieses Phänomen sehr früh gab, gab es sehr bald darauf etwas, das es in den modernen Beispielen von abgesperrten Stadtvierteln noch nicht gibt: *verlassene Stadtviertel.* In den dreißiger Jahren haben der Geldadel, das Kapital, die Kaffeebarone der Stadt beschlossen, sich im Zentrum ein neues Zentrum zu bauen, das modernste, schönste, reichste und prächtigste Stadtzentrum, das es damals auf der Welt gab, mit einem Prachtboulevard, der heutigen Avenida São João. 25 Jahre später haben sie bemerkt, daß es eine Entwicklung gab, mit der sie nicht gerechnet hatten: die Zunahme des Autoverkehrs. Sie hatten das schönste Stadtzentrum der Welt, aber keine Parkplätze. Das war ja in den dreißiger Jahren noch überhaupt kein Thema. Zur Demonstration des Reichtums gehört nun aber, daß man ein, zwei, drei Autos hat. Was nutzen Prachtbauten ohne Zufahrt und ohne Parkplätze? Also haben sie das Viertel verlassen und sich ein neues um die Avenida Paulista gebaut. Heute ist die Avenida São João ein Unterschichtsbezirk mit unterbezahlten Menschen, die in heruntergekommenen Prachtpalästen wohnen. Wer in São Paolo ein wirklich billiges Hotel sucht, wohnt in einem solchen Palast mit dem ganzen Interieur der dreißiger Jahre für 30 Mark die Nacht, während man für ein winziges Zimmer im Hilton 500 Dollar zahlt. Jeder, der bei Sinnen ist und keine Angst hat, abends, wenn er das Hotel verläßt, an einer Prostituierten vorbeigehen zu müssen, geht dorthin. Das Viertel um die Avenida São João ist ein lebendiges, offenes Viertel geworden. Entwicklungen, die zu Beginn nicht zu ahnen waren. Verschiedene Metropolen haben nach wie vor verschiedenste Traditionen und Kulturen. Für alles, was in einer Stadt geschieht, könnte ich eine Stadt nennen, wo das genaue Gegenteil passiert. Das ist ja das Spannende an Städten. Je eigene Traditionen, Kulturen führen in Auseinandersetzungen mit internationalen Entwicklungen zu jeweils eigenen Lösungen. Man kann wählen, in welcher Stadt man leben möchte.

Insofern man wählen kann. Wenn man die Betrachtung auf diejenigen beschränkt, die sich solche Fragen vorzulegen wirtschaftlich leisten können.

Richtig, wenn man mobil ist. Ich rede natürlich nicht von Menschen, die, wie Immanuel Kant in Königsberg, immer am selben Ort bleiben wollen. Ich rede von mobilen Menschen. Wenn Sie mit solchen Menschen sprechen, bemerken Sie, daß es tatsächlich ein spontanes Wissen darüber gibt, wohin man in welchem Alter gehen muß. Mit 20, 25 nach New York, mit 30, 35 nach Berlin, mit 45 nach Amsterdam, ganz klar, Amsterdam ist die ideale Metropole für alternde Abenteurer, ich kann alles noch einmal wiederholen, aber unter staatlicher Kontrolle. Das Marihuana ist geprüft, die Prostituierten werden täglich kontrolliert, in Holland gibt es eine unglaublich lange Tradition an staatlichen Liberalismus, an Konsumentenschutz. Sogar das Abenteuer ist in Amsterdam konsumentengeschützt. Mit 70 und wenn man es weit gebracht hat, zieht man wieder nach Wien. In Wien wird das Ruhebedürfnis der Alten bedient. Wien ist die Stadt mit den meisten Altersheimen, mit den meisten Privilegien für Pensionisten, freie Fahrt auf öffentlichen Verkehrsmitteln, ermäßigter Eintritt bei allen staatlichen Einrichtungen, Museen, Theatern und so weiter. Jede Stadt hat eine Struktur, die Menschen eines bestimmten Alters anzieht. Wenn eine Stadt ihr Image zu ändern beginnt, hat das auch immer damit zu tun, daß ihre Altersstruktur sich geändert hat, nichts damit, daß sich die Kreativität oder die Urbanität geändert hat.

In seinem Buch Politik der Würde *fragt Avishai Margalit nach der „anständigen Gesellschaft“*[7]*. Die Antwort erstaunt wegen ihrer Einfachheit. Margalit sagt nämlich, eine anständige Gesellschaft zeichne sich unter anderem dadurch aus, daß sie Menschen nicht demütige, auch nicht durch ihre Institutionen. Soll man ihn für einen verlorenen Idealisten halten?*

Margalits Buch ist hochanständig, sympathisch, irgendwo aber auch sehr rührend. Das Problem ist bedauerlicherweise folgendes: Es hat sich herausgestellt nach vielen Verwirrungen und Verirrungen in der Weltgeschichte, daß man am Ende leider sagen muß, daß legitim ist, was sich Menschen gefallen lassen. Es kann sich alles Mögliche durchsetzen. Die entscheidende Frage ist, was Menschen sich gefallen lassen. Wenn es sich Menschen in einer Stadt gefallen lassen, daß ein Viertel gesperrt wird, weil dort 25 Superreiche wohnen, die unmöglich die Mehrheit in diesem Bezirk bilden, dann ist es so und wird so bleiben, bis das Kräfteverhältnis sich ändert. Aus. Und was öffentliche Räume in Städten betrifft: Öffentliche Räume sind per se nicht gut oder schlecht. Sie sind nichts anderes als öffentliche Räume. Aufgrund von Mentalitätsunterschieden, Traditionen, verschiedenen Formen des Verlaufs von Geschichte gibt es einen verschiedenartigen Umgang mit öffentlichen Räumen. Man wird nie die Champs-Elysées sperren können. Aber ich halte es für möglich, daß man in Wien Grinzing sperren kann oder Neustift oder irgend ein anderes Villenviertel. Das ist auch eine Frage der historischen Gewordenheit. Der Boulevard war in Frankreich ein Ort, wo die Intelligenz flanierte, wo der Flaneur sein Zuhause hatte. In Wien ist der Boulevard etwas, das nur in Form der Boulevard*presse* existiert, wo nicht der Flaneur, sondern der Spießer zu Hause ist. Das hat historische Gründe. Die Frage „Soll man den Boulevard schützen?“ läßt sich nicht absolut beantworten. In Paris würde ich ihn schützen, in Wien würde ich ihn vernichten, es gibt da kein allgemein gültiges Stadtgesetz. Es gibt Städte, die aufgrund der gewachsenen Eigenheiten in der Auseinandersetzung mit der Moderne für verschiedene Menschen verschieden interessant sind. Aber selbst auf der Basis der Tatsache, daß es auch für Metropolen weltweite Entwicklungstendenzen gibt, zeichnen sich gerade Städte durch eine so radikale Diversifikation aus, daß eigentlich kein Mensch, der bei Sinnen ist, von New York nach London, Paris, Rom, Berlin oder Wien jetten kann, um am Ende zu sagen: Stadt ist Stadt.

Ich würde jeden Menschen als politischen Flüchtling bezeichnen, der verhungern würde, wenn er nicht wegginge aus seinem Land

Denken Sie an Menschen ohne Aufenthaltsstatus, sogenannte Illegale …

Kein Mensch ist illegal.

Schöne Floskel, aber leider sieht es in der Praxis ganz anders aus. Menschen ohne Papiere haben offiziell keine Rechte. Und sie haben auch nicht die Möglichkeit, sich legal andere Formen der Existenz zu organisieren. Das Recht ist alles andere als mobil, im Gegenteil. Auch wenn die Wirklichkeit die Grenzen des bestehenden Rechts längst überschritten hat, soll sie sich ihm beugen. Sollte das Recht auf veränderte Verhältnisse nicht flexibel reagieren? Und auch so etwas schaffen, was Sie als ein wesentliches Charakteristikum von Metropolen bezeichnet haben: Ad-hoc-Lösungen statt ferner Ziele? Oder ist das ein abstruser Gedanke?

Ein klassisches Beispiel für die bewußtlose Dialektik gesellschaftlicher Dynamik. Es ist kein Kunststück, vorauszusagen, wie dieser Konflikt ausgeht. Man muß kein Hellseher sein, um voraussagen zu können, was bestimmte politische Schritte in nächster Zukunft sein werden. Man muß sich nur auf den Wirtschaftsseiten der Zeitungen informieren. Und die Ungleichzeitigkeit, das sogenannte Nachhinken vergrößert sich ja immer und ist im Grunde nur noch der Zeitraum zwischen der Erstveröffentlichung auf der Wirtschaftsseite der *Neuen Zürcher Zeitung* und der Gesetzesfassung. Es ist nur noch dieser Zeitraum, der ideologisch überbrückt werden muß.

Halten Sie die Festung Europa – das Beharren auf der Trennung zwischen erwünschten beziehungsweise von der Wirtschaft benötigten und unerwünschten Immigranten – für unabwendbar? Oder wäre eine grundsätzlich offenere Haltung vorstellbar, beispielsweise die Anerkennung von Sans-Papiers?

Man muß unterscheiden zwischen denen, die für die Wirtschaft interessant sind, und denen, die politisch verfolgt werden in ihren Heimatländern und hier um politisches Asyl nachsuchen. Die einen sind definierbar über ihre Qualifikation, die anderen nicht. Bei den politischen Flüchtlingen gibt es ja nicht überwiegend Minderausgebildete. Ich weiß, daß das nicht Common sense ist in Europa – aber ich würde jeden Menschen als politischen Flüchtling bezeichnen, der verhungern würde, wenn er nicht wegginge aus seinem

Land. Er muß nicht zu Tode gefoltert werden, er könnte einfach verhungern. Die Frage ist nur, wo und wann der Punkt erreicht wird, wo sich die Entwicklungslinie des gesellschaftlichen Reichtums mit der Entwicklungslinie des gesellschaftlichen Bewußtseins so kreuzt, daß eine Mehrheit der Gesellschaft anerkennt, daß es legitim ist, in ein anderes Land zu kommen zu versuchen als dort, wo man geboren ist, zu verhungern.

Was soll man unter gesellschaftlichem *Bewußtsein verstehen?*

Das in Medien und im Mehrheitsdiskurs sich ausdrückende Wissen um die Verhältnisse in der Welt. Im Durchschnitt immer unterentwickelt. Wo die Entwicklung des gesellschaftlichen Reichtums und die Entwicklung des gesellschaftlichen Bewußtseins aufeinandertreffen, sollte es eine doppelte Einsicht geben: Weil wir so reich und so frei sind, sollte es zu unserem Selbstverständnis gehören, anzuerkennen, daß wir Menschen diese Möglichkeit geben müssen …

Obwohl sich – aus bevölkerungspolitischen Gründen und im Hinblick auf ausschließlich ökonomische Überlegungen – in verschiedenen europäischen Ländern die Haltung durchzusetzen beginnt, sich als Einwanderungsland zu sehen, versteht sich Europa nach wie vor als Festung. In der Mehrzahl der europäischen Länder kann derzeit von einem gesellschaftlichen Bewußtsein, wie Sie es definiert haben, nicht die Rede sein.

Ich habe den Eindruck, daß es so etwas gibt wie eine pragmatische Entwicklung zum Besseren. Ich kann mir nicht vorstellen, daß die Schweiz mit ihrem heutigen gesellschaftlichen Bewußtsein so restriktiv gegen jüdische Flüchtlinge vorgehen würde, wie sie es im Zweiten Weltkrieg getan hat. Das heißt, unsere Unzufriedenheit ist immer relativ beziehungsweise dynamisch. Gesellschaften altern und werden auf schlaffere Weise liberalere Gesellschaften. Sie machen Erfahrungen, die sich irgendwo im Bauch einer Gesellschaft – Marx hat merkwürdigerweise immer vom Bauch der Gesellschaft gesprochen – ansammeln. Auf einmal entsteht eine Krise, nicht mal eine große, wird aber unglaublich intensiv diskutiert. Sie wird dramatisiert, weil das gesellschaftliche Wissen größer geworden ist und das gesellschaftliche Alarmsystem dementsprechend reagiert. Und die Krise wird bewußter gelöst. Diese bessere Lösung wird als ungenügender erlebt, als eine ungenügendere Lösung vor einem halben Jahrhundert empfunden worden wäre.

Andererseits scheint das Bedürfnis, nicht im Widerspruch zum „Mehrheitsdiskurs" zu denken und zu sprechen, das Denken und Handeln großer Mehrheiten zu prägen. Ein Beispiel dafür ist die in einem Film über die Videoüberwachung städtischer Räume geäußerte – und immer wieder anzutreffende – Ansicht, wer nichts zu verbergen habe, habe nichts zu befürchten, gegen die Kameras sei mithin nichts einzuwenden. Wäre nicht, wenn man an die modernsten Techniken des politischen Marketing denkt, von demokratischem Totalitarismus dann zu sprechen, wenn das Bedürfnis nach Übereinstimmung mit dem gesellschaftlichen Durchschnittsbewußtsein sich als übermächtig erweist? Wäre vorstellbar, daß es, trotz dieser Entwicklung, eine „Rückeroberung" des Durchschnittsbewußtseins durch Formen des gesellschaftlichen Sprechens gibt, das andere Ideen als die des hergestellten *Durchschnittsbewußtseins artikuliert? Daß allmählich begriffen wird, daß hinter der überall propagierten Idee von mehr Sicherheit die nicht artikulierte von weniger Freiheit steckt?*

Ich denke, daß die hier skizzierte Entwicklung zu einem demokratisch legitimierten Totalitarismus unzweifelhaft stattfindet. Der eigentliche Konflikt ist wohl aber nicht derjenige zwischen Menschen, die lieber sicher als frei sein wollen, und solchen, die umgekehrt die Freiheit der Sicherheit vorziehen. Im übrigen fordert die Videoüberwachung ja auch eine neue Kreativität heraus, sei es auch in Form von Steinen gegen die Kameras …

Dann wären Sie bereits auf dem Bildschirm.

Das wäre die Frage. Wenn ich unterhalb der Überwachungskamera stehe und sie zerstöre? Es wird Menschen sehr bald auffallen, daß es unangenehm ist, daß man ihnen irgendwo beim Nasenbohren zuschaut, beispielsweise in einer U-Bahn-Station, obwohl sie weit und breit die einzigen auf dem Perron sind. Es wird sich eine enorme Wut gegen die Kameras entfalten. Der eigentliche Konflikt wird der sein zwischen jenen, die aus Erfahrung klug werden, und denen, die es vorziehen, aus Schaden dumm zu werden. Die Zukunft der Gesellschaft wird sich daran entscheiden, ob man klüger oder dümmer wird auf der Basis von Erfahrungen, für die es kein Vorbild und kein Paradigma gibt, weil es sich um qualitativ neue Erfahrungen handelt, die wir heute machen. Wenn Menschen heute intellektuell nicht nachvollziehen können, was der Satz „Wenn ich nichts zu verbergen habe, muß ich mich nicht fürchten vor dem totalen Überwachungsstaat", wenn sie nicht das intellektuelle Minimum besitzen, um zu begreifen, was das für sie heißt, dann *werden* sie die Erfahrung machen, was es bedeutet, und dann gibt es

Widerstand dagegen. Oder sie machen die Erfahrung, daß sie keine Erfahrung damit machen, dann waren unsere Befürchtungen übertrieben. Auf jeden Fall werden Erfahrungen damit gemacht werden, und zwar schon in naher Zukunft. Diejenigen, die heute frohlocken, weil sie dies oder jenes auf der Basis einer Boulevardverwirrung so widerstandslos durchsetzen konnten, wissen heute noch nicht, welchen Konflikten sie morgen zum Opfer fallen werden. Die Gesellschaft wird um so freier in dem Maße werden, wie das jenen zu Bewußtsein kommt, die sich das heute noch nicht vorstellen können … Es scheint mir eine ausgemachte Sache zu sein, daß wir uns irgendwann zurücklehnen können, die Beine übereinanderschlagen, eine gute Zigarette rauchen und amüsiert, um es noch einmal zu betonen, beobachten können, wie das Ganze in relativ kurzer Zeit implodiert.

„Was heißt Sprechen?"

In Was heißt Sprechen?[8] *entwickelt Bourdieu den Gedanken, daß Sprache Realitäten präfabriziere: Was wird im öffentlichen Diskurs formuliert, und wie? Worüber wird nicht gesprochen? Welche Rolle spielt das öffentliche Sprechen für all das, was in einer Stadt existiert? Worüber wird geschwiegen? Ließe sich das öffentliche Sprechen als Mittel betrachten, mit welchem bestimmte Realitäten in die Wege geleitet und erwünschte Sichtweisen präfabriziert werden – etwa im Hinblick auf die Liberalisierung des Asyls für Migranten, wo es darum ginge, Feindbilder abzubauen? Wenn es stimmt, daß das öffentliche Sprechen Realitäten schafft, könnte dann eine andere Art öffentlichen Sprechens andere Realitäten schaffen?*

Das ist eine so schwierige wie komplexe Frage. Ich sehe in entwickelten Gesellschaften nur eine einzige Möglichkeit, Dinge zu retten: Man muß sie zerstören. Österreich ist dafür ein Beispiel. Österreich hatte eine Republik, bis heute heißt es, niemand habe sie, die erste, gewollt. Dann wurde sie zerstört, verschwand von der Landkarte und war plötzlich eine Provinz des Deutschen Reiches. Erst dann hat man begonnen, die Republik zu wollen. Sie ist wiedererstanden. Die Voraussetzungen waren schlechter als beim ersten Versuch. Man hielt die erste Republik für nicht lebensfähig, für zu klein, für ökonomisch zu schwach. Die wiedergegründete Republik war genauso klein wie die erste, nur kamen dazu: die Kriegsschäden und die Reparationszahlungen an die Siegermächte. Plötzlich hielt man die Republik für lebensfähig. Nach zehn, zwanzig Jahren würde Österreich das achtreichste Land der Welt sein – und das war dann auch so. Zerstört, gerettet.

Von Barbesitzern und Schauspielschülern

Wissen Sie, daß rund drei Viertel aller Kellner und Barmen in New Yorker Bars Schauspieler sind? Warum ist das so? Wenn man in New York beschließt, Schauspieler zu werden, hat man ja kraft dieses Beschlusses noch kein Einkommen. Der nächste Schritt ist, daß man sich zu einem Agenten begibt, der einen dann anbietet oder versucht, bei irgend einem Off-Theater oder einer kleinen Filmproduktion vorstellig zu werden. So kann man vielleicht eine Statistenrolle ergattern. Auch damit kann man noch kein Auskommen finden. Nun besagt ein Gesetz in den Vereinigten Staaten, daß man den Sozial- und Gewerkschaftsschutz des Actors Syndikats erhält, wenn man dreimal in einer Theater- oder Filmproduktion einen Satz sagen konnte. Das erleichtert einem das Leben. Aber was macht man bis dahin? Man wird Barman, wenn man eigentlich Schauspieler werden will. Barbesitzer lieben Schauspieleleven besonders. Wenn ein Barman gesucht wird und sich fünf melden, von denen einer Schauspieler ist, nimmt der Barbesitzer mit Vorliebe den. Warum? Er sagt sich: Der bringt etwas mit, was für mein Geschäft essentiell ist. Der Mann ist neugierig, studiert Menschen, kommuniziert mit ihnen, beobachtet sie und versucht, wenn er mit jemandem redet, den so zu imitieren, daß der glaubt, er habe in ihm einen Verbündeten auf der anderen Seite des Tresens. In Wirklichkeit macht er Studien für den Fall, daß er mal so einen Idioten spielen muß wie den, der ihm gerade gegenübersitzt. Was ein anderer, der einfach nur einen Job sucht, nie machen würde. Man könnte sagen: das ist witzig. Man könnte sagen: Das hat eine gewisse Logik. Jedenfalls ist es sehr spezifisch für einen Ort auf der Welt: New York. Es ist undenkbar, beschließen zu wollen, man könne dasselbe etwa in Zürich machen. In Wien zum Beispiel sind Schauspielschüler, in Kaffeehäusern sitzend mit Geld von den Eltern, Stipendien und sozialer Absicherung von der Sozialdemokratie ausgestattet, der Meinung, New York sei eine brutale Welt, eigentlich müßte es verboten werden, daß man sein Genie durch Nachtarbeit in einer Bar verschleudert, während man mit einem relativ billigen Stipendiensystem seine Kunst soweit verfeinern kann, daß es einem gelingt, irgendwann zu einem Wiener Publikumsliebling zu werden. Es gibt überhaupt keinen Parameter, mit dem man nachweisen könnte, was besser ist. Die Wiener Schauspieler, die nach ganz anderen Regeln groß werden, beherrschen die Kunst, auf einer Bühne eine Braue so zu heben, daß man das in der dritten Galerie des Burgtheaters noch sehen kann, amerikanische Schauspieler – diejenigen zumindest, die bei Bogart in die Schule gegangen sind – beherrschen die Kunst, sich so beiläufig am linken Ohrläppchen zu ziehen, daß diese Geste in der Großaufnahme ein ganzes Schicksal sichtbar macht. Systemfragen, die in Metropolen aus irgend einem Grund irgendwann entstanden sind und sich entwickelt haben. Die Frage für mich ist nicht: Ist das eine vernünftiger oder das andere, sondern vielmehr: Welchen Anspruch hat die Politik in einer Metropole, in solche gewachsenen Strukturen einzugreifen, wenn sie international wettbewerbsfähig und kompatibel werden will? Wie kann eine Metropole eine internationale Metropole sein oder werden und zugleich ihr eigenes Gesicht bewahren? Ich denke, daß das nur möglich ist, wenn die Politik sich um grundsätzliche Dinge kümmert, und das bedingungslos. Um Dinge, die sie sich auf keinen Fall abkaufen lassen darf. Es darf nicht sein, daß ökonomische Interessen die Vernunft einschließlich der Vielfalt des Abweichenden außer Kraft setzen. Aber es darf auch nicht sein, daß die Politik hineinzuregieren versucht in Fragen, die die Selbstbestimmtheit der Menschen betreffen. *Robert Menasse*

So geht es mit vernünftigen Strukturen in Gesellschaften, und so funktioniert es mit der Sprache.

Wenn man Sprache wie ein Infrastrukturnetz betrachtet, könnte man behaupten, daß der politische Diskurs einem ziemlich reduziert betriebenen Netz ähnelt, bei dem zu viele Gleise stilliegen.

Das Problem liegt nicht nur und nicht ausschließlich in der Sprache, es ist untrennbar mit anderen Elementen verbunden. An der Sprache läßt sich allerdings gut zeigen, wie die Dialektik funktioniert. Im selben Maße, wie die gesellschaftliche Verkehrssprache primitiver wird, werden auch primitivere politische Slogans möglich. Die rechtspopulistischen Parteien verbreiten heute Losungen, die vor zwanzig Jahren nicht funktioniert hätten, auch wenn sie sich an dieselbe Klientel gerichtet hätten. Sogar die Faschisten waren da „komplexer". Ein Slogan wie „Wien darf nicht Chicago werden!" beweist eine Verkommenheit des Denkens und des Sprechens, die neu ist. Andererseits ist eine unglaubliche Gleichzeitigkeit des Ungleichzeitigen zu beobachten: Man fordert und verspricht eine Sicherheit, die mit den tatsächlichen Gefahren überhaupt nichts zu tun hat. Während alle modernen Technologien laufend Risiken und Gefahren produzieren, versprechen Politiker in der Hoffnung, daß man ihre Realitätstüchtigkeit belohnt, den Bürgern der Stadt: „Kein dunkelhäutiger Mann wird Dich im Stadtpark belästigen". Die Kluft zwischen den real möglichen Gefahren und einem solchen Ordnungsversprechen ist so enorm, daß man das überhaupt nicht mehr zusammendenken kann. Es ist eine Schere aufgegangen zwischen ganz konkreten, sehr realen Gefahren, und dem, was die Politik in ihren Programmen und in ihren Slogans den Leuten zum Thema Sicherheit anbietet. Das eine hat mit dem anderen überhaupt nichts zu tun. Das eine ist nur noch ein Ornament des anderen.

Wie immer halten diejenigen, die solche Losungen verbreiten, das Durchschnittsbewußtsein offensichtlich für so zurückgeblieben, daß sie mit Widerspruch gar nicht erst rechnen.

Zum Teil ja zu Recht. Aber zum Teil produzieren sie ja auch erst dieses Bewußtsein. Politik ist ja inzwischen wie alles andere eine Frage des Marketing geworden. Marketing heißt, etwas als unverzichtbar zu bezeichnen, das einem nicht gefehlt hat, solange man es nicht kannte. Politisches Marketing heißt, etwas zu versprechen, das man halten kann, auch wenn es unnötig ist, das betreffende Versprechen zu verwirklichen. Wenn es keine Überfälle in Parks gibt, sehr wohl aber die Gefahr, daß die eigene Kreditkartennummer von Hackern organisiert werden kann, verspricht die Politik den Leuten, daß es keine Überfälle mehr in Parks geben wird. Sie hat keine Antwort auf die Frage, wie man Zehntausende, die das Internet benutzen, vor Hackern oder vor Kreditkartenmißbrauch schützen kann, aber eine Antwort auf die Frage, wie man Zehntausende schützen kann vor Überfällen im Park, die ohnehin nicht stattfinden. Das ist wie bei der Geschichte, wo einer im Wiener Stadtpark steht und in die Hände klatscht und einer kommt und fragt: Warum klatschst Du denn dauernd in die Hände? Sagt der: Das schützt mich vor Elefanten. Sagt der andere: Im Stadtpark gibt es doch gar keine Elefanten. Darauf der, der in die Hände klatscht: Na da siehst Du, wie gut das wirkt?

Wie erklären Sie sich die Sucht, alle und alles zu kontrollieren, zu disziplinieren?

Ich habe den Verdacht, daß diese ganze Sicherheitsdebatte in Wirklichkeit eine verallgemeinerte Debatte derer ist, die in den Städten an der Macht sind. Je komplexer das zu beherrschende Gebilde ist, desto drängender das Interesse, es zu reduzieren. Das Sicherheitsproblem ist immer ein Problem der Regierenden, die der wachsenden Komplexität der Stadt geistig nicht folgen können. Zu dieser Art von Problemen gibt es interessante historische Beispiele: Als das Bürgertum, nachdem es den moralischen Anspruch gestellt hatte, zur politischen Herrschaft geeigneter zu sein als die nutzlose Feudalaristokratie – die ökonomische Macht hatte es bereits –, regierte auf einmal eine politische Klasse, die mit dem politischen Herrschen keine Erfahrungen hatte. Diejenigen, die die Erfahrungen hatten, waren moralisch ausgemustert. Der Versuch, Bewußtsein darüber zu erlangen, worüber man eigentlich zu regieren, zu herrschen habe, führte über die Sprache, über die Literatur. Es entstand eine neue Literatur: der bürgerliche Realismus. Das führte zu einer Hochblüte realistischen Erzählens, zu Balzac, Fontane und anderen, die auf einmal ein angeblich gesellschaftliches Interesse befriedigt haben: Nämlich die Gesellschaft zu beschreiben, wie sie wirklich ist. Die Gattinnen der Industriellen haben das gelesen und ihren Gatten beim Abendessen erzählt. Und die haben dann ihre Entscheidungen getroffen, das war ein so simpler wie unheimlich komplexer Prozeß. Das gesellschaftliche Interesse war in Wirklichkeit das Interesse einer hilflosen Klasse, die an die Macht gespült wurde. Diese Klasse war aber legitimiert. Und sie hat gesellschaftlichen Reichtum produziert. Die hat Arbeitsplätze geschaffen und technologische Innovationen finanziert. Heute kann jeder Idiot Bürgermeister werden. Um so größer ist sein Bedürfnis nach genauen – und zu vereinfachenden – Informationen über den Zustand der Gesellschaft. Hinzu kommt, daß jeder, der heute Erfahrungen hat in der Stadtpolitik zwischen politischer Administration und Wahrnehmung der Massenstimmung und sich zugleich Demokrat nennt, wenn es opportun ist, sagen wird: Schützt die Menschheit vor der Demokratie. Eine Volksabstimmung zur Frage der Einführung der Todesstrafe für Sexualmörder würde ohne Zweifel die ausreichende demokratische Mehrheit finden, davon bin ich überzeugt. Jeder, der demokratiepolitisch noch einigermaßen bei Sinnen ist, versucht deswegen Volksabstimmungen zu erschweren. Man könnte heute in jeder Großstadt über Volksabstimmungen Mehrheiten für totalitäre politische Entscheidungen finden.

Was wäre die Alternative?

Die Reduktion der Politik auf simple Rahmenbedingungen, auf die man sich einigt und die man später tabuisiert. Zum Beispiel sagt man: Ein Bestandteil unseres Selbstverständnisses laut Grundgesetz ist: Keine Todesstrafe. Und das wird dann in jeder weiteren Debatte ausgeklammert. Im Grunde läuft alles hinaus auf eine Produktion von Rahmenbedingungen, die dann später tabuisiert werden.

Wie sähen diese Bedingungen aus für bei uns Asyl Suchende?

Wenn es gelingt, sich darauf zu einigen, daß Menschen, die an Leib und Leben bedroht sind, aufgenommen werden müssen, dann muß diese Entscheidung sofort tabuisiert werden, sofort zum Kanon werden. Politik entwickelt sich zurück. Man sieht das ja auch bei den Oppositionsparteien europaweit. Immer mehr Oppositionsparteien definieren ihre Opposition durch Rückkehr zu unglaublich simplen Basisforderungen. Opposition war früher immer der Versuch, das, was tagespolitisch beschlossen wurde, als ungenügend darzustellen und durch Differenzierung und „Verkomplizierung“ gerechter zu machen. Das war immer der Gestus der Opposition. Heute sind überall in Europa die Oppositionsparteien damit beschäftigt, gegen die Regierungen zu sagen, alles sei zu kompliziert, zurück zu den Grundlagen, denen alle zustimmen können.

Richard Kapúczinsky sagt, der Kampf um die Macht sei immer ein Kampf um die Sprache.[9] *Sie sagen, die politische Sprache werde primitiver. Findet ein Kampf um die Sprache, die ja Perspektiven formuliert, nicht mehr statt? Haben Gegenstimmen zu denen, die das offizielle Sprechen beherrschen und kontrollieren, keine Chance mehr?*

Der Kampf um die Macht ist kein Kampf um die Sprache. Von einem Kampf um die Sprache kann man sprechen, wenn man einen Roman schreibt. Was sich in der politischen Auseinandersetzung und vor allem auf der Ebene der Macht oder in demokratischen Ländern auf der Ebene der Regierungsgewalt ereignet, ist dagegen kein Kampf um die Sprache, sondern ein Kampf um das Monopol der Sprachlosigkeit. Im Kampf um die Sprache gibt es immer eine Voraussetzung, die in der politischen Auseinandersetzung nicht gegeben ist. Im Kampf um die Sprache geht es um die Frage, wie präzise Sprache sein kann, wie etwas mit Sprache gefaßt, abgebildet werden kann. In der Politik geht es um Signale. In der Politik werden gesellschaftliche Bedürfnisse angesprochen – das Wort ‚ansprechen' zeigt ja schon, daß es nicht um Formulierungen geht. Nur so kann man mehrheitsfähig werden. Die politische Sprache versucht Formulierungen zu finden, die zwar nichts mehr bedeuten, aber widersprüchlichste Interessen nicht frustrieren. Ich habe den Eindruck, daß jeder, der die Probleme, die in einer Metropole wirklich virulent sind, politisch zu formulieren versuchte, die Metropole spalten würde. Es ist eher der Verzicht auf die Sprache, der die Metropolen zusammenzuhalten vermag. Sozusagen King Kong Basic.

Das Gespräch führten Elisabeth Blum und Peter Neitzke im August 2001

Anmerkungen

1 Robert Menasse, *Sinnliche Gewißheit*, Reinbek bei Hamburg 1988

2 Ebd.

3 Walter Benjamin, „Über den Begriff der Geschichte", in: *Walter Benjamin, Gesammelte Schriften* I.2, hg. von Rolf Tiedemann und Hermann Schweppenhäuser, Frankfurt am Main 1974, 697f

4 Zygmunt Bauman, „Die nicht mehr umstrittene Welt", in: *Die Krise der Politik. Fluch und Chance einer neuen Öffentlichkeit*, Hamburg 2000, 184

5 Viviane Forrester, *Der Terror der Ökonomie*, Wien 1997, passim. In seinem Vortrag „Die Stadt – ein überholter Entwurf?", dt. zuerst veröffentlicht in: *Die Stadt, Ort der Gegensätze, Demokratische Gemeinde*, Sondernummer, Bonn, März 1996, sagt Alain Touraine: „In allen westlichen Ländern herrscht die Vorstellung, daß 80% sich retten können, wenn man dafür 20% der Bevölkerung ins Meer wirft." (S. 24)

6 Richard Sennett, *Verfall und Ende des öffentlichen Lebens. Die Tyrannei der Intimität,* Frankfurt am Main 1986, 19

7 Avishai Margalit, *Politik der Würde. Über Achtung und Verachtung*, Berlin 1997

8 Pierre Bourdieu, *Was heißt sprechen?,* Wien 1990

9 Richard Kapúczinsky, „Macht und Ohnmacht", in: *Folio*, Monatszeitschrift der *Neuen Zürcher Zeitung*, Nr. 10, Oktober 1994, 32ff

McKenzie Wark

Telegramm aus Nirgendwo

Hallo? Hallo? Ist da jemand? Ich rufe hier an von dort, vom Tag rufe ich die Nacht, vom Winter den Sommer. Ich melde mich von der anderen Seite der Welt. Hier, das heißt, wie die Dinge sich von hier aus betrachtet darstellen (oder umgekehrt). Und natürlich gibt es etwas, das uns verbindet, etwas, das Verbindungen schafft, zwischen uns allen.

Für wen könnte Globalisierung etwas Neues sein? Doch nur für die, die nahe an den Zentren der alten imperialen Macht gelebt haben. Für die übrigen (für uns andere, für euch andere) draußen an der Peripherie ist Globalisierung nichts Neues. Von der Peripherie, also von den früheren Kolonien aus gesehen, ist Geschichte nichts anderes als Globalisierung.

Nichts anderes als der Kampf, den die Kolonialmächte eine nach der anderen geführt haben, um von der zunehmenden Nähe und dem wachsenden Handel zwischen den Völkern zu profitieren. In der Geschichte geht es nicht um Zeit, es geht um Raum.

Die Ironie dessen, was man in der Alten Welt als Globalisierung bezeichnet, liegt ja darin, daß zum ersten Mal das Zentrum die Peripherie einzuholen versucht. Hallo, Freunde aus den alten Zentren, willkommen beim Rest der Welt! Willkommen zum Leben an der Peripherie! Sie ist fast da, nicht ganz, nur fast. Im Zentrum, wo sich nichts bewegt, scheint es um Zeit zu gehen, an den schwimmenden Rändern geht es nur um Raum.

Jahrhundertelang hat Europa seine Kriege mit der Kohle und dem Eisenerz, mit dem Flachs, mit der Wolle und dem Holz aus den Kolonien geführt. Jahrhundertelang hat Europa seinen Warenüberschuß in den Kolonien abgeladen. Die Industrie im Mutterland ist auf Kosten der Peripherie gewachsen. Die Arbeiteraristokratie hat sich ihren Anteil an den Profiten geholt – auf Kosten der Arbeiter in der Peripherie. Jahrhundertelang haben die Länder am Rande der Welt die Mittel geliefert, mit deren Hilfe das alte Europa sich selbst nach wie vor für das Zentrum, für das absolute historische Zentrum halten konnte.

Ein postkolonialer Brecht könnte sich einen Arbeiter von der Peripherie ausdenken, der die monumentale Pracht der alten imperialen Hauptstädte betrachtet und sich fragt: „Woher kam das Material für all das? Woher das Essen und die Stoffe, mit denen diese Menschen gesättigt und gekleidet wurden? Woher kamen die Truppen, die all das verteidigen sollten? Wo hat man gestohlen, was hier in den Museen steht?“

Geert Lovink behauptet, ganz Europa sei ein Museum. Aber was für ein Museum? Eine Art Container für das, was sich aus den Ressourcen anderer machen läßt. Das einzig wirklich Neue war, daß die Vereinigten Staaten dagegen aufbegehrt haben – und schließlich am imperialen Tisch Platz nahmen. Wenn Europa ein Museum für die Beute von der Peripherie ist – dann sind die Vereinigten Staaten ein Museum für die Beute aus Europa. Das ist für euch Globalisierung.

Verändert hat sich allein die Geschwindigkeit der Globalisierung, aber auch das ist eine alte Geschichte. Die Telegraphie ist die wahre Revolution der Kommunikation.

Seit es Telegraphen gibt, kommen Informationen schneller voran als Menschen, Güter oder Armeen. Seitdem kann die physische Verteilung von Dingen weitaus komplexer organisiert werden. Die Bewegung von Dingen kann zum Gegenstand einer ununterbrochenen Logistik werden.

Seit es den Telegraphen gibt, ist es mit der Architektur definitiv vorbei. Den Anfang von ihrem Ende bildeten diese schönen Telegraphenämter des neunzehnten Jahrhunderts, die es ja noch in den meisten großen Städten gibt. Mausoleen der Architektur an sich. Mausoleen jener alten europäischen Idee, einen Raum einzufassen und eine Grenze zu ziehen, innerhalb derer sich die jeweiligen Dinge in eine rationale Ordnung bringen lassen.

Seit der Erfindung des Telegraphen ist es vorbei damit. Nicht nur mit der Architektur, sondern auch mit jener geistigen Grenzziehung, die Nationalismus heißt. Dazu war ein langer und blutiger Kampf nötig, ein Kampf, der noch anhält. Momentan erleben wir jeden Tag im Fernsehen, wie der Nationalismus in einem Leichentuch aus Telegraphen, Telephonen und Fernsehen einbalsamiert wird – in einem Leichnam aus Telästhesie.

Telästhesie oder „Wahrnehmung aus der Ferne", das sind Werkzeuge, mit denen es seit Jahren möglich ist, Vernunft ohne Begrenzung zu schaffen, Dinge in Bewegung zu setzen und ihre Bewegungen zu überwachen. Die materiellen Ressourcen der natürlichen Welt, mit denen eine zweite, aber unbewohnbare Natur errichtet worden ist, werden überwacht, gemessen, verfolgt und gezählt – in einer dritten telästhetischen Natur.

Telegramm für Professor Foucault: Benthams Panoptikum ist nie gebaut worden. Die Engländer zogen es vor, ihre Störenfriede in die Kolonien abzuschieben. Deswegen schreibe ich ja aus Australien auf Englisch. (Ich könnte auch aus Afrika auf Französisch oder aus Brasilien auf Portugiesisch schreiben.) Disziplinierungstechniken sind ein unbedeutender Aspekt moderner Machtausübung und werden in zunehmendem Maße vektoriellen Technologien untergeordnet.

In der Geometrie ist ein Vektor eine Linie mit festgelegter Länge ohne festen Ort. Er hat bestimmte Maße, kann aber an jedem beliebigen Punkt anfangen und innerhalb seines Radius eine Verbindung zu jedem anderen Punkt herstellen. In der Epidemiologie ist ein Vektor ein spezifisches Mittel der Übertragung von Infektionen, wie etwa Wasser, Luft oder Körperflüssigkeiten. Durch sie kann jeder Körper mit jedem anderen Körper in Kontakt treten. Mithilfe von Technologien kann ein Vektor eine Sache mit einer anderen verbinden, in einer besonderen Beziehung, aber ohne spezifische Koordinaten. Mit anderen Worten: Das Vektorielle ist eine Technik des Offenen, des Virtuellen.

Disziplinierungstechniken schließen ein. Sie zählen und klassifizieren, was sie einschließen. Vektorielle Technologien dehnen ihren Raster über den offenen Raum aus und projektieren Linien für Bewegungen in diesem Raum. Von der Kartographie und der Navigation bis zur Telegraphie und zur Telemetrie macht das Vektorielle aus jeder irgendwo verfügbaren Ressource etwas, das sich mit jeder anderen verbinden läßt. Stellen Sie sich die Kartographie und die Navigation des achtzehnten Jahrhunderts als äußerst langsame Cruise Missiles vor.

Telegramm für Doktor Heidegger: Technologien rahmen nichts. Es gibt keine eingezäunten Bereiche außer in der kryptofaschistischen Gedankenwelt, es gibt nur die Möglichkeit der Beziehung. Technologie ist Materie und Bewegung. Technologie rahmt nicht und kappt auch nichts, sie eröffnet Wege und verbindet. Zumindest ist das das Grundmerkmal jener Technologien, die sich durchgesetzt haben.

An der Peripherie war die vektorielle Macht immer größer als die Macht der Einschließung. Darum erscheint Geschichte als Raum und nicht als Zeit, was man auch in den alten Zentren langsam begreift. Imperialismus heißt in der Lage zu sein, den eigenen Raum abzugrenzen auf Kosten eines anderen, dessen Raum offen bleibt für Ströme aller Art und ungleichen Tausch, aber so, daß das die imperiale Macht nicht weiter belastet. Eine imperiale Beziehung ist an einem Ende geschlossen und am anderen offen – zum Vorteil dessen, der die Grenze errichtet hat.

Vektorielle Macht ist nichts Neues. Sie ist so alt wie die imperialen Flotten des achtzehnten Jahrhunderts, als die ersten verläßlichen Karten hergestellt wurden. Sie wird durch die Telegraphie beschleunigt. Das Internet wiederum beschleunigt die Telegraphie. Es verbindet sie mit Archiven und macht es möglich, mehr und mehr Daten miteinander zu verknüpfen, immer komplexere Ressourcenbestände miteinander in Beziehung zu bringen und zu verbinden. Ja, es beschleunigt, es sorgt für Verbreitung und verändert einiges. Aber in qualitativer Hinsicht ist es so revolutionär nicht.

Trotz der Begeisterung einiger Web-Künstler und Nachzügler auf dem Gebiet der Medientheorie haben wir es nicht mit einer Schlüsselperiode der Mediengeschichte zu tun. Eher mit einer Zeit, die die Virtualität der Telästhesie freisetzt. Eine Virtualität, die im Kommunikationsbereich überdauert, ihr Potential jedoch nur langsam entfaltet hat.

Mit anderen Worten: schlechte Zeiten für Konservative, gleich ob linke oder rechte. Was sich langsam verändert hat, ist die Tatsache, daß es immer schwieriger geworden ist, die vektorielle Macht jener Macht der Einschließung unterzuordnen. Die Grenzen eines Staates, eines Unternehmens, der Zaun um die Familie oder um das eigene Ich lassen sich nicht mehr so einfach sichern. So sieht es zumindest in den alten imperialen Zentren aus.

Raum – auf Kosten anderer

Für uns andere ist das nur Moderne *as usual*, eine Moderne, die sich öffnet, noch einmal öffnet und immer weiter öffnet. Genauso verhielt es sich mit den Antipoden, wo immer sie auch liegen mögen. Der andere Pol, der andere Fuß – sie wurden immer durch das definiert, in bezug auf welches sie Peripherie sind. Sie befanden sich immer im Übergang zwischen Differenz und Identität, waren stets weder hier noch dort. Wie komisch und wie seltsam, daß sich diese antipodische Ambivalenz in den alten Zentren ausbreitet.

Das Murren des Südens erreicht den Norden. Also findet der Imperialismus neue Mittel, seine Grenzen zu sichern. Die Europäische Union umfaßt nicht nur eine Nation, sondern eine ganze Reihe von ihnen, auf jeden Fall aber schließt sie sie ein. Eine Grenze, eine Bürokratie, eine Währung: Könnte das nicht die Formel für den perfektionierten Faschismus sein?

Man nehme eine Grenze als Beispiel: Selbst wenn man Migranten von überallher aufnimmt und Flüchtlinge mit offenen Armen empfängt, bleibt immer noch die Frage nach jener Einschließung, wie sie der Handelsprotektionismus bildet. Auf diese Politik kann sich die neue konservative Linke mit der alten nationalistischen Rechten verständigen. Man diskriminiert nicht mehr die Körper der anderen. Handelsschranken diskriminieren vielmehr, was diese Körper produzieren. Heute überlebt das Imperium, indem es die Arbeit der Peripherie diskriminiert. Die Abschottung des Raums des Zentrums bewahrt das Zentrum vor Veränderungen und vor der Unbeständigkeit vektorieller Verbindungen – aber wie immer auf Kosten anderer.

Es gab einmal eine Zeit, in welcher der Imperialismus dadurch herrschte, daß er arme Länder mit Kanonenbooten angriff. Heute herrscht er, indem er armen Ländern Geld leiht. Kanonenboote feuern nicht mehr blindlings auf den afrikanischen Kontinent, wie in Joseph Conrads Roman *Herz der Finsternis*. Heute setzt man Laserwaffen im Dschungel ein. Das heißt nicht, daß „chirurgische" Schläge so genau wären – sie sind nur viel „kostengünstiger" als das Flächenbombardement ganzer Städte. Die Nato steht für den Schutz begrenzter Gebiete durch die avancierteste vektorielle Macht.

Bislang ist eine Art der Einschließung sicher: Immer noch gibt es viele Rassisten, die glauben, daß Franzosen oder Amerikaner eher ein Recht auf Arbeit haben als Indonesier oder Chinesen. Und da es auf der Linken eben so viele Rassisten gibt wie auf der Rechten, hat eine ungerechte Handelspolitik in den Zentren der imperialen Macht eine Zwei- oder sogar eine Mehr-Parteien-Basis. Es gibt keinen von der imperialen Macht unabhängigen Gerichtshof, vor dem man vektorielle Gerechtigkeit einklagen könnte. Und es gibt auch keine andere imperiale Macht, die als ein ebenfalls umgrenzter Machtblock Widerstand leisten würde, weil sie dann Bomben und Sanktionen fürchten müßte. Kurz, auf der Makroebene wird der freien Verbreitung von Handelsvektoren durch imperiale Machtausübung Einhalt geboten. Die Möglichkeit eines weiteren Machtblocks wird durch imperiale Gewalt zunichte gemacht. Wie man an der Peripherie weiß, eine alte Geschichte.

Aber was ist mit den anderen Ebenen der Einschließung? Was geschieht mit der Abschottung der Familie? Oder mit der des eigenen Ich? Was mit den alten Disziplinierungsmaschinen – Schule, Kirche, Kliniken? Hier läßt sich der Einschließung nichts Gutes prophezeien. Während der Imperialismus auf der Makroebene fortbesteht und den Handel so steuert, daß die alten Einschließungen erhalten bleiben, durchdringt das Vektorielle auf der Mikroebene alles und setzt alles und jedes in Beziehung zu allem anderen. Die Einschließungen der Architektur halten immer noch den Regen ab und schützen das Eigentum, aber das ist auch schon alles. In jeder anderen Hinsicht sind die Kommunikationsingenieure zu Architekten geworden. Und was sie entworfen haben, kehrt die Rollen von Vektor und Einschließung um: Jetzt ist die Einschließung dem Vektor untergeordnet.

Der Markt herrscht gar nicht so viel. Freie Märkte werden unverändert von speziellen Interessen, Regelungen und Monopolen eingeengt, auch wenn sich die Regeln von Zeit zu Zeit zum Wohl neuer Monopolisten ändern. Eigentlich herrscht das Vektorielle. Unsere Zeit ist keine der Liberalisierung, sondern der Vektoralisierung.

Große Unternehmen sind schnell dabei, sich in den abgeschotteten Gebieten der Nafta und der EU niederzulassen, nachdem diese erweitert worden sind. Indem sie Betriebe zusammenlegen und von Ballast befreien, versuchen sie so viel wie möglich von der quasi-monopolistischen Macht zu behalten, die sie in der stärker geregelten Welt der national abgegrenzten Bereiche genossen haben. Sie beuten die vektorielle Macht aus, um Produktions- und Handelskreisläufe zu schaffen, die global sein sollen.

Im Zentrum wiederum soll die Politik Kompromisse zwischen Staaten, Unternehmen, Gewerkschaften und anderen organisierten Interessengruppen zustande bringen. Im Rahmen dieser Politik der Kompromisse heißt freier Handel, den Markt eines anderen zu erobern, schließt aber, umgekehrt, nicht das Recht des anderen ein, ungehindert Handel in die andere Richtung zu treiben. Während das Vektorielle also sein Potential entfaltet, tut es dies in einer Welt, die von der Macht der Einschließung geprägt ist und eine ungleiche Verteilung dieses Potentials erzwingt.

Irregeführte Globalisierungsgegner, die Einschließung mit Gerechtigkeit verwechseln, unterstützen lediglich den Status quo, in dem die Politik der Einschließung die imperialen Handelsblöcke zum Schaden der Peripherie begünstigt. Linke Globalisierungsgegner fragen sich nicht, warum sie die Straßen mit rechten Globalisierungsgegnern teilen, die – wie Le Pen oder Pat Buchanan – viel besser verstehen, worum es geht.

Handel und Migration bleiben weiterhin wichtige Werkzeuge der Abschottung, während sich die Abgrenzung in vielen anderen Bereichen immer weniger sichern läßt. Daher läuft die verständliche Frustration jener Anarchisten, die in der Globalisierungspolitik die falsche Seite unterstützt und nichts erreicht haben, darauf hinaus, daß sie Läden von Starbuck's und McDonald's demolieren. Seltsamerweise aber scheinen sie sich mit ihren eigenen nationalen Markenprodukten durchaus wohlzufühlen.

Die letzte Zeit, in der der Medienvektor der Einschließung mit einigem Erfolg untergeordnet war, war die Epoche der nationalen Sendeanstalten, zuerst für den Rundfunk, dann fürs Fernsehen. Mit ihnen hatte man Räume geschaffen, in denen der Vektor zur Macht der Einschließung beitrug. Auf diese Weise wurde der Nationalismus des neunzehnten Jahrhunderts bis ins zwanzigste Jahrhundert hinein verlängert – mit zum Teil barbarischen Konsequenzen.

Die Sphäre der nationalen Rundfunk- und Fernsehübertragungen war zugleich die nationale Sphäre des Marketing. Marken sollten eine nationale Identität haben: FIAT ist eine italienische Marke, BMW eine deutsche und so weiter. Natürlich kann man sie auch außerhalb ihrer jeweiligen nationalen „Hüllen" kaufen, aber diese „Hüllen" haben eine anscheinend „natürliche" Gruppe von Marken geschaffen, die sich auf den jeweiligen nationalen Raum bezogen. Nationale Marken wurden Teil einer dritten Natur aus Zeichen und Identitäten, die wiederum ziemlich gut zur zweiten Natur der gebauten Umwelt paßten. Und beide waren in der „Hülle" der nationalen Einschließung enthalten.

Wenn sie jetzt in das Zeitalter nach Rundfunk und Fernsehen hinüberwechseln, dann beginnen sich in den „Hüllen" nach und nach durchsichtige Fenster zu öffnen. Der kulturelle Raum des Marktes verliert Zug um Zug seine Verbindung zum Raum der Nation. In einer vektoriellen Welt, in der Einschließungen, gleich welcher Art, schwach sind, bewahrt das Subjekt seinen Sinn für Kohärenz, indem es sich alle Arten von Zeichen aneignet – Marken, Fußballmannschaften, Formen der Sexualität oder Hobbies. Diese sind dem abgegrenzten nationalen Bereich nicht länger untergeordnet. Sie zerstreuen sich, geraten aber auch in Konflikt miteinander.

Auf dieser Ebene, unsauber und einseitig argumentiert, besteht die Gerechtigkeit darauf, daß ihre Zeit kommen wird, eine Gerechtigkeit des offenen Horizonts und der Virtualität von Beziehungen. In ihrer Abwesenheit hat man das irgendwie gefühlt, aber noch nicht verstanden.

Die Angst vor der Öffnung

Das aber heißt nicht, daß das Gefühl, in einen nationalen Raum oder in den Raum einer Religion oder der eigenen Familie eingeschlossen zu sein, verschwunden wäre. Es ist nur viel durchlässiger geworden und viel weniger in der Lage, sich der Anziehung durch andere Signifikanten zu erwehren. Was aber verschwindet, ist die kulturelle Hierarchie der Zeichen der Einschließung. Wirklich alles, was eine Identität besitzen kann, kann kommuniziert und ausgetauscht werden. Die Frage ist nur, bis zu welchem Grad dies eine qualitative Kommunikation, also ein Problem der Gerechtigkeit ist, oder ein qualitativer Austausch, also eine Frage der Fairness sein wird. Vielleicht aber hängen diese Dinge immer voneinander und ebenso von der Instabilität ihrer Beziehung ab, von ihrer Offenheit also. Daß eine Kultur der Markennamen entsteht, ist dann nur eine Konsequenz der Vektoralisierung, eine Konsequenz davon, daß sich die Einschließung auf der Mikroebene auflöst. Aber auch das Gegenteil geschieht: es kommt zu einem Aufschwung des nationalen oder religiösen Fundamentalismus. Die Angst davor, daß das Maß der Einschließung geringer wird, kann Menschen dazu bringen, nach einer stärkeren Einschließung zu suchen. Die Ironie der Geschichte liegt darin, daß dies oft dadurch erreicht wird, daß man der Anziehung von Kräften erliegt, die, während sie Legitimität im Namen der Einschließung beanspruchen, in Wahrheit von vektorieller Macht abhängig sind. Fundamentalismus und Fremdenfeindlichkeit verlassen sich auf die Macht der Kommunikation.

So bewegt man sich durch das alltägliche Leben, durch den Raum der Stadt, dank der Stärke des Vektoriellen, damit diese Bewegung bedeutsam und lohnend ist oder man sie zumindest überleben kann. Das ist schon seit sehr langer Zeit so. Seit der Erfindung des Telephons ist die Stadt nicht mehr die gleiche. Die Grenzen um ein Zuhause, um eine Fabrik, um die Vorstadt oder den Bezirk haben keine innere Notwendigkeit mehr. Innerhalb der Architektur verschiebt sich das Gewicht von der Herstellung von „Hüllen" zur Herstellung von ebenen Flächen.

Architekten bauen Modelle, die Gebäude sein könnten, Gebäude könnten Modelle für das sein, was aus dem Staat werden könnte. Vielleicht kann auch der Staat eher eine ebene Fläche als ein umschlossenes Gebiet sein. Aber das wäre eine ganz andere Art von Staat, verglichen mit dem, den wir kennen.

Vielleicht geht es bei dieser Frage um relative Dauer. Koolhaas schlägt eine Architektur vor, die auf der einen Seite Megastrukturen hervorbringt, bei denen es sich um Flächen von relativ langer Dauer handeln würde, auf denen es wiederum sehr viele Bewegungen geben würde. Auf der anderen Seite gibt es auf diesen Flächen eine Light-Architektur, die Requisiten als Anziehungspunkte errichtet, im wortwörtlichen Sinn einen Stall, einen zeitweiligen Haltepunkt, von viel kürzerer Dauer.

Unter dem zersetzenden Einfluß des Vektors wird Architektur etwas Fließendes. Sie wird ebenfalls zu einer Form von Bewegung. Vielleicht hat Architektur auch überhaupt nichts mit „Hüllen" zu tun. Vielleicht geht es bei ihr um Vektoren, die außerhalb der Zeit liegen. Die Kommunikationstechnik bringt Vektoren hervor, die Informationen über den Raum hinweg bewegen. Architektur bringt Vektoren hervor, die Informationen über die Zeit hinweg bewegen.

Als ein Beispiel dafür mag das Guggenheim-Museum in Bilbao dienen. Zu den signifikanten Merkmalen dieses Baus gehört ganz sicher eines, das überhaupt kein konstruktives Element ist. Das Gebäude ist ein Bild, das über den Raum hinweg übermittelt worden ist. Jeder hat Bilder davon gesehen, jeder hat gehört, wie darüber geredet wurde. Das Bild hat den Kommunikationsvektor äußerst erfolgreich kolonialisiert, ein bezeichnendes Merkmal vieler eindrucksvoller Bauwerke unserer Zeit. Sie existieren, aber nicht für sich selbst, sondern für die Medien. In dieser Hinsicht ist Architektur tot, und sie ist es in mehr als einer Hinsicht. Sie ist tot, aber nicht in den Medien, jenem Forum des Untoten.

Architektur: Vom Ende der Hybris

Noch aber wissen wir nicht, wie gut das Guggenheim-Museum in Bilbao über die Zeit hinweg kommunizieren wird. Vielleicht repräsentiert es eine Form der Kommunikation, die über Jahrhunderte hinweg funktionieren wird. Vielleicht haben wir schon in der nächsten Woche genug davon. Oft übernimmt die moderne Architektur von der klassischen die Eitelkeit der ewig gültigen Form. Ihre größte Anmaßung war, nach einer Form zu suchen, die aus der Zeit hinaustreten und mit dem Ewigen kommunizieren könnte. Der reine, weiße Kubus – eine Architektur, die – wie der Staat, die Familie oder die Kirche – für immer Bestand haben und bis in alle Ewigkeit Räume umschließen würde.

Architektur wird wieder interessant werden, wenn sie sich von dieser Hybris erholt, wenn sie ihren eigenen Tod akzeptiert und Erlösung sucht, indem sie das tut, was sie am besten kann. Sie sollte nicht die Zeit im Raum einschließen, sondern den Raum in die Zeit vektoralisieren. Manches Bauwerk ist groß, weil es das Vektorielle zum Vorteil der Einschließung einzusetzen weiß, und in seiner Form viel mehr Bewegungen von Menschen einschließen kann, als normalerweise einen Platz überqueren würden, wenn es nicht dort stünde. Manches Bauwerk ist groß, weil es genau weiß, wie wenig es von seinen Ressourcen aufwenden muß, wenn es eine Form über einen sehr kurzen Zeitraum hinweg übermitteln will. (Ein Beispiel dafür ist Diller + Scofidios Brasserie-Restaurant im Untergeschoß von Mies van der Rohes Seagram Building in New York.)

Wenn der Vektor die Architektur getötet hat, dann sind ironischerweise auch die Medien tot. Rundfunk und Fernsehen haben sich als Irrtum erwiesen, weil Kommunikation gewöhnlich auf den Nahbereich bezogen ist. Sie verbindet mehr, als daß sie Grenzen zieht. Wenn man ihre allgemeinen Eigenschaften verstehen will, dann ist die Schlüsseltechnologie im Kommunikationsbereich nicht das Fernsehen, sondern das Telephon. Medienexperten, die Rundfunk und Fernsehen als Paradigma der Kommunikation angesehen hatten, suchen jetzt nach Werkzeugen, um die Welt nach Rundfunk und Fernsehen zu denken.

Während das Fernsehen Zuschauer in eine Identität einschließt, kündet das Telephon von zersplitternden Verbindungen. Man denke nur an den Stadtraum und daran, wie er vom Telephon umgestaltet worden ist, dessen Netzwerk das Innen und Außen des Stadtraums im Untergrund und auf so nie dagewesene Weise verbindet. Man denke an die Avantgarden der Vergangenheit, von den Romantikern über die Surrealisten zu den Situationisten. Sie existieren im Stadtraum, als ob der Telegraph und später das Telephon ihn nicht bereits transformiert hätten. Sie treffen sich im Stadtraum, durchstreifen die Stadt und nehmen das städtische Leben als offene Fläche, nicht als umschlossenes Gebiet auf, lassen aber das hauptsächliche Mittel ihrer Verwandlung außer Acht – das Telefon.

Telegramm für Guy Debord: Ihre Melancholie ging nicht nur auf Ihre eigene Rechnung. Der Raum, der Sie erst möglich gemacht hat, war schon dabei, zu verschwinden, lange bevor Sie es bemerkt hatten, und lange bevor Sie geboren wurden. Sie waren eine späte Blüte der imperialen Welt.

Das Ironische an den Avantgarden des Zentrums ist, daß sie immer zu spät kommen. Erst jetzt, beim Übergang zu einem weiteren Jahrhundert, gibt es eine Bewegung, die zu verstehen beginnt, was schon vor hundert Jahren klar gewesen sein müßte: Die Avantgarde muß auf die fortgeschrittenste Form des Vektoriellen setzen, die ihr zur Verfügung steht. Das Aufkommen der Web-Kritik zeigt schließlich an, daß wir das zwanzigste Jahrhundert verlassen, es aber zu spät verlassen. Wer überhaupt mußte je in seinen Einschließungen wohnen?

Vielleicht kann keine politische oder ästhetische Bewegung, die in dem abgeschlossenen Raum eines funktionierenden Imperiums entsteht, sich jemals völlig von der fortbestehenden Anziehung durch die Einschließung freimachen. Während die kreativste geistige Arbeit in Europa das Internet als ihr gegebenes Kommunikations- und Austauschmittel gebraucht, wagen sich – sogar von den avancierten Intellektuellen – nur sehr wenige auf das Feld des Vektoriellen vor.

Und dann gibt es auch noch diejenigen, die diesen Vektor irgendwann in sein Gegenteil verkehren möchten. Die Kritik oder die Negation des Vektoriellen im Namen der Einschließung gedeiht sogar im Internet. Überall gibt es eine anhaltende Sehnsucht nach der Herrschaft der Einschließung über das Vektorielle. Sehnt man sich nicht nach der Nation und der Familie, dann statt dessen nach Europa und dem Museum. Mit anderen Worten, die Kritik hat nicht analysiert, daß sie selbst im Verlangen nach der Herrschaft der Einschließung verwurzelt ist. Und ebensowenig hat sie ihre eigene Verwurzelung in der imperialen Geschichte durchleuchtet.

In den besten Ausstellungen und in vielen neuen Anthologien darf man *den Anderen* öffentlich zur Schau stellen und zum Spektakel machen, ihn einer Faszination für das Multikulturelle aussetzen und sogar in die neuen Debatten über Gerechtigkeit einbeziehen. Spricht man aber über Fairness, dann gehört er nicht dazu. Immer noch verweigert man ihm die wirtschaftliche Gleichberechtigung. Anstatt daß von Fall zu Fall über Fairness im internationalen Handel vor einem fairen und unabhängigen Gerichtshof entschieden wird, werden die amerikanischen oder europäischen Wirtschaftsräume auf Kosten anderer abgeschottet.

Das Vektorielle überwiegt auf der Mikro-, nicht aber auf der Makroebene. Ebbe und Flut des Vektoriellen werden, wenn nicht zur zweiten, dann doch zumindest zur dritten Natur innerhalb des eingeschlossenen europäischen Raumes und öffnen dort, nach und nach, die kleinen Einschließungen des alltäglichen Lebens. Das aber ist – auch wenn die apokalyptische anti-moderne Rhetorik der Kritiker das Gegenteil behauptet – nicht das Ende der Welt. Die Achse verschiebt sich, aber niemand fällt vom Rand der Welt hinunter. Vielleicht, aber nur vielleicht, ist das Vektorielle ein Prozeß, der sich von unten nach oben auswirken wird. Das gute Leben bestünde dann darin, daß man sich vom Wunsch der Kritik nach einem ewigen und unerschütterlichen Dreh- und Angelpunkt löst, mit dessen Hilfe sich der rollende Stein der Moderne aufhalten ließe. Das gute Leben könnte auch darin bestehen, daß man im Alltäglichen zu schätzen weiß, daß das vektorielle Fließen und Sich-Verändern die Ontologie selbst ist. Die Einschließungen des Einzelnen sind vergänglich, und wenn sie von vornherein als vergängliche errichtet werden, dann muß man diese Eigenschaft viel weniger fürchten. Aber dann hätten wir es mit dem Leben an der Peripherie, wie es immer war, zu tun. Ist doch die Peripherie gerade als jener Ort definiert, an dem sich die Einschließungen auflösen, wo der Raum immer einem Fließen untergeordnet war, dessen Ursprung irgendwo anders lag.

So verstanden könnten Gerechtigkeit und Fairness eine Welt bedeuten, in der Macht nicht mehr dazu gebraucht werden kann, Einschließungen auf Kosten anderer vorzunehmen. In dieser Welt wären die Möglichkeiten, eine zeitweilige Einschließung, gleich welcher Art, vorzunehmen, gleichmäßig verteilt. So gesehen sind die in Europa auf den höchsten Ebenen ethischen Denkens stattfindenden Versuche, eine philosophische Ethik ohne Bindung an offene wirtschaftliche Fairness zu begründen, nur eine weitere Flucht vor der Verantwortung für den Imperialismus.

Oder, so könnte es scheinen, man schaut von irgendwo, kommuniziert mittels dieses Vektors darüber, was dieser Vektor erst werden soll.

Aus dem Englischen von Christian Voigt

Hartmut Böhme

Global Cities, Terrorismus

Fragile Urbanität in einer vernetzten Welt

Deutschland 1932: Die Erfahrungen des Amerikanismus und des Fordismus waren gerade verarbeitet; man hatte die neuen Geschwindigkeiten und die Vermassung der Millionenstädte ebenso studiert wie das Industrieproletariat und die frischen Angestelltenschichten; der Funktionalismus hatte in allen Bereichen der Moderne, auch im Design und in der Architektur, seinen Siegeszug angetreten; man hatte an der Metropole Berlin erstmals auch die Wahrnehmungsmodalitäten von Big Cities ästhetisch durchbuchstabiert; man hatte indes auch mit dem schwarzen Freitag die Konsequenzen globalisierter Wirtschafts- und Börsenverflechtungen erlitten – in diesem Jahr 1932 also bildet der österreichische Schriftsteller und Naturwissenschaftler Robert Musil in seinem *Mann ohne Eigenschaften* die „soziale Zwangsvorstellung" einer „überamerikanischen Stadt", „wo alles mit der Stoppuhr in der Hand eilt oder stillsteht. Luft und Erde bilden einen Ameisenbau, von den Stockwerken der Verkehrsstraßen durchzogen. Luftzüge, Erdzüge, Untererdzüge, Rohrpostmenschensendungen, Kraftwerkketten rasen horizontal, Schnellaufzüge pumpen vertikal Menschenmassen von einer Verkehrsebene in die andre; man springt an den Knotenpunkten von einem Bewegungsapparat in den andern, wird von deren Rhythmus, der zwischen zwei losdonnernden Geschwindigkeiten eine Synkope, eine Pause, eine kleine Kluft von zwanzig Sekunden macht, ohne Überlegung angesaugt und hineingerissen, spricht hastig in den Intervallen dieses allgemeinen Rhythmus miteinander ein paar Worte. Fragen und Antworten klinken ineinander wie Maschinenglieder, jeder Mensch hat nur ganz bestimmte Aufgaben, die Berufe sind an bestimmten Orten in Gruppen zusammengezogen, man ißt während der Bewegung, die Vergnügungen sind in andern Stadtteilen zusammengezogen, und wieder anderswo stehen die Türme, wo man Frau, Familie, Grammophon und Seele findet. Spannung und Abspannung, Tätigkeit und Liebe werden zeitlich genau getrennt und nach gründlicher Laboratoriumserfahrung ausgewogen. Stößt man bei irgendeiner dieser Tätigkeiten auf Schwierigkeit, so läßt man die Sache einfach stehen; denn man findet eine andre Sache oder gelegentlich einen besseren Weg, oder ein andrer findet den Weg, den man verfehlt hat; das schadet gar nichts, während durch nichts so viel von der gemeinsamen Kraft verschleudert wird wie durch die

Anmaßung, daß man berufen sei, ein bestimmtes persönliches Ziel nicht locker zu lassen. In einem von Kräften durchflossenen Gemeinwesen führt jeder Weg an ein gutes Ziel, wenn man nicht zu lange zaudert und überlegt. Die Ziele sind kurz gesteckt; aber auch das Leben ist kurz, man gewinnt ihm so ein Maximum des Erreichens ab, und mehr braucht der Mensch nicht zu seinem Glück, denn was man erreicht, formt die Seele, während das, was man ohne Erfüllung will, sie nur verbiegt; für das Glück kommt es sehr wenig auf das an, was man will, sondern nur darauf, daß man es erreicht. Außerdem lehrt die Zoologie, daß aus einer Summe von reduzierten Individuen sehr wohl ein geniales Ganzes entstehen kann."[1]

Was Musil, in satirischer Überzeichnung, als Quintessenz der Moderne ins Bild bringt, ist die funktional differenzierte Kapitale, wie sie in den zwanziger Jahren unter dem Stichwort des Amerikanismus diskutiert wurde, aber die Stadtentwicklung bis in die siebziger Jahre bestimmte. Die Stichworte dieser Entwicklung sind: das enorme Flächenwachstum der Städte, das durch Landflucht, Bevölkerungsanstieg und Deregionalisierung angetrieben wurde; neben der horizontalen auch die vertikale Ausdehnung; die räumliche Trennung von Produktion, Dienstleistung, Vergnügen und Kultur, Leben und Wohnen; Tempo und Geschwindigkeit gegenüber den in den Rhythmen der Natur langsam operierenden Agrarräumen; die Durchorganisierung der Städte nach Imperativen des Verkehrs; das Vorherrschen des Maschinenmodells, das auch die menschliche Kommunikation beherrscht: Sie wird ähnlichen Takten und Strömungsgesetzen unterworfen wie das Produktionssystem. Das ist das Vordringen des Fordismus mit seinen Prinzipien der Arbeitssegmentierung, der Automatisierung und Rationalisierung. Sie bestimmen nicht nur die Produktion, sondern durchdringen auch alle übrigen Sektoren der Gesellschaft. Die moderne Stadt selbst erscheint bei Musil wie eine gigantische Maschinerie. Zentral sind die Knotenpunkte des Verkehrs, nicht die alten Plätze, Piazze, Märkte. Die rationale Durchdringung des Stadtkörpers zeigt sich besonders daran, daß dessen Abläufe laborwissenschaftlich modelliert werden. Darin spiegelt sich der Aufmarsch der Organisationswissenschaften, wie sie Musil in den zwanziger Jahren beobachten konnte. Deren Effekt ist, daß es keine prinzipiellen Unterschiede mehr gibt zwischen Menschen, Apparaten, Materialien, Dingen, Prozessen, Handlungen, Motiven, Zielen. Das Ganze wird als „von Kräften durchflossenes Gemeinwesen" konzeptualisiert, als Energiesystem, das keinen Unterschied mehr zwischen anorganischer und organischer Materie, zwischen Mensch und Nicht-Mensch macht. Die Individuen verschwinden im Produktionsprozeß der Gesellschaft. Merkmale des Privaten werden gleichgeschaltet zu Elementen des allgemeinen Kraftflusses. Die Individualperson ist dysfunktional oder ersetzbar. Leben und Glück heißt: reibungsloses Eingeschaltetsein in den Energiefluß. Der Sozialkörper wird in Rollensegmente und lokale Funktionsbereiche gespalten, um funktionale Entmischungen und Kompartimente zu erzielen. Die Stadtphysiognomie wird von dieser topographischen Funktionsdifferenzierung beherrscht, die neben den neuen auch alle alten Unterscheidungen aufnimmt, lokal sedimentiert und verkehrs- und kommunikationstechnisch vernetzt: hier Öffentlichkeit dort Privatheit, hier Arbeit dort Freizeit, hier Familie dort Vergnügen, hier Produktion dort Reproduktion, hier Fabrik dort Dienstleistung – mithin das Gegenteil des kulturellen Eigensinns von Regionen und Provinzen. Im System ist der Mensch ein „Mann ohne Eigenschaften", das heißt mit allen Eigenschaften, die jeweils in einem Segment von ihm erwartet werden; aber diese „Eigenschaften" werden nicht mehr zu einer „persönlichen Identität" integriert.

Die Dominanz von System, Struktur und Funktion, von Dynamik und Energie erklärt auch, warum „Glück" mit dem „Maximum des Erreichens" identifiziert wird. Dieses Maximum ist ein transpersonales Evolutionsziel des Systems, das nicht an Sinn und Bedeutung, sondern an der Optimierung seiner Reproduktion orientiert ist. Die Musilsche Pointe, daß die scheinbar stadtferne Zoologie solche „kalten" Wahrheiten lehre, wonach aus einer Masse von reduzierten Individuen ein geniales Ganzes entstehen könne, nimmt die Quintessenz der Modernisierung auf: eine Anspielung auf das systemische Denken Darwins ebenso wie auf die Soziologie der Massen, auf den Vorrang des Ganzen vor seinen Teilen sowie den Siegeszug der Systemtechniken. Im Musilschen Bild der Großstadt wird nicht nur das Individuum ausgelöscht, sondern auch die Natur ausgegrenzt, doch um so stärker angeeignet für die Steigerung von Kinetik und technischer Manipulation. Die kulturellen Regionalismen, auf denen traditionale und frühmoderne Gesellschaften beruhten, werden in einen homogenisierten Energieraum aufgelöst.

„Überamerikanische Stadt": diese Phantasie reflektiert die Gleichsetzung von Gesellschaft und Großstadt. Modernes Leben ist Großstadtleben. Die kulturellen Regionen und Überlieferungen werden aufgesogen von den Funktionsräumen der Ökonomie und der Technik. An die Stelle des Lokalen und Historischen tritt die Globalisierung, welche raumübergreifend und geschichtslos durch die Netzwerke der Technik, des Verkehrs, der Telekommunikation und der Wirtschaft gebildet wird. Das historisch Heterogene und kulturell Heterotope wird durch die Flächengefräßigkeit und innere Segregation der Städte zerstört. Die Atomisierung menschlicher Aktivitäten und damit tendenziell die Auflösung des Sozialen, des Geschichtlichen und des Regionalen führt, nach Musil, zur Dominanz des Abstrakten über das Konkrete. Daß Musil von „überamerikanisch“ spricht, verweist darauf, daß dieser Stadttyp zwar eine amerikanische Erfindung ist, aber „über“ Amerika hinausreicht und zum Modell der modernen Evolution überhaupt, also global geworden ist. Ohne die Besonderheit europäischer Stadtentwicklung in Frage stellen zu wollen, können wir doch sagen, daß die Rekonstruktion der zerbombten deutschen Städte, beziehungsweise die Sanierung und Erweiterung der europäischen Stadt weitgehend dem Musilschen Modell der funktionalen Entmischung und räumlichen Dispersion gefolgt sind. Die durch Dichte, Kopräsenz, Synchronizität, Mischung der Menschen und Funktionen gekennzeichneten alten Städte wurden weitgehend einem systemischen und kontextlosen Modell unterworfen.

Alles, was nach 1970 an urbanistischen Ideen entstand – die postmoderne Stadt, die Re-Ästhetisierung der Städte, die Collage City, die fraktale Stadt, die Karriere des Heterotopen, die Wiederentdeckung des Regionalen und mit ihm des Geschichtlichen, die Aufwertung der Stadtkultur und des Stadtgesellschaftlichen, die Animationen von Quartiers-Identität, die kulturellen Lesarten der Städte als Texte, die Versuche zu neuen Formen multifunktionaler beziehungsweise multikultureller Durchmischung, die Betonung der Differenz gegenüber der Homogenität, die Stärkung mal der Mitte, mal der Peripherie, wodurch mal die City, mal die Suburbs zum Objekt der architekturalen und urbanistischen Reformulierungen wurden, die Entdeckung der Natur in der Stadt und der Stadtökologie oder entgegengesetzte Anstrengungen, das „Land“ wieder von der „Stadt“ abzugrenzen und an die Stelle des Flächenwachstums qualitative Dichte zu setzen –, all diese Reformen arbeiteten sich letztlich an der „überamerikanischen Stadt“ ab, man kann auch sagen: an der fordistischen und keynesianischen Stadt. Zwei Drittel des 20. Jahrhunderts galten der Bemühung, Städte ohne Eigenschaften für den Mann ohne Eigenschaften zu kreieren, also der technoökonomischen Moderne ein funktionales Gehäuse zu bauen und sozialtechnisch eine entsprechende Menschenspezies zu erzeugen. Das letzte Drittel des Jahrhunderts hingegen bestand in einer hektischen Pluralisierung der urbanistischen und kulturellen Stile, um dem Funktionalismus wieder zu entkommen. Vielleicht ist nach dem 11. September 2001 diese postmoderne Diskursbuntheit zu Ende gegangen.

Fragmentierte Stadtgeographie

An diesem Tag wurden die Twin Towers des World Trade Centers und wahrscheinlich viertausend Menschen durch einen bislang unvorstellbaren Akt terroristischer Gewalt pulverisiert. Nicht das psychologische Trauma, sondern einige symbolische, kulturelle, urbanistische und globalpolitische Konfigurationen sollen hier analysiert werden. Wie kein Gebäudekomplex von Downtown Manhattan repräsentierten die Twin Towers jene neue Ökonomie, die sich in den Global Cities räumlich materialisiert hatte. Die Twin Towers gaben der Südspitze Manhattans nicht nur physiognomisch ein neues Gepräge, das durchaus als letzter Triumph funktionalistischer *claritas* verstanden werden kann. Sondern sie bildeten zusammen mit dem ebenfalls schwer beschädigten World Financial Center, der Börse der Wallstreet, die zuerst ins Zeichen der elektronischen Ökonomie getreten war, sowie den benachbarten Banken-Zentralen das *Nervenzentrum* einer Globalisierung. Diese beruht nicht mehr auf den klassischen Sektoren der Güterproduktion, sondern auf der Steuerungs- und Kontrollmacht der Finanzströme und Wirtschaftsdienste. Damit wurde eine neue Geographie kreiert, die sich von der alten Idee der souveränen Nationalstaaten und ihren angeschlossenen Ökonomien radikal unterschied. Diese Geographie stützt sich auf einige Städte, ja, in ihnen nur auf begrenzte Areale, die extrem dicht gepackte Steuerungsrelais in einem weltweiten *scape of flows* (Manuel Castells)[2] darstellen. Dieser Raum unsichtbarer, autopoietischer Kapitalströme wird mit Hilfe gigantischer Informationssysteme gemanagt. Darum ist das neue Manhattan Downtown, sind die Global Cities vor allem auch Effekte der informationstechnischen Revolution, die im wesentlichen Cyber Cities sind und sich materiell nur in wenigen, aber äußerst konzentrierten architektonischen Ensembles ausdrücken. Charakteristisch für den globalisierten Raum ist also nicht mehr die pyramidale Form der Weltstädte mit ihrem Zentrum und den darum gelagerten konzentrischen Suburbs. Vielmehr implementiert man in alten Zentren, in Industriebrachen oder in neu konstruierten Arealen informationstechnische, ökonomische und wissenschaftliche Infrastrukturen und Eliten. Deren architekturale Form bildet die *Hardware* der zentralisierten Kontrollmacht eines globalen Netzwerkes mit einer Reihe von zweit- und drittrangigen Knotenpunkten.[3]

Mit den Twin Towers wurde also nicht, wie man häufig schrieb, „das Herz Amerikas" getroffen, sondern das materialisierte Symbol dessen, was Saskia Sassen die epochal neue Triangulierung[4] genannt hatte: neben den klassischen Instituten der Nationalstaaten und der Weltwirtschaft etablierten sich seit etwa 1970 die Global Cities als eigene Lenkungszentren. Zu ihnen werden in erster Reihe neben New York noch London und Tokio gezählt. Die Twin Towers waren, ikonologisch gesehen, der *axis mundi*[5] dieser transnationalen, wenngleich von den USA ausgehenden und beherrschten neuen Wirtschaftsform.

Stadtgeographisch hatte diese *new economy* erhebliche und paradoxale Auswirkungen.[6] Vor wenigen Jahrzehnten war New York noch eine Metropole der industriellen Produktion und des Güterumschlags, mit entsprechenden sozialen Schichtungen, den Kanälen der Immigrantenströme sowie der ethnischen und/oder klassenspezifischen Quartiersbildung. Die Raumstruktur wurde durch die dynamische Spannung von Zentrum und Peripherie und die für eine klassische Einwandererstadt charakteristischen ethnischen „Nester" mit ihren eigenen sozioökonomischen Netzwerken gebildet (Robert Ezra Park)[7]. Die Raumorientierung wies in Richtung Osten nach Europa, woher die Masse der Einwanderer kam. Entsprechend bildeten die Weißen die große Mehrheit der städtischen Population. Innerhalb von drei Jahrzehnten wurde diese zur Minderheit: heute kommen Afroamerikaner, Latinos und Asiaten zusammen auf 55-60 Prozent. Zugleich mit dieser Zunahme an multiethnischer Streuung und der demographischen Neuprofilierung vollzog sich der Niedergang New Yorks als industrieller „Produktionsmaschine" und, urbanistisch gesehen, als sozialer „Integrationsmaschine" (H. Häußermann). Und es begann der Aufstieg von New York City zur Kapitale der Finanz- und Industriedienste, verbunden mit dem steilen Anstieg eines hochqualifizierten, auf Telekommunikation und gigantischen Rechnerkapazitäten basierenden Wirtschafts- und Finanz-Managements, das sich national wie international rekrutierte.

Die neuen Eliten New Yorks operieren und leben kaum ortsbezogen, erzeugen jedoch einen außerordentlichen Bedarf niedriger beziehungsweise kleinteiliger Dienstleistungen, die vorwiegend von den neuen Zuwandererpopulationen erbracht werden. Die kulturgeographisch entwurzelte, global agierende, äußerst arbeitsintensive, hochbezahlte, konsumptiv und kulturell anspruchsvolle Management-Elite benötigt vor Ort eine beispiellose Konzentration an lebensstilfördernden kulturellen, privaten und semiöffentlichen, hochspezialisierten Dienstleistungen, die Manhattan in den letzten Jahrzehnten auch touristisch zu einem ausstrahlenden Attraktionsraum gemacht haben.

Im Gefolge dieser demographischen und wirtschaftsstrukturellen Verschiebungen wurde die Politik der Desegregation beendet. Statt dessen nehmen nicht nur im ehemaligen *melting pot* New York, sondern in allen Global und Mega Cities die Segregationen zu. Edward W. Soja hat am Beispiel von Los Angeles die postfordistischen Urbanisierungsstrategien beschrieben, die zur Auflösung der dualen Stadt führen und neue Geographien kreieren: So führt die Deindustrialisierung klassischer Industrie-Sektoren erstens zu neuindustrialisierten, großflächigen Technopolen, die überall sein können – in Korea oder in Orange County bei Los Angeles. Zweitens sind die Global Cities stadtlokale Steuerungsrelais einer im Cyberspace global operierenden Kapital-Expansion. Dadurch kann, wie Soja sagt, „fast jede Ecke der Welt zu einem Teil des Hinterlandes solcher Weltstädte"[8] werden. Global Cities sind zwar materiell und lokal präsent, zum Beispiel in Manhattan oder Frankfurt am Main, sie sind sogar, als Steuerungsgehirne, auf lokale Verdichtungen angewiesen. Doch operativ sind sie ebenso in einer südafrikanischen Goldmine, einer thailändischen Bekleidungsfabrik, einem arabischen Öl-Vorkommen, einer argentinischen Autofabrik, ja selbst in einem kolumbianischen Koka-Anbaugebiet, einem sibirischen Erdgasvorkommen oder einer indonesischen Tropenholz-Verarbeitung wirksam. So gilt für die neue Raumordnung der Erde, daß das *Globale* an wenigen Punkten *lokalisiert*, und das *Lokale* überall *globalisiert* wird (Soja). Diese beiden komplementären Geographien operieren in neuer Weise segregierend: sie schaffen dicht bewachte, sicherheitstechnisch hochgerüstete, entmischte, festungsartige soziale Rein-Räume für die neuen Eliten, die von einem gewaltigen Mantel total abhängiger Dienstleister umhüllt sind. Die Herstellung von Segregation wird selbst zur Dienstleistung spezialisierter Sicherheitsfirmen, aber auch der städtischen Polizei. Diese Ausgrenzungspolitiken sind Reflexe einer neuen Form von sozialer Segregation, Polarisierung und urbanen Zersplitterung, die inmitten und an den Rändern der Städte ethnisch multiple, permanente und chancenlose Unterklassen gebildet haben, die sicherheitspolitisch nicht mehr zu durchdringen, sondern nur noch einzufrieden sind.

Das heißt: in den großen Städten bildet sich das Verhältnis von eingegrenzter erster und ausgegrenzter dritter und vierter Welt ab. Neben hochkomfortablen, effizienten, mit enormem Kapitaldurchsatz versehenen, disziplinär gereinigten Stadtarealen befinden sich urbanistisch aufgegebene Zonen mit verwahrlosten Infrastukturen, äußerst konfliktträchtigen Ethnien, ohne Instrumente der Steuerung und ohne städtischen, staatlichen oder ökonomischen *support*. Das geographisch zonierte Elend ist auf Dauer gestellt. Es scheint so, als kehre man zur vormodernen Dominanz des *ascribed status* zurück; während die moderne Stadt ihre attraktive Dynamik darauf gründete, daß in ihr keine quasi-naturalen Zuschreibungen (wie Geburt, Rasse, Ethnie, Wohnort etc.) herrschten, sondern der durch Arbeit und Leistung erreichbare Status *(achieved status)*.[9] Immerhin beruhte darauf gerade auch der amerikanische Traum. Wer heute nicht über die erforderlichen Adressen verfügt (die richtige Wohnung im richtigen Viertel, Kontonummer, Telefon, Internet-Anschluß, Credit card, Krankenversicherungs- oder *social security number*), der ist ein sozialer Niemand im städtischen Niemandsland: er bleibt so schicksalhaft im *outer space* der Global Cities und Global Economy wie im Mittelalter ein Mensch durch die Geburt in einem Stand determiniert war. Dies gilt auch im terrestrischen Maßstab für das Milliardenheer verelendeter Menschen in einer verelendeten Geographie: Ihre Geburt definiert schicksalhaft ihr Leben zum Tode. Das hat zum Effekt, daß die Eliten in Manhattan, Frankfurt, Hongkong, Tokio, São Paolo, London untereinander mehr soziale, kulturelle, habituelle, ökonomische Gemeinsamkeiten aufweisen als mit ihren Landsleuten ein paar Meilen weiter in den zonierten Slums, Favelas, Banlieues, Elendsvierteln.

Globalisierung heißt auch eine völlig neue Segregationsdynamik, welche in den Städten wie auf dem Globus eine veränderte Raumordnung schafft. Desegregation, Assimilation oder Integration als urbanistische Konzepte und die Entwicklungspolitik sind abgelöst worden von der neuen innerstädtischen, innergesellschaftlichen und planetarischen, auch die Natur umfassenden Fragmentierung kulturhistorischer wie naturgeschichtlicher Ressourcen und Überlieferungen. Indem die Global Cities eine strukturelle Komplementarität von Raum, Rasse, Armut und Chancenlosigkeit einerseits und räumlich konzentrierter Kontroll- und Steuerungsmacht andererseits geschaffen haben, bilden sie auch das Modell der terrestrischen Raumordnung der Zukunft. Wenn schon Georg Simmel die klassischen Großstädte als Sphären der Kälte beschrieb, unter deren dynamischer Vitalität Haß und Gewalt lauerten, die nur durch Sozialtechniken der Distanzierung am Ausbruch gehindert werden würden, so haben wir heute eine qualitativ neue Stufe dieser aggressiven Hochspannung zu konstatieren.

Ikonoklastische Inversion

Vor diesem Hintergrund lesen sich die jüngsten Terrorangriffe neu. Die Doppelform von *Lokalisierung des Globalen* und *Globalisierung des Lokalen* wurde hier mit äußerster Treffsicherheit ineinander verkehrt. Es handelte sich um eine ungeheure Inversion des Raums, durch die die Peripherie und das Zentrum koinzidierten: und dies *ist* die Katastrophe – die Katastrophe nämlich der Raumordnung einer Globalisierung, die nicht nur der Neuen Wirtschaft sondern auch der Weltmachtpolitik der USA entspricht. Zweifellos ist das Gehirn der *global economy* damit nicht ausgelöscht worden. Zu seiner Konstruktion als Cyber-Struktur gehört, daß eine materielle Katastrophe, selbst wenn sie eine menschliche Tragödie wie hier einschließt, die Raumordnung nicht wirklich zerstören, sondern nur symbolisch treffen kann. Downtown Manhattan als Zentrale der ökonomischen Steuerung und Kontrolle wird materiell wieder rekonstruiert sein, und es war fast im Nu wieder funktionsfähig. Die Wirtschaftsfolgen, mit denen man augenblicklich kämpft, sind Nachbeben, die nur dann zur Krise werden, wenn weitere Depressions-Faktoren hinzukommen sollten. Was hier geschehen ist, stellt zwar menschlich und materiell einen verbrecherischen Schlag dar: doch weit bedeutsamer ist das symbolische Trauma.

Man erinnere sich, daß sechs Monate vor dem Angriff auf Manhattan, am 11. März 2001, das Taliban-Regime die beiden gigantischen, zum Weltkulturerbe gehörigen Buddha-Statuen bei Bamijan endgültig pulverisierte. Im Verständnis der fundamentalistischen Theologie des Bilderverbots stellten diese Statuen blasphemische Idole dar. Sie zu zerstören, ist in der Tradition bilderloser Religionen seit alters ein heiliger Akt der Reinigung. Es liegt nahe, zwischen den Zwillingsstatuen der Buddhas und den Twin Towers eine ikonologische Korrespondenz zu erkennen. Mit den Twin Towers sollten die Götzen der neuen Weltordnung getroffen werden. Dies ist Bilderkrieg, der immer schon terroristisch war und niemals Rücksicht auf die dabei ermordeten Menschen nahm.[10] Dazu paßt auch der Angriff aufs Pentagon, der nicht nur die Militärzentrale der einzigen Weltmacht treffen sollte, sondern zugleich damit die magische Form des Pentagramms, das seit alters nicht nur des öfteren die Grundform idealer Städte darstellte, sondern auch das Symbol magischer Unverletzlichkeit, Omnipotenz und Göttlichkeit. Merkwürdig genug war schon, daß die Amerikaner ihrem Verteidigungsministerium diese symbolgeschichtlich zwiespältige Form verliehen; es ist aber in der Logik des Bilderkriegs nicht merkwürdig, wenn gerade dieses Gebäude als symbolischer Ort des Widergöttlichen identifiziert wurde. Selbstverständlich bestreite ich nicht, daß hier auch *materiell* das Machtzentrum der USA getroffen werden sollte. Doch gerade diese Koinzidenz von demonstrativem Erweis der *Real*-Verletzbarkeit der Supermacht USA und der *symbolischen* Zerstörung einer perfekten, divine Unverletzlichkeit symbolisierenden Grundform trug zur ungeheuren Großdimension der Traumatisierung bei. Zum Symbolischen des Terroranschlags gehört auch das Datum: der 11. September ist der Tag, an dem 1973 die Luftwaffe des chilenischen Militärs den Präsidentenpalast des frei gewählten Salvador Allende angriff und er ermordet wurde – wobei es zum internationalen Credo der USA-Feinde gehört, daß die Drahtzieher dieses Militärputsches im Pentagon und in der CIA saßen.[11]

Der Angriff auf die Twin Towers entfesselte mitten im Rein-Raum der

Global City eine Kriegsruinenszene von wahrlich grandiosem Ausmaß: ein Bild der vierten Welt, doch auch ein immerwährender Friedhof, weil es undenkbar ist, die Leichen, die keine sind, zu bergen. Es wird unmöglich sein, was seit Tausenden von Jahren zur Kulturordnung des Krieges gehört: daß man seine eigenen Leichen beerdigen kann. Damit ist in perfider Perfektion gelungen, im Zentrum der neuen Weltordnung den Einbruch der Barbarei zu demonstrieren – einer Barbarei, die sich selbst als Reflex des Barbarischen eben dieser Weltordnung darstellt. Die Explosion der Peripherie im Zentrum der Global City ist zugleich die Inversion der Zivilisation in Barbarei, die deren komplementäre Seite ist. Die Befürchtung, die seither Politiker und Regierungen umtreibt, besteht darin, daß das segregierte Lokale jederzeit in den Kommandozentralen der Weltordnung erscheinen und explodieren kann. Das hieße nichts weniger, als daß der Terrorismus, der ein Phänomen der Chancenlosigkeit, der Fragmentierung und der Ausgrenzung ist, in derselben Globalität zu operieren vermag wie die Globalisierungsstrategen selbst.

Die moderne Antwort der Ohnmacht auf die Macht war der Partisan, der im Hinterland der Front aus dem Nichts kommend den übermächtigen Gegner punktuell attackiert und verschwindet.[12] Der neue Terrorismus arbeitet partisanenhaft, aber doch auch ganz anders: es gibt keine Fronten, es gibt keinen Krieg, es gibt keinen Willen zu überleben. Der Terrorist gehört keinem Gegner an, der irgendeine identifizierbare Verfaßtheit hätte. Er operiert aus der heterotopen Raumordnung des Partisanen heraus, um aus dem Unvorhersehbaren zeitlich und räumlich punktuell zuschlagen zu können; doch der neue Terrorismus bedient sich dabei der Raumordnung der Globalisierung, die überall und nirgends stattfindet, präsent, aber unsichtbar ist, wirksam, aber nicht greifbar. Darum paßt er sich der Globalisierung an, die seine beste Tarnung ist. Anders als der Partisan arbeitet der neue Terrorismus aber nicht geländehaft und situativ, sondern strategisch und symbolisch. Der Partisan will siegen und überleben in der Ordnung, für die er kämpft; der Terrorist heute ist im Verhältnis zu den Mächten der Welt chancenlos und wird darum immer wieder nichts als mörderisch-selbstmörderische Demonstrationen inszenieren, die vor allem symbolisch wirken sollen. Er ist der Wiedergänger der segregierten und verzweifelten vierten Welt in den Zentralen der ersten Welt.

Raumordnung der Zukunft

Erinnern wir uns, was die Urbanisten für die soziokulturelle Raumordnung der großen Städte einforderten: Städte brauchen die Zuwanderung, die heute meist die Form multikultureller Migration angenommen hat; sie benötigen aussichtsreiche Strategien ökonomischer und sozialer Desegration, ohne die „Nester" der ethnischen Subsidiaritäts-Ökonomie und die soziokulturelle Vernetzung der sich kleinteilig regional selbst organisierenden Populationen zu zerstören. Das heißt: Man bedarf zweierlei, einerseits der kulturellen Pluralisierung und sozioökonomischen Multidimensionalität, verbunden mit real chancenreichen Pfaden des Anschlusses, der Integration, der Assimilation und des Aufstiegs im Makroraum der Stadt; andererseits ist die unordentliche Dichte von Lebens- und Reproduktionsformen im Meso- und Mikroraum der Quartiere notwendig, die keinesfalls zu aufgegebenen Zonen erklärt und dann ausgegrenzt werden dürfen. Die *economy of poverty* in den ethnischen Migrationsvierteln und in den proletarischen und subproletarischen Quartieren der *new under- and housing classes* hat, so zynisch dies klingt, für das Überleben der Städte eine basale Funktion. Sie muß daher „belassen" werden. Darum benötigen Städte überall Schwellen- und Transiträume der ökonomischen und soziokulturellen Vermischung, des Austauschs, des Kontakts, der wechselseitigen Durchdringung und Vervielfältigung, also auch dessen, was man *the politics of visibility* genannt hat. Gutgemeinte Desegregation ist dafür ebenso hinderlich wie ausgrenzende Segregation; Räume einer freiwilligen Segregation bestehen zu lassen ist ebenso erforderlich wie stadtpolitische Maßnahmen zur Förderung von räumlichen wie kulturellen Integrationschancen.

Für solche Perspektiven wird nach dem 11. September 2001 die Luft dünn. Was schon jetzt beobachtet werden kann, ist eine gewaltige Mobilisierung solcher Strategien, welche die Politik der wirtschaftlichen Deregulierung und der Globalisierung sicherheitspolitisch und militärisch radikal verschärft. Als Antwort auf die *Globalisierung* des Terrors, der seine Zerstörungspotenz gerade an dem *Lokal* der hegemonialen Globalisierung erwies, erfolgte sofort ein Gleichschritt von weltweiter militärischer Einkreisungspolitik der vermuteten Kommandozentralen des Terrorismus und der innenpolitischen Verschärfung sämtlicher Sicherheitsstandards. Gerade der Erfolg des Terrorismus führt urbanistisch zu einer weiteren Stufe in der Deliberalisierung der Städte und damit notwendig zu einer Zunahme von Segregations- und Überwachungsstrategien. Die potentielle Ubiquität des Terrors zerstört in Folge der gegen ihn gerichteten Sicherheitsvorkehrungen den für die Entwicklung der Städte notwendigen Freiheitsraum. Das wird insbesondere die von Foucault[13] und Marc Augé[14] sogenannten Nicht-Orte des Transitorischen und Heterotopen, der Durchkreuzungen und Überschneidungen, der Häufungen und Mischungen von Menschen und Dingen treffen, ebenso aber auch die noch schärfer eingeschlossenen Armutsviertel und die noch stärker sicherheitstechnisch armierten Rein-Räume von Wirtschaftszentralen, Regierungsvierteln und hochklassigen Wohnenklaven der Eliten. In anderer Weise, als Robert Musil das Wort verwendete, ist eine Über-Amerikanisierung der Städte wahrscheinlich, nämlich im Sinne der post-fordistischen *Fragmentierung* der Stadt nach Imperativen der Sicherheit und der sozialen und ethnischen Segregation. Das wäre das endgültige Ende der Moderne und damit auch das Ende einer urbanistischen Architektur in den großen Traditionen der utopischen Stadt und der Utopie als Stadt. Denn Terrorismus birgt als die größte Gefahr für die Städte, daß die Pathologie einer verzweifelt mörderischen Gewalt sich mit der Pathologie eines paranoischen Sicherheits- und Kontrolldenkens kurzschließt und damit den Raum pluralkultureller Urbanität zerstört. Gegen diese Gefahr zu kämpfen wird in Zukunft ebenso wichtig sein, wie den Terrorismus und seine von der westlichen Welt mitverursachten Entstehungsbedingungen unmöglich zu machen.

Anmerkungen

1 Robert Musil, *Der Mann ohne Eigenschaften*, Reinbek bei Hamburg (Rowohlt) 1962, 31f

2 Manuel Castells, *The Informational City*, Cambridge/Mass. (Blackwell) 1994; ders.: *The Rise of the Network Society*, Cambridge (Blackwell) 1996; ders.: „Informatisierte Stadt und soziale Bewegungen", in: Martin Wentz (Hg.), *Stadt-Räume*, Frankfurt am Main (Campus) 1991, S. 137-149

3 Dazu Florian Rötzer, „Urbanität in den Netzen. Vom Take-Over der Städte", in: Gotthard Fuchs, Bernhard Moltmann, Walter Prigge (Hg.), *Mythos Metropole*, Frankfurt (Suhrkamp) 1994, 195-209; Saskia Sassen, „Emerging Segmentations in Electronic Space", in: Klaus-Peter Dencker (Hg.), *Interface 3. Labile Ordnungen*, Hamburg (Hans-Bredow-Institut) 1997, 18-26; dies., „Zwischen Ort und Nicht-Ort. Auswirkungen der Telematik und der Globalisierung", in: Vittorio Magnago Lampugnani, *Die Architektur, die Tradition und der Ort. Regionalismen in der europäischen Stadt*, Stuttgart (DVA) 2000, S. 43-56

4 Saskia Sassen, „Metropole: Grenzen eines Begriffes", in: Gotthard Fuchs, Bernhard Moltmann, Walter Prigge (Hg.), *Mythos Metropole*, a.a.O., 165-178, hier: 169; dies., „Wirtschaft und Kultur in der globalen Stadt", in: Bernd Meurer, *Die Zukunft des Raums*, Frankfurt/M. (Campus) 1994, 71-90; dies.; „Global City: Internationale Verflechtungen und ihre innerstädtischen Effekte", in: Hartmut Häußermann, Walter Siebel (Hg.), *New York. Strukturen einer Metropole*, Frankfurt/M. (Suhrkamp) 1993, S. 71-91

5 In Anlehnung an eine der zentralen Skulpturen von Constantin Brancusi

6 Vgl. zum folgenden Hartmut Häußermann, Walter Siebel (Hg.), *New York. Strukturen einer*

Metropole, a.a.O., darin besonders die sozialanalytischen Beiträge von Norman und Susan Feinstein, Neil Smith, Peter Marcuse, Roger Waldinger; ferner: Peter Marcuse, „Ethnische Enklaven und rassische Ghettos in der postfordistischen Stadt", in: Wilhelm Heitmeyer, Rainer Dollase, Otto Backes (Hg.), *Die Krise der Städte. Analysen zu den Folgen desintegrierter Stadtentwicklung für das ethnisch-kulturelle Zusammenleben*, Frankfurt/M. (Suhrkamp) 1998, 176-194; Hartmut Häußermann, „Zuwanderung und die Zukunft der Stadt. Neue ethnisch-kulturelle Konflikte durch die Entstehung einer neuen sozialen ‚underclass'"?, in: ebd. S. 145-176

7 Robert Ezra Park, *The City*, Chicago (Chicago University Press) 1967. Dazu Rolf Lindner, „Stranger than Fiction: Die Entdeckung der Stadtkultur", in: Birgit Brandner, Kurt Luger, Ingo Mörth (Hg.), *Kulturerlebnis Stadt. Theoretische und praktische Aspekte der Stadtkultur*, Wien (Picus) 1994, S. 51-67

8 Edward W. Soja, „Postmoderne Urbanisierung", in: Gotthard Fuchs, Bernhard Moltmann, Walter Prigge (Hg.), *Mythos Metropole*, a.a.O., S. 143-165, hier: S. 152

9 So die klassische Unterscheidung von Robert K. Merton: *Social Theory and Social Structure*, Glencoe (Free Press) 1957

10 Vgl. allgemein dazu Marie José Mondzain, *Image, icône, économie. Les sources byzantines de l'imaginaire contemporain*, Paris (Seuil) 1996; Horst Bredekamp, *Kunst als Medium sozialer Konflikte. Bilderkämpfe von der Spätantike bis zur Hussitenrevolution*, Frankfurt/M. (Suhrkamp) 1975

11 Es gibt weitere Datenzusammenhänge: der Anschlag auf die israelische Olympia-Mannschaft in München am 5. September 1972 durch die zur PFLP gerechnete radikale Gruppe *Schwarzer September*; diese Gruppe benennt sich nach der blutigen Niederschlagung der Palästinenser durch die jordanische Armee im September 1970; hier auch, am 6. September, fanden die spektakulären Entführungen von Zivilflugzeugen nach Jordanien statt, von denen drei gesprengt wurden. Vgl. unter datenzufälligem Aspekt die Rede des Präsidenten George Bush am 11. September 1990 vor beiden Häusern des US-Kongresses, worin inmitten der militärischen Vorbereitung des Golf-Krieges die Neue Weltordnung deklariert wurde; diese Rede ging als die New World Order Speech in die Annalen ein.

12 Vgl. Henning Ritter, „Der Feind. Terror ohne Territorium, Vernichtung als Programm", in: *Frankfurter Allgemeine Zeitung*, 19. September 2001, 49; ferner: Carl Schmitt, *Theorie des Partisanen: Zwischenbemerkung zum Begriff des Politischen*, 2. Auflage (unveränderter Nachdruck der 1. Auflage von 1963), Berlin (Duncker und Humblot) 1975

13 Vgl. Michel Foucault, „Andere Räume", in: Karl-Heinz Barck (Hg.), *Aisthesis,* Leipzig (Reclam) 1993

14 Marc Augé, *Orte und Nicht-Orte. Vorüberlegungen zu einer Ethnologie der Einsamkeit*, Frankfurt/M. (Fischer) 1994

Die Stadt wird ein zutiefst inhomogener Raum werden

Ein Gespräch mit Roger Willemsen

Als Amnesty-International-Botschafter haben Sie Erfahrungen mit den großen Städten der Welt. Nehmen Sie einschneidende Veränderungen wahr?

Roger Willemsen: Die prägendste Stadterfahrung, die ich in den letzten Jahren gemacht habe, hat mit einer Reise nach Südafrika zu tun, nach Johannesburg. Dort habe ich zum ersten Mal gesehen, wie eine Stadt von innen her großflächig verslumt. Da stehen zwar noch die Ruinen der großen Industriekonzerne, wie IBM oder das Sheraton-Hotel, aber inzwischen sind sie von hohen stacheldrahtbewehrten Zäunen eingefaßt. Eigentlich soll man nicht mal bei Tage, auch nicht als Weißer, mit dem Auto da durchfahren. Diese Stadt verfault von innen, sie kompostiert. Nur noch Märkte für Grundnahrungsmittel sind zu sehen. Dann gibt es einen Gürtel, in dem Geldinstitute und Wirtschaftsunternehmen die wichtige Rolle spielen, dann einen nächsten Ring mit Trabantenstädten, die in sich ghettoisiert sind und ihr Zentrum jeweils in Supermärkten haben. Dahinter dann die aufgeschütteten Hügel der Goldminen. Die Stadt hat also mehrere Umfassungen, die man als Speckgürtel der Gebiete beschreiben könnte, in denen die Apartheid besteht, nämlich in den Diamanten- und Goldminen, wo in den alleruntersten Stollen immer noch die Schwarzen zu Tode kommen. Es gibt Bordellgebiete, in denen 75 Prozent aller Frauen HIV-positiv sind. Die allerärmlichsten Slums ohne Elektrizität sind Migrant-Worker-Städte. Irgendwo gibt es wiederum eine Zone mit gesicherten Schulwegen, Sicherheitsanlagen, mit Überwachungskameras, Fahrdiensten für die Kinder der BMW-Angestellten und so weiter. Und dann kommen Sie allmählich in ein interessantes, morphologisch differenziertes Gebiet, in dem sich die afrikanische Mittelschicht mit der weißen Industriellenschicht mischt. Und innerhalb der Stadt immer tiefer in die Slums. Die unterste Klasse von Menschen, die man in den schwarzen Stadtzentren sehen kann, sind weiße Prostituierte, die schwarze Kunden bedienen – wie Wiedergänger, wie Untote über die Straße gehend, wie Albinos aussehend, fast alle aidskrank. Da sind Sie beim alleruntersten Bodensatz angekommen, der sogar noch unter dem der schwarzen Migrant-

Workers liegen kann. In Johannesburg gibt es unmittelbar nebeneinander den Reichtum und die Konsequenz des Reichtums, die vollständige Verelendung.

Das von Ihnen geschilderte drastische Auseinanderfallen der mit allen technischen Errungenschaften versehenen Viertel der Vermögenden und dem sich selbst überlassenen Elend, der zunehmende Gegensatz zwischen Reichtum und Armut zeigt sich, wenn auch entschieden weniger kraß, auch in unseren Städten. Auf der Seite des Reichtums in Form eines weltweit erfolgreichen amerikanischen Exportprodukts: Gated communities. Was halten Sie von der Auffassung, daß die Tendenz des Sichabschottens der einen und des Sichselbstüberlassens der anderen als Zug in die „Drittweltisierung" amerikanischer und inzwischen auch europäischer Städte gelesen werden kann?

Prima vista eine zutreffende Beobachtung. Auf den zweiten Blick bin ich skeptisch. Denn die sogenannte Drittweltgesellschaft empfindet den Skandal des Reichtums stärker, als es die sogenannte Erste Welt tut. Das *definiert* die Erste Welt fast. Die „Dritte Welt" konnte sagen: Ein Medizinmann oder ein Stammesfürst hat bestimmte Privilegien, die haben wir ihm gegeben, weil wir möchten, daß er unser Repräsentant ist. Oder er ist unser Repräsentant durch seine Geburt. Das heißt, die Ausstattung mit Macht fand mehr oder weniger in einem selbstverständlichen Akt der Übergabe, der Verleihung von Insignien statt. Im westlichen System hat der Reichtum keine Repräsentationsfunktion für die Bürger, sondern ausschließlich für die, die diesen Reichtum besitzen. In westlichen Gesellschaften ist diese Form von insulären Kulturen der Reichen aus dem Zwang entstanden, sich selber zu verteidigen, also aus der Idee des Selbstschutzes – das konträre Verhältnis. Wenn der Skandal des Reichtums in der „Dritten Welt", etwa in Johannesburg, stärker empfunden wird, dann weil es sich beim reichen Ghetto um eine Übertragung aus dem reichen Westen handelt. Erst wenn BMW eine umsatzstarke Filiale in Johannesburg unterhält, kommt man auf die Idee, daß man die Manager schützen muß.

Auch die Bevölkerung europäischer Städte wird heterogener. Der Anteil derer, die in prekären Situationen leben, ist stark gestiegen. Man könnte gar von zwei Arten von Fremden reden: von den tatsächlichen Fremden, die als Flüchtlinge bei uns leben, mit Papieren oder als Sans-papiers, und von den einheimischen Fremden oder fremd gewordenen Einheimischen, also von denen, die durch den neoliberalen Umbau von Wirtschaft und Gesellschaft aus ihren Sicherheitsnetzen herauszufallen beginnen. Dieser *Aspekt der „Drittweltisierung" ist in den Vereinigten Staaten entschieden deutlicher ausge-*

prägt, insbesondere am frappierenden Gegensatz zwischen den eingehegten Wohlstandssiedlungen und dem praktisch durchweg vernachlässigten öffentlichen Raum. In die Instandsetzung von Straßen und Trottoirs wird einfach nicht investiert, sie verfallen und sind teilweise in miserablem Zustand. Selbsteinschließung der Vermögenden, allmähliche Abschiebung der unteren Schichten, zunehmend vernachlässigte öffentliche Räume – liegt es da nicht aus solchen Gründen nahe, von „Drittweltisierung" zu sprechen?

Ich glaube das nicht. Es wäre fast zu glatt, wenn es so wäre. In Deutschland hat es immer das feine Wohnviertel gegeben: Dahlem, Lankwitz, Blankenese, Ansätze zu Reichenghettos, zu umfriedeten Communities. Die Frage ist nur, wie wehrhaft sie wurden. Ein zweiter Punkt: Als Alfred Herrhausen einem RAF-Attentat zum Opfer gefallen ist, war eine der Auffälligkeiten danach nicht die soziale Kontrolle eines Wohnortes, an dem jeder jeden kannte, es waren die imaginären Mauern. Durch Luftüberwachung, Alarmanlagen und Überwachungskameras war nicht nur die unmittelbare Wohnumgebung, sondern die ganze Ortschaft in jeder Bewegung rund um die Uhr registrierbar. Man konnte also sagen: Wenn vor einer Woche eine Frau mit einem Kinderwagen von da nach dort gegangen ist, die dasselbe in den letzten drei Wochen noch nie getan hat, dann ist diese Frau verdächtig. Man brauchte gar kein Ghetto, man hatte ein Überwachungssystem, das jede Abweichung von der Regel registrierte und zu einem Verdachtsmoment verdichten ließ. Das bedeutet, daß das Ghetto zwar existiert, aber auf eine gespenstische, schimärische Weise. Es manifestiert sich in nichts anderem als in dem Gefühl, in jedem Augenblick bewacht zu sein. Von privaten Sicherheitsbeauftragten mit Helikoptern, Richtmikrophonen mit 1000 Metern und Infrarotkameras mit 2000 Metern Reichweite. Das alles gab es bereits in den siebziger Jahren. Entscheidend bei all dem ist, daß die Reichen sich nur unter dem Eindruck realer Gewalt in diese Form von Selbstisolierung begeben, denn eigentlich liebt der Reichtum das Sichausstellen vor anderen, er braucht Selbstdarstellungsmöglichkeiten und Gegensätze. Für all seine gesellschaftlichen Ereignisse ist der Zusatz „exklusiv" entscheidend. Es wird immer zunächst definiert, was nicht dazugehört. Und nicht dazu gehören Leute, die Auszeichnungen wie Glamour, hohe Publizität, großes Kapital, Macht nicht haben. Auch an *diesen* Grenzen definiert die Gesellschaft, wer dazugehört und wer nicht. Nur unter ganz bestimmtem Druck von Gewalt und möglichem Übergriff auf Eigentum kommen Leute dazu, sich einzuigeln.

Im Jahre 2004 werden in den USA gut 57 Millionen Menschen, und nicht nur die Glamour-Oberschicht, in 260000 neu errichteten Wohnanlagen leben, sogenannten Common Interest Developments (CIDs), ein Fünftel von ihnen, mehr als 11 Millionen, in Gated Communities.[1] *Das ist etwas anderes als die Realisierung des alten amerikanischen Traums vom eigenen Haus mit Veranda und Limousine, denn diese Siedlungsform hat Auswirkungen auf den Zugang zu bislang öffentlichen Räumen.*

Aber der Zusammenhang ist ein anderer. Der Zusammenhang innerhalb der amerikanischen Kultur ist der einer Kultur, die zu 50 Prozent Bedrohung produziert. Der Weltheld schlechthin ist der amerikanische Cop. Warum? Weil die Straßen als Dschungel erscheinen. Und weil das Prinzip der Ordnung mit jedem einzelnen Cop seinen Sündenfall erlebt. Big Brother hat in Amerika nicht funktioniert. Warum nicht? Weil sich die Leute klaustrophobisch in der richtigen Gesinnung, in der Political correctness bewegt haben. Dieselbe Form von klaustrophobischer Enge empfinden Amerikaner in ihren Lebensräumen. Sie fühlen sich so unablässig bedroht, als lebten sie unter den Bedingungen des Ernstfalls. Zugleich handelt es sich um eine gespenstisch anmutende Bedrohung, wie sie vielfach, vor allem auf dem Lande, keine Manifestation findet. Aber die Definition des Fehlverhaltens, des Übergriffs ist so martialisch, daß die Sicherungssysteme ähnlich martialisch werden. Die amerikanische Kultur hat ein Interesse daran, Bilder der Bedrohung zu produzieren.

Jetzt kippt allerdings eine ideologische Figur in die Realität zurück: Teile der Stadt werden privatisiert. Man könnte sagen, die Stadt verliert ihr „Allgemeines", den jedermann zugänglichen Raum. Es gab immer schon ästhetische, atmosphärisch-wirkende Schranken. Aber durch die Praxis der inneren Grenzziehung werden bisher zugängliche Räume mehr und mehr verkleinert und sozial homogenisiert. Werden auf diese Weise nicht wesentliche Charakteristiken des Städtischen zerstört?

Zunächst einmal erschiene es mir, so zynisch es klingt, abwegig, wenn in einer Gesellschaft, die auf dem Weg ist, vieles von all dem zu privatisieren, was einmal zu den Aufgaben des Staates gehörte, Gesundheitssystem, Altersfürsorge und so weiter, ausgerechnet der öffentliche Raum nicht auch privatisiert würde. Warum sollte nicht genau das passieren, was Sie beschreiben? England hat das ja unter Thatcher vorgemacht. Da lief die Zerschlagung des Bergarbeiterstreiks parallel zur Zerschlagung des Gesundheitssystems für Groß-London. Das hat Thatcher mehr oder weniger im

Alleingang hingekriegt. Man hat den Leuten gesagt: Wenn ihr besser medizinisch versorgt sein wollt, dann müßt ihr euch schon selbst darum kümmern. Nur als Anmerkung sei ein Satz von Herrn Schröder zu BSE in Erinnerung gerufen, der lautete blumig ungefähr so: Wer gutes Fleisch essen will, muß mehr Geld hinlegen. Was ja implizit heißt: Wer nicht sterben will, sollte schon ein bißchen reicher sein. Also diese Art des Denkens – diesen Satz hat übrigens niemand moniert – ist ja längst da. Es fällt ja auch offenbar niemandem ein zu fragen: Wie kann es eigentlich sein, daß die Deutsche Bank den größten Gewinn seit ihrem Bestehen mitteilt – 10 Milliarden Mark im Jahr – und parallel dazu die Einsparung von 2000 Stellen bekannt gibt. Was mich im Anschluß an Ihre Frage interessiert, ist nicht nur, wie entstehen zwei Räume gegeneinander – der isolierte Raum der *Gated community* und der Dschungel rundherum –, sondern auch: welche Lebensregeln geben sich Gated communities? Sie bestimmen ja, was sie Übertretung nennen, auf eine viel martialischere Weise als alles, was draußen geschieht. Wenn ich innerhalb einer Gated community auf den Boden spucke, unterliege ich vielleicht schon einer Justiz, wie es sie sonst nur in Singapur gibt.

Es geht um Hausrecht.

Genau. Ich werde permanent geregelt, habe dadurch ein Zusatzanrecht und damit zugleich einen Verlust an allem, was ich so unschön „Lebenserotik" nennen möchte. Das nehme ich damit in Kauf. Mein Leben schrumpft, meine Vitalität magert ab. Insofern bestrafe ich mich selber.

Interessant ist die Verblendung durch die Idee, daß man Freiheit gewinnen könne, wenn man zu jeder Art Unterwerfung bereit sei.

So ist es. Der amerikanische Publizist James McIver Whiterspoon hat einmal gesagt, bezeichnender als der Terrorismus in Deutschland sei die Bereitschaft der Deutschen gewesen, für die Bekämpfung des Terrorismus die Einschränkung mühsam erkämpfter demokratischer Freiheiten und Rechte hinzunehmen.

Drinnen und draußen

Bei Gated communities kommt etwas Wesentliches hinzu: Das Interesse der Investoren und der Bewohner, die unter von ihnen gesetztem Hausrecht leben, beschränkt sich ja nicht auf die communities. Medienkampagnen, Ver-

sicherungsprogramme und Sicherheitspropaganda verbreiten ununterbrochen Ideen und setzen Maßstäbe des sogenannten guten Lebens über die Grenzen der Gated community hinaus. Wenn die Lebensvorstellungen und Lebenspraktiken ihrer Bewohner zur allgemeinen Regel würden, was für eine Perspektive für die Stadt wäre zu erwarten?

Die Stadt wird ein zutiefst inhomogener Raum werden. Ein Raum mit zwei Zonen: auf der einen Seite geschlossene Communities, auf der anderen die Offenheit des Dschungels. Beide Prinzipien werden sich verstärken. Die Ordnung wird martialischer werden, weil die Ausdifferenzierung einer Ordnung die Ausdifferenzierung einer Übertretung ist und man sich Ordnung innerhalb der Gated communities fast schon synonym mit Gewalt vorstellen muß. Nicht einer Gewalt von außen, sondern einer Gewalt, die das Chaos vernichtet, die jede Lebensäußerung rubriziert und jedes Detail vorschreibt, während sich das Aggressionspotential draußen erhöhen wird, die Unordnung größer werden wird: Demarkationslinien zwischen Slum und Nichtslum.

Indem man sich einschließt und sein Leben real online lebt, entzieht man sich selber der Stadt und erklärt damit jeden Tag und mit jedem Schritt, daß man den öffentlichen Raum der Stadt de facto nicht oder kaum mehr braucht. Amerikanische Gated communities, sagt der Bochumer Literatur- und Medienwissenschaftler Niels Werber, müsse man als eine Mischung aus Kommunitarismus und Verkabelung verstehen – im Inneren spielt man bürgerliche Stadtexistenz unter seinesgleichen, nach außen hat man keine Kontakte, außer elektronischen.

Wunderbar, genau! Es ist nicht unwichtig, daß die reichen Teile der Gesellschaft ihre Ghettos oder ihre Umfriedungen stützen können, indem sie keine Dienstleistungen mehr in Anspruch nehmen müssen, die sie nicht von außen kaufen können. Allein die Computertechnologie verheißt, daß ich nicht mehr in einen Gefahrenbereich hinaustreten muß, um irgendetwas, ein Buch oder Milch, einzukaufen. Ich kann mir alles mailordern. Man kann sich diese geschlossenen Gemeinschaften letztlich als autarke Zentren vorstellen. Sobald Computer international vernetzt sind, ist das individuelle Versorgungssystem vollständig von Elektronik abhängig, also zu hacken! Wenn Gates zu knacken und andere Türen erneut zu öffnen sind, Dienstleistungen nicht länger erbracht und die Reichen dazu gezwungen werden, ihre Räume zu verlassen, dann kommt man auf den trivialen Umstand zurück, daß es die Umfriedung nicht gibt. Ich kann sie simulieren, ich kann einen Rechtsraum definieren, der für sie gilt – aber es kann diese Form der Isolation in der praktischen Umsetzung und letzter Konsequenz nicht geben.

Sie haben eine bemerkenswerte Definition von Gewalt gegeben. Gewalt, haben Sie gesagt, vernichte das Chaos und rubriziere jede Lebensäußerung. Gewalt befinde darüber, was erlaubt ist und was nicht.

Ich nenne Ihnen drei Beispiele für ein immer wieder zu beobachtendes polares Prinzip. Erstens: ein etwa 500 Quadratmeter großer Hotelkomplex im äthiopischen Addis Abeba. Das eine, was ein Stadtbild prägen, auch zerstören kann, besteht in dem Versuch, an den Reichtum des Westens anzuschließen. Bei dem 1999 fertiggestellten Hotelkomplex, er wird niemals ausgelastet sein, geht man von einer Bedeutung Addis Abebas aus, die es kaum je geben wird. Für dieses Projekt ist ein dreimal so großes Gebiet von Hüttenbauten evakuiert worden. Man hat die Hütten einfach dem Erdboden gleichgemacht und die Bewohner in Sozialwohnungen umgesiedelt, wo sie überhaupt nicht zurechtkommen.

Wie in Shanghai, wo die Stadt immer größere Teile der alten Innenstadt, in der Zehntausende von Menschen lebten, dem Erdboden gleichmacht, um Platz zu schaffen für Hotelkomplexe, Bürotürme und Shopping-Malls. Auch hier werden die Menschen an den Stadtrand zwangsumgesiedelt, wo sie jetzt in Wohnhochhäusern leben – mit höherem hygienischen beziehungsweise sanitären Standard, aber getrennt von den Menschen und ohne die sozialen und innerstädtischen Beziehungen, die bis dahin zu ihrem Leben gehörten. In Shanghai, sagte der Düsseldorfer Architekt Christoph Ingenhoven im Gespräch, „geht man mit Menschen um wie mit alter Bausubstanz oder historischen Stadtstrukturen“.

Auch in Addis Abeba hat man die Menschen gezwungen, irgendwo am Stadtrand zu wohnen, wo sie einfach vollkommen fremd sind. Eine Kulturzerstörung. Zweites Beispiel: Kinshasa, wo die Stadt mit ihren Hütten, in lokal noch erhaltenen Bautraditionen aus Lehm, Bast und Blech durchbrochen wird von der Repräsentationsarchitektur afrikanischer Herrscher, dort, wo Laurent Kabila gesessen hat. Sie fahren eine Straße runter, kommen in ein riesiges Areal, das hoch geschützt ist, in dem eben Kabila residierte und in dem früher mal der König gewohnt hat. In dem, wie man mir sagte, manchmal auch Menschen von der Straßenkreuzung runtergeschossen werden von Begleitfahrzeugen des Präsidenten, Menschen, die nicht rechtzeitig von der Kreuzung kamen. Auch da ein gesellschaftlicher Bereich, der noch traditionell organisiert ist, in den mittenhinein und brachial eine Repräsentationsallee geschlagen wird mit der entsprechenden Architektur. Zitate von Bauten. Drittes Beispiel: Dakar. Eine Stadt mit den unterschiedlichsten Entwicklungsschichten und Zusammenhängen zwischen Hygiene und baulicher Struktur. Die allerunterste Schicht ist dort, wo ein Markt so organisiert ist, daß die Nahrung nur auf Bananenblätter gehäuft wird. Ein Abwassergraben, wo alle Abfälle reinkommen und wo auch reingepinkelt wird, minimalster hygienischer Standard. Plastikeimer wären da schon die zweite Stufe. Demgegenüber gibt es in der Stadt den westlichen Markt, der zwei Straßen in die vorhandene Struktur geschlagen hat, wo Sie Gucci finden können. Jenseits davon ist nichts mehr, nur noch Hafengebiet. Quadratkilometerweise Hüttenzonen mit eigenen Märkten. Also es gibt immer dieses polare Prinzip: die Implementarchitektur des Konsums und die flächendeckenden Hüttensiedlungen – keine Verbindung dazwischen, zu dem Umliegenden, also zur „nationalen Kultur“, wenn Sie so wollen, und ihrem Handel, ihrer Folklore, ihrer Musik. Diese Bruchstellen sind deswegen gut zu beobachten, weil sie so etwas wie das Selbstrecht der nationalen Kultur dokumentieren in der Unversöhnlichkeit, die zwischen dem einen und dem anderen besteht. Diese Städte leben wahrscheinlich zu 80 Prozent von Geheimgesellschaften. Die sind nicht erfaßt und sind als solche überhaupt nicht dingfest zu machen. So etwas wie Stammesgesellschaften. Die Grenzen innerhalb dieser Stadtareale sind nicht mehr Wohlstands- oder soziale Grenzen, sondern Stammesgrenzen. Familien hängen daran, Clans und deren Rechtssysteme.

Kapillarsysteme, Beziehungsnetze

Was der französische Anthropologe Michel Peraldi über Marseille berichtet, zeigt sich bereits tendenziell in der Entwicklung vieler europäischer Großstädte: Die Zahl derer, die beim Umbau der Wirtschaftsstrukturen auf der Strecke bleiben, nimmt zu. Diese Menschen organisieren ihr Leben im Kapillarsystem der Stadt nach eigenen Regeln und entwickeln Formen des gesellschaftlichen und wirtschaftlichen Lebens, wie es sie bisher nur in den Metropolen der „Dritten Welt“ und im Süden Europas gibt: Beziehungsnetze, die sich von vielen traditionellen Mustern der Organisation des städtischen Lebens nicht nur abkoppeln, sondern diese in parallelen Formen des Wirtschaftens weiterführen, Experimente mit Formen des Marktes, sozialer Verantwortlichkeit und kulturelle Aktivitäten, die sich in ihrer Vielfalt von der noch herrschenden, auf Lohnverträgen, kapitalistischer Warenproduktion, Leistungsmaximierung, Akkumulation und Steuern beruhenden Ge-

sellschaft und ihren Steuerungs- und Kontrolleinrichtungen nicht mehr überschauen lassen. Die Nachfolgestaaten des Kolonialsystems müßten sich mit dessen Erbe nicht nur politisch auseinandersetzen, sondern nach Möglichkeiten und Wegen suchen, das Zusammenleben von Menschen unterschiedlicher Kulturen, unterschiedlicher Lebensformen, sozialer Regeln und ökonomischer Praxis dort zu ermöglichen, wo diese Menschen leben: in den Metropolen der Länder, die Teile ihres Reichtums über die Ausplünderung ihrer Kolonien zusammenbrachten.

Der Staat definiert, was illegal ist. Der Staat definiert nie, was halblegal ist, er unterscheidet ausschließlich zwischen legal oder illegal, er kann niemals dem, was er als illegal charakterisiert, auch nur den Schimmer von Legalität geben. Das widerspricht seinem Begriff. Weshalb es eine Systemveränderung brauchte, um etwas so vergleichsweise Geringfügiges durchzusetzen. Das heißt, wir müßten den Staat dazu bringen, seinen Begriff des Legalen umzudefinieren. Das wird er nicht tun.

De facto ist der Staat in bestimmten Teilen von Städten mit seiner Rechtsordnung ja nicht durchgehend präsent – und kann es nicht sein. Ist es nicht vorstellbar, daß wir in einigen Jahren in Städten leben, in denen Reisen zwischen einzelnen Bezirken wie räumlich verkürzte Reisen zwischen Ländern anmuten? Daß es in solchen Stadtteilwelten Unterschiede nicht nur in sprachlichen, sondern auch in rechtlichen und ökonomischen Realitäten gäbe?

Schöne neue Welt. Auf dem Stadtgebiet Hamburgs ein Zwölf-Länder-Eck? Warum nicht? Dann bekommen Kuriere, Postkutschen und Kaiserliche Botschaften zwischen den Zonen wieder etwas Romantisches. Denn wer spricht all diese Sprachen, kennt alle die Bürokratien? Das wäre dann endlich mal ein „Global Village" im nicht-metaphorischen Sinn.

Die Haltung unserer politischen und planerischen Instanzen – bestehende, der Realität nicht mehr angemessene Ordnungen mit allen Mitteln aufrechtzuerhalten – zeichnet sich aus durch hohe Inflexibilität und steht experimentelleren Methoden im Grundsatz höchst argwöhnisch, ängstlich und abwehrend gegenüber.

Zwei Einsprüche. Erstens glaube ich nicht, daß Stadtplanung, wie sie momentan funktioniert, nur durch die Erhaltung des Status quo bestimmt ist. Ich glaube vielmehr, daß sie Ordnung schafft. Ich denke, daß das Innovatorische an dem, was uns so inhuman erscheint an der städtebaulichen Ordnung, durchaus neue Elemente hat: die Verdrängung des Unterholzes, des Habitats, des Kiezes, der Quartierbesonderheiten. Das hat etwas Aggressives. Wenn man sagt, die Stadtplanung möchte nur den Status quo erhalten, tut man ja so, als hätte man sich in der einen Form der praktischen Lebensorganisation eingerichtet. Ich glaube, daß Stadtplanung noch viel härter ist, sehr viel militanter. Zweiter Einspruch: Auf der anderen Seite – und gegen diese planerische Aggressivität – hat das Gewährenlassen so wunderbare Formen auch in den Stadtrandgebieten geschaffen. Am wenigsten spezifisch in allen europäischen Städten sind ja die Innenstädte. Die werden sich am allerähnlichsten: Kübelbepflanzung, Fußgängerzonen, dieselben amerikanischen Eßketten, dieselben Kinobauten. Adolf Loos hat einmal von der „Verschweinung des Lebens durch das Ornament“ gesprochen. Man kann das ja alles heute – nicht nur im Zuge der postmodernen Architektur – wiedersehen. Die Funktion eines Gebäudes ist auch heute in vielerlei Hinsicht bereits abgekoppelt von seinem Erscheinungsbild. Das führt dazu, daß die Stadtränder architektonisch oft viel spezifischer erscheinen als die Stadtzentren. Eine andere Art Verslumung der Innenstädte: Verlust der Besonderheit, von der Innenstadt ausgehend. Wenn ich mir eine Stadt erarbeiten will, dann gehe ich immer zuerst in die Banlieue, an den „fringe“, wie in London, oder in die Subzentren, wo die morphologische Differenzierung der architektonischen Formen, der Bevölkerung, der Feste, der Kleidung noch sehr viel höher ist. Ich erinnere mich an Pnomh Phen, wo die Stadt Implemente zuläßt, wie beispielsweise Grand-Hotels, in einem grotesken Gegensatz zum Hüttenbau drumherum, zu der noch bestehenden Repräsentationsarchitektur der Pol Pot-Regierung. In unmittelbarer Nachbarschaft ein Konzentrationslager, in eine Wohnsiedlung implementiert, für mich der Ort des größten Grauens, den ich in meinem Leben betreten habe, ist Tul Sleng, das Vernichtungslager, in dem schätzungsweise ein Viertel der kambodschanischen Bevölkerung umgebracht worden ist. Das Lager ist in einer Weise erhalten, die einen schaudern läßt – daran reicht nichts von dem heran, was man in deutschen Lagermuseen sehen kann –, die Vergangenheit ist noch bis in die Schweißflächen, bis in die Blutrückstände, bis zu den rostigen Ketten erfahrbar und auch fotografisch entsprechend aufgearbeitet. Sieht man das in der Stadt, so hat sie zwei häßliche Zonen. Die eine: den Pomp der Finanzpaläste, auch der Gastronomie, der Hotels, in denen sich die UN-Wahlbeobachter aufhalten und in einem Standard leben, der sich mit Dubai vergleichen läßt. Die andere: die Erinnerung an das reale Grauen, die in einer extrem polarisierenden Weise zur anderen steht. Dazwischen so etwas wie der Hüttenbau und nationale Fertigbauarchitektur, weitgehend stadtplanungsfrei. Eine sehr viel stärkere Herausforderung der Lebenserotik. In diesen Räumen, in denen es Fassadenführung, Gesimsordnungen und anderes mehr nicht gibt, nehme ich Bauten in ihrer Individualität wahr, in ihrem Nichtzusammenstimmen. Schon in London erlebt man eine erheblich größere sinnliche Herausforderung dadurch, daß Bauten in ihren Höhen, ihren Materialien und nach ihren Entstehungszeiten stärker differenziert sind.

Von Slavoij Žižek stammt die Bemerkung, wir bewegten uns überwiegend in Denkschablonen und würden deswegen das, was wir neu denken könnten, immer nur innerhalb der bestehenden Ordnungen und Regelungen zu denken imstande sein. Wenn wir Formen des Lebens, die von den unseren abweichen, auf unsere Städte übersetzen, könnte man sich doch fragen, ob es zukunftstauglich oder realistisch ist, dem gesellschaftlichen Alltagsleben weiterhin ausschließlich die bestehende Rechtspraxis zugrunde zu legen, auch wenn diese längst nicht mehr alle real existierenden Existenzbedingungen trifft. Müßte man nicht sehr entschieden sagen, daß es vernünftigerweise, wie bei den Liberalisierungsprozessen in anderen Bereichen der Gesellschaft, beweglichere Formen des Rechts geben müßte, die auf existentielle Situationen zugeschnitten sind, die bislang durch bestehendes Recht unsichtbar und inexistent gemacht, also verdrängt werden? Braucht man nicht gerade hier die Vorstellung von flexiblen, schnellen, reaktionsfähigen gesetzlichen Möglichkeiten, die beispielsweise Experimente auf Zeit zulassen, um Handlungsspielräume für sich verändernde Wirklichkeiten öffnen und bewegliches, situationsbezogenes Handeln zulassen zu können?

Das leuchtet mir auf der einen Seite natürlich ein. Wir können uns auch auf die Schönheit dieser Vorstellung sofort verständigen, ich glaube nur …

… daß es sich um ein idealistisches Konstrukt handelt?

Ich halte es für sehr idealistisch. Vor allem weil solche Veränderungen niemals im Lebensraum, niemals in der Stadt beginnen werden, sondern im Recht beginnen müßten. Selbst die vermeintlich liberalere Regierung setzt ja alles daran, die Bedingungen zu verschärfen. Eine der ersten Äußerungen des deutschen Innenministers Otto Schily lief seinerzeit darauf hinaus, noch einmal zu bestätigen, daß wir keinen weiteren Zuzug haben dürften, daß wir sehr genau definieren müßten, wer hier willkommen ist und wer nicht. Man spricht ja auch von deutscher Identität eigentlich nur, um zu sagen, wer nicht identisch ist, wer also auf Identität keinen Anspruch hat. Gegen diese durchgehaltene Formulierung eines Primats des Nationalen, dagegen aus der Vorstellung einer anderen Form der Lebenserfahrung zu argumentieren, noch dazu als Advokat einer Gruppe, die gar nicht sprechen kann, weil schon ihre erhobene Stimme sie sofort justiziabel machen würde, scheint mir illusorisch zu sein. Es gibt einen Aspekt daran, den heikelsten, der aber nicht unerwähnt bleiben soll: In Berlin versucht, umgekehrt, auch die türkische Community, geschlossene Lebensräume zu etablieren. Es gibt Leute, die in Kreuzberg wohnen – wie beispielsweise ein Freund von mir – und als „letzte" Nichttürken aus türkisch bewohnten Häusern herausgemobbt werden. Nicht wegen gegenseitiger Antipathie, die wollen einfach nur einen türkischen Kiez haben. Und dafür wird jede Art Schikane unternommen. – Die stärkste Bindung der Art, von der Sie gesprochen haben, habe ich bisher bei Künstlern gefunden. Künstler denken ja vielfach übernational und gehören zu jenen, die aus guten Gründen nicht in ihrem Heimatland sind und sich, wenn Sie wollen, als dritte Nation definieren. Alle Exilierten, Dissidenten, Herausgeworfenen haben guten Grund, eigene Gemeinschaften mit hohem Differenzierungsgrad zu bilden. Aber eine Stadt, die den Leuten die Möglichkeit gäbe, zu bauen, wie sie wollen, auch wenn die Ergebnisse nicht den herrschenden Normen und Sicherheitsmaßstäben entsprechen, Sozialhilfe zu beantragen, auch wenn sie keine Einreisegenehmigung haben, diese oder jene Dienste in Anspruch zu nehmen, das widerspricht der deutschen Lust, Ordnung zu einem gewalttätigen Element zu machen, so sehr, daß ich nicht glaube, daß das einlösbar ist.

Die Frage war umgekehrt gemeint: Wie, wenn man von der Anerkennung der Tatsachen ausginge? Von der Alltagsrealität? Davon, daß zum Beispiel Ärzte und Lehrer durch ihr „illegales" Handeln – etwa indem sie Sans-Papiers ärztlich betreuen oder deren Kinder einschulen helfen – fehlendes Recht kompensieren müssen! Wollen sie, mit Hannah Arendt gesprochen, „das Recht, Rechte zu haben", nicht mit Füßen treten, dann sind sie zu illegalem Verhalten gezwungen. Diese Realität hat ja eine bestimmte Kraft, ein bestimmtes Durchsetzungsvermögen. Schließlich handelt es sich um nicht zu vernachlässigende Quantitäten an städtischem Leben. Kann man sich da nicht realistischere Reaktionen vorstellen? Einfach die Anerkennung von Tatsachen, die sich ja nicht einfach zum Verschwinden bringen lassen? Klaus Bade, der Autor des Buches Europa in Bewegung, *eines Standardwerks zur europäischen Migrationsgeschichte, fordert „die Befreiung von Ärzten oder Sozialdiensten von der Pflicht, illegal" hier, also in Deutschland „lebende, Patienten oder Hilfesuchende den Behörden zu melden", und er fordert „zugleich Angebote, irreguläre Beschäftigungsverhältnisse zu legalisieren", wenn auch zunächst nur auf Zeit. Müßte man angesichts des-*

sen den Infrastrukturbegriff nicht erweitert denken? Müßte man ihn nicht irgendwo an der Grenze zwischen Legalität und Illegalität neu ansiedeln? Daß diese Grenze in der Alltagswirklichkeit ziemlich unscharf ist, sieht man ja überall. Wäre es anders, müßten ja soundsoviele Frauen ihre Kinder außerhalb von Spitälern zur Welt bringen oder blieben bestimmte Unfallopfer unversorgt.

Sie haben Recht, und es wäre reizvoll zu untersuchen, ob es eine durch den Begriff der Legalität vollständig gedeckte Infrastruktur überhaupt geben kann. Nein, alle Institutionen existieren fort, weil sie ihre eigene Verneinung und Übertretung schon in sich aufgenommen haben. Auch Menschenleben werden manchmal nur gerettet, weil ein Individuum findet, man müsse eine Regel übertreten, die zum Schutz des Menschenlebens und seiner Ordnung errichtet wurde. Daraus aber entsteht vielleicht nur Gewohnheits-Unrecht, keine andere Ordnung, es ist nämlich eine Eigenschaft der Ordnung, daß sie Unordnung beheimatet. Zugleich ist dies ein Fluchtpunkt des Tragischen. Die Katastrophe passiert, weil jemand in der lebenswichtigen Übertretung der Ordnung untergeht. Profaner gesagt: Der Fernfahrer muß zu lange und zu schnell fahren, um überleben zu können, die Signalleuchten eines Kraftwerks sind zu zahlreich, um gleichzeitig von einem Augenpaar beobachtet werden zu können. Was also eigentlich in der Struktur der Ordnung liegt, nennen wir „menschliches Versagen".

Gewohnheits-Unrecht produzierte dann, Italo Calvinos Unsichtbare Städte *weiterdenkend, eine weitere unsichtbare Stadt: die Stadt der Unsichtbaren.*

Indem der Staat Legalität und Illegalität definiert, setzt er alles daran, sich auch daran zu halten. Übrigens fällt mir da der Film *Subway* ein, der zum großen Teil in der Pariser Metro spielt. Hier leben Geheimgesellschaften, Menschen, die Strandgut sind, die irgendwo geblieben sind, sich Stollen ausgebaut haben, Rosen verkaufen, den Schaffnern entkommen, Leute, die mit Waffen dealen, in einem sehr eigenen Milieu. In der unterirdischen Aderzirkulation einer Stadt, in den U-Bahnen, existiert unter dem Pflaster der Stadt nicht der Strand, sondern eine zweite Gesellschaft. So erfreulich diese Stadt ist, so wenig organisierbar wäre sie, und so wenig ließen sich Räume der Illegalität festlegen. In dem Augenblick, wo eine Stadt solche Leerräume definieren oder dazu ermuntern würde, solche Formen der Lebensführung zu kultivieren, wenn sie organisierte, was nicht zu organisieren ist, liefe sie Gefahr, genau das Gegenteil zu erreichen.

Recht verändern kann ja nicht heißen, jeglicher Illegalität das Wort zu reden.

Ja, sicher, das verstehe ich. Aber der Staat macht ja genau das Gegenteil. Er versucht ja im Grunde genommen, durch begrenzte Zuwanderung diesen widersprüchlichen Raum so klein wie möglich zu halten. Die Gesinnung ist: Wir gemeinden Euch ein. Wenn Ihr hier sein wollt, sprecht deutsch, paßt Euch an. Die Gegenkraft, also die rechts gestimmte bis rechtsextreme Form des Denkens, heißt: Wir möchten im Grunde dasjenige an Euch zerstören, was anders ist. Wir kennen nicht die Schönheit Eures Andersseins. Wir nähmen Ausländer gern, wären sie bloß nicht so ausländisch. Ich glaube einfach nicht daran, daß man jetzt alle Konsequenzen, die damit zusammenhängen und die rechtlicher Art sind, die bis ins Familienleben reichen, zu renovieren bereit ist. Und da wir spießige Regierungen haben, eine nach der anderen, wird noch nicht mal die Fragestellung begriffen. Was macht jeder neue Innenminister? Noch mehr Räume überwachen, noch mehr Direktiven, um sagen zu können: die unterdrücken wir, die halten wir fest, die schieben wir ab, die kommen in den Knast. Ich versuche nur zu sagen: Diejenigen gesellschaftlichen Kräfte, die dies gegenwärtig verfolgen – also stärkere Parzellierung, stärkere Kontrolle, geringerer Anspruch auf persönliche Freiheit oder auf Entwicklung von Phantasie –, sind an der Macht. In einer Stadt wie Berlin eine andersgeartete Ordnung herzustellen, in der sich andere Architekturen, andere Lebensformen entwickeln können, in denen überhaupt belebter Raum im emphatischen Sinne gesehen werden kann, dazu braucht man eine Systemveränderung. In der Gesellschaft, wie sie organisiert ist, ist so etwas nicht durchsetzbar, ohne daß man einen postrevolutionären Zustand herstellt. Das ist, wie wenn man ein Büschel Haare aus dem Abfluß einer Badewanne hebt, es hängt immer noch mehr daran. Man wird sofort sagen: Versicherungsrecht, Polizei, Schutz, Bauschutz und so weiter. Wie soll sich das entwickeln unter diesen Vorgaben? In der Aufgabenstellung sind wir uns ja einig. Die Lösung ist das andere Problem. Hongkong ist ein hochinteressantes Beispiel insofern, als die Stadt zwar ihre Hochhäuser hat. Aber nicht nur im Schatten der Türme sind allerlei Formen amphibischer Existenzen zugelassen, bis in die Halbwelt, Nachtwelt. Noch interessanter ist, daß das umliegende Land „Dörfer aus Wolkenkratzern" hat. Diese Dörfer, die zuweilen nur aus vier oder acht Hochhäusern bestehen, haben immer noch ihre Form der Medizin, des Handels, des Marktes, dieses stark durchmischten Lebensbereichs aus Verzehren und Ausscheiden. Wie Schaumkronen unten um die Wolkenkratzer. Diese Formen sind resistent gegenüber der jeweiligen Architektur oder gegenüber dem Versuch, sie neu zu organisieren. – In

Deutschland kommt es mir immer so vor, als sei die Nähe zum Großkapital, die Nähe zu dem, was das Großkapital mit Menschen macht, so martialisch, daß niemand Macht nur aufgeben würde, weil wir andere ästhetische oder lebensanschauliche Vorstellungen haben. Ich habe immer Ulrike Meinhofs „Gegenöffentlichkeit herstellen" geschätzt. In Deutschland ist es nicht einmal mehr möglich, Gegenöffentlichkeit herzustellen. Man hält wenig von Ideen, von Utopien, von der Moral der Veränderung. Die Kanäle, durch die die Ideen fließen, sind dünn, die Ideen selbst, wo sie mehr Menschen erreichen können, bis zur Unkenntlichkeit entstellt. Ich glaube, daß diese Form von Kiez, von geschlossenem Habitat und damit die Möglichkeit einer Gegenkultur nicht wirklich entstehen kann, sondern daß man die Organisation des Stadtlebens in einer Weise perfektioniert hat, die eigentlich die Entwicklung solch anderer Räume nicht erlaubt. Und wer wäre Anwalt von Leuten, deren Lebensformen wir im Grunde genommen nicht organisieren wollen? Man kann sich kaum einen größeren Gegensatz vorstellen zwischen Formen des Lebens, die sich eigentlich nur noch von Gespenstern ernähren, sich bedienen lassen, nur noch in umfriedeten Räumen existieren und letztlich in Einzelhaft leben, und dem Leben auf der anderen Seite, das wir jetzt provisorisch Dschungel genannt haben. Man denkt da an Korallenriffe und auf der anderen Seite an die Lachszucht. Zwei Welten, die letztlich nur noch das Element Wasser gemeinsam haben.

Kann man bei solchen Quartieren von Dschungel sprechen? Muß man das Leben dort nicht als eine zunehmend übliche Form des Alltags in der Stadt bezeichnen?

Dschungel gefällt mir deswegen gut, weil dort eine andere Ordnung, eine hohe morphologische Differenzierung, eine hohe Artenvielfalt herrscht, und weil auch im urbanen Milieu abgeholzt wird, ähnlich wie im tropischen Regenwald. Ich habe den Eindruck, daß diese Quartiere immer weiter abgeholzt werden oder verschwinden. Aus ganz anderen Gründen haben die immer wieder Luftblasen und schaffen sich Raum. Aber daß Städte an diesen Formen städtischen Lebens interessiert sind, die ja auch ein anderes Konsumverhalten haben – das spielt ja eine wesentliche Rolle, es wird ja ein Stadtviertel auch deswegen erneuert, weil man das Gefühl hat, man könne das Konsumverhalten stimulieren –, das scheint mir …

Was Planung verschwinden läßt

In Der Fremde *spricht Georg Simmel von der „Trägodie der Kultur", um auf die Unausweichlichkeit des Konflikts zwischen vitalem Geschehen und kultureller Form aufmerksam zu machen. Wenn historische Situationen offen und kontingent sind, schaffe sich das vitale Geschehen, sagt Simmel, maßgeschneiderte Formen – übersetzt auf die Stadt: Gebäude, Wohnformen und so weiter. Irgendwann aber würden diese Formen zu eng, weil vitales Geschehen und kulturelle Formen nicht die gleiche Dauer haben. Das ist der Konflikt, das, was Simmel „Tragödie der Kultur" nennt. Die Kultur sei nicht an sich tragisch, sie trete nur notwendigerweise immer wieder in eine tragische Phase ein. Daraus gebe es kein Entrinnen, der Konflikt sei ausweglos, das vitale Geschehen breche die nicht mehr stimmigen, starren Formen auf. Wenn Sie sich heute umschauen in der Stadt, wo sehen Sie überlebte Formen? Wo behindert Überlebtes das vitale Geschehen?*

Meiner Ansicht nach hat sich das, was wir vitales Leben nennen, aus großen Teilen der Stadt zurückgezogen. Es existiert da gar nicht mehr. Die Frage ist, ob die Stadt überhaupt noch als Erfahrungsraum für vitales Geschehen gesehen werden kann, oder ob es sich nicht in Innenräume zurückgezogen hat, in Phantasmagorien, Ersatzwelten, Computerdrogen, in Eskapismus jeder Art. Ich würde gerne eine Untersuchung darüber machen, wieviele Formen des Unfugs, des Wahnsinns, des Halluzinatorischen in einer Stadt überhaupt noch eine Rolle spielen können. Innenstadträume, Fußgängerzonen sind ja weitgehend flurbereinigte Lebensräume. Straßencafé und Bistro kommen einem in Deutschland wie Zitate vor, beides hat sich hier nicht entwickelt und nicht verankern können. Für mich sind das ziemlich leblose Formen. Ich empfinde so etwas wie Phantomschmerz. Da fehlt mir etwas, was ich nie gehabt habe. Das Ehrabschneidende, Ehrenrührige in der Stadt ist zuallererst die unausgesetzte Behelligung durch Konsum. Der Stadtraum definiert mich nicht als Mensch, sondern als Konsumenten, eine triviale Beobachtung, natürlich. Das heißt, der Stadtraum legt an mir nur die Eigenschaften, nur die Impulse fest, die geeignet sind, mich zum Konsum anzuleiten, ohne innerhalb des Konsums Kompetenz herzustellen, Wissen über ein Produkt. Wenn ich wüßte, daß der Kaffee eine Mark teurer ist und was das bedeutet für die Leute in Côte d'Ivoire, die den pflücken müssen, dann würde ich nicht nur das Aroma des Kaffees anders wahrnehmen, sondern auch die Bedingungen, unter denen er in die Welt kommt. Auf der einen Seite soll ich jederzeit den Kaufimpuls absondern, auf der anderen Seite aber über das, was ich konsumiere, so wenig wie möglich wissen. Weil viele Zusammenhänge beziehungsweise das Wissen darüber, wie wir jetzt im Zusammenhang mit BSE wissen, mich eigentlich zum Nichtkonsumenten machen würden. Dieses Zittern meiner Wahrnehmung zwischen Stimuliertwerden etwa durch Frauenleiber in transparenten Hüllen, übermäßige Nacktheit und dem zeitgleich eintretenden Abgeschnittenwerden vom Informationsfluß empfinde ich als Kränkung. Und wenn ich dann sehe, daß jedes Schaufensterdesign, jeder Schriftzug, jedes Bild die immergleiche Botschaft hat, und daß die Organisation des städtischen Raums diese Botschaft trägt, oder ihre innere Plausibilität darin hat, sie zu vermitteln, dann empfinde ich das als eine Form der Körperverletzung. Das erzeugt sofort das Bedürfnis nach wirklich vitalen Stadträumen, etwa dort, wo sich mein Büro befindet, die Straße mit der höchsten Differenzierung der ethnischen Gruppen in Hamburg und die stärkste Herausforderung auch durch Drogendealer und Kriminalität. Wenn wir dieses Gespräch vor zehn Jahren geführt hätten, und Sie hätten gesagt, wie der Konsum in zehn Jahren aussehen werde, wir hätten uns ausdenken können, daß das so kommen muß. Das ist die Immanenz dieser Logik, die es möglich macht, sie vorzubuchstabieren. Man könnte eine *città ideale* seit der Renaissance bis heute beschreiben, wenn man wüßte, wie sich der Kapitalismus, wie sich der Warenverkehr entwickeln wird. Das ist lineare Plausibilität. Aber beklemmend.

Woran denken Sie beim Begriff Planung?

Es gibt die Möglichkeit, das ideale und das reale Planen zu denken. Das reale Planen ist wie Realpolitik. Ich würde sagen, daß das Planen sein Pathos darin hat, daß es Dinge zum Verschwinden bringt. Die sind nicht mehr sichtbar, sie erscheinen nicht mehr im Wortsinne. Das heißt, daß auch die Intelligenz der Planung, die wir voraussetzen, die reale, ein vollkommen anderes Bild vom Menschen und seinen gesellschaftlichen Bedürfnissen hat, als wir es haben. Unser emphatischer Begriff von Gesellschaft, von dem, was ein Individuum ist und was ein Individuum braucht, steht ganz und gar im Widerspruch zu dem, was private Investoren oder staatliche Instanzen je als Menschenbild in Erwägung ziehen. Wenn wir wollten, könnten wir sagen, dieses Zum-Verschwinden-Bringen ist das reale Abmagern eines Bildes, das der Staat von seinen Bürgern hat. Wenn man einen emphatischen Begriff des mündigen Bürgers hat, denkt man sich andere Städte aus, als wenn man das Menschenbild von Realpolitikern zugrunde legt, die sich in ihren wesentlichen geistigen und vitalen Funktionen nur noch künstlich ernähren.

Das Gespräch führten Elisabeth Blum und Peter Neitzke im April 2001

Anmerkung

1 „Dem Interessenverband Community Associations Institute zufolge existieren heute in den Vereinigten Staaten 230.000 auf dem Reißbrett entworfene Wohnanlagen, im Jahr 2004 sollen es 260.000 Anlagen mit insgesamt 21 Millionen Wohneinheiten sein. [...] Etwa ein Fünftel der privaten Wohnkomplexe unterliegt heute Zugangsbeschränkungen. Multipliziert man diese Zahl [4,2 Mill., Red.] mit der durchschnittlichen Haushaltsgröße von 2,7 Personen, werden den Prognosen zufolge im Jahr 2004 gut elf Millionen Amerikaner in *gated communities* leben.“ (zit. nach: Konrad Lischka, „Aus Angst geboren“, *die tageszeitung*, 13. März 2002)
In einem Beitrag für die *Neue Zürcher Zeitung* berichtet Susanne Ostwald, Schätzungen zufolge lebten „derzeit rund 48 Millionen Amerikaner in etwa 225.000 solcher Privatgemeinden [...], etwa acht von zehn neu erschlossenen Wohngebieten in den USA seien heute umzäunt. Insbesondere in Kalifornien, Arizona und Florida ist es inzwischen schwierig geworden, neue Immobilien außerhalb solcher geschlossener Gemeinden zu finden.“ („Lebendig eingemauert. Gated Communities verändern die Gesellschaft in Amerika“, *Neue Zürcher Zeitung*, 26. September 2000)

Der Paternalismus der Postmoderne

Ein Gespräch mit dem Soziologen Sighard Neckel

Im Englischen heißt instant: *dringend, unmittelbar, sofort. Und: sofort löslich, wie gefriergetrockneter Nescafé. Einer Konzernwerbung zufolge ist die Welt mit Nescafé seit fast sechzig Jahren nicht nur „ein wenig einfacher" geworden, sondern überraschenderweise auch „vielfältiger". Ließe sich dasselbe auch von Stadtkonzepten beziehungsweise Innenstädten behaupten, die Instant Coffee vergleichbare Produktionsprozesse durchlaufen zu haben scheinen – das Konzentrat in Kältekammern geleitet, bei minus 40 Grad Celsius zu Eisplatten erstarrt, gemahlen, entwässert und getrocknet? Instant Cities?*

Sighard Neckel: Frappierend an dieser Analogie ist das Muster der Kurzfristigkeit und der jederzeitigen Verfügbarkeit. Instant City – dieses Bild bietet sich an, wenn man versucht, die künstliche Welt neuer Stadträume mit einem schnellen Begriff zu skizzieren. Wir sehen ja, daß vergleichsweise große Stadträume sehr kurzfristig neuen Planungen zugänglich gemacht und bebaut werden, um über diese Räume so schnell wie möglich verfügen zu können. In diesem Sinne ist die Stadt schneller geworden und einfacher, nicht aber vielfältiger. Denn die jederzeitige Verfügbarkeit des Stadtraums setzt nicht nur eine gewisse Uniformität voraus, sondern *erzeugt* auch Uniformität. Daß den heute vorherrschenden planerischen Zielen, jederzeit ökonomisch einsetzbare Flächen und Räume zu schaffen, eine gewisse Serialität des Architektonischen – oder dem, was man noch mit diesem Ausdruck bezeichnet – entspricht, diese Austauschbarkeit und Gesichtslosigkeit in der modernen Architektur verwundert deswegen nicht. Wo es keine wirkliche Unterschiedlichkeit von Nutzungen gibt, gibt es in der Regel auch keine Diversität im ästhetischen Anspruch und im ästhetischen Resultat.

Mit Kaffee hat das eingangs thematisierte Produkt ja bis auf den Duft, der dem Glas beim Abziehen der Vakuumschutzfolie entströmt, in der Tat nicht sehr viel zu tun. Ganz abgesehen davon, daß es jedesmal ein Riesenvergnügen ist, einem Barista *zuzusehen, der einem im Höllentempo einen* ristretto *aus der blitzenden und dampfenden Kaffemaschine zaubert oder auf*

Wunsch zu einem macchiato *verlängert und den feinporigen Milchschaum in Form einer Rosenblüte präsentiert – was könnte, wenn man das Handwerk erst einmal beherrscht, einfacher sein, schneller und zugleich schöner? So betrachtet, wäre die Analogie Instant Coffee-Instant City selbst um einiges zu schnell.*

Die Absicht scheint ja zu sein, das Kaffee-„Erlebnis" vom Kaffee selber zu trennen. Man versucht also, beim Konsumenten ein „Erlebnis" zu simulieren, das dem „Produkt" - dem Kaffee oder der Stadt – selbst nicht mehr entströmt. Auf dieser Ebene funktioniert die Analogie. Zur realen Vielfalt der Stadt gehören aber Unübersichtlichkeit, Risiken, auch Gefahren, all das also, was dem Stadt*ersatz* fehlt, den Reiz von Stadt aber gerade ausmacht. Schon angesichts der Dominanz ökonomisch bestimmter Nutzungsinteressen sind Städte heute weniger vielfältig, als sie es in der Vergangenheit waren – was nicht allein zu einer ästhetischen Verarmung führt, sondern auch Probleme mit dem Bild, dem ‚Image' der Stadt schafft. Weil aber das Image einer Stadt und die reale Vielfalt des urbanen Lebens unauflöslich miteinander verbunden sind, sieht man sich gezwungen, die städtische Erlebnisdimension als gesondertes Produkt zu erzeugen, sie gewissermaßen ästhetisch nachzureichen, als Substitut für das, was tatsächlich eher im Verschwinden begriffen ist.

Was wird aus dem Universum Stadt, wenn alles, was die unter dem Stichwort Lifestyle *gehandelten Erwartungen und Gewohnheiten, alles, was dem sozialen Dünkel des so genannten oberen sozialen Segments im Wege sein könnte – Arbeitslose, Obdachlose, Bettler, Prostituierte, Drogenabhängige, Müllsammler, Hausbesetzer, Graffittimaler –, wenn allen diesen Menschen nach amerikanischem Muster das Lebensrecht in der Stadt mehr und mehr bestritten wird? Wenn das risikolose Einkaufen das soziale Klima der Innenstädte bestimmt? „Je ärmer die eigene Stadt ist", heißt es in einem acht Jahre zurückliegenden Aufsatz von Dieter Hoffmann-Axthelm, „desto weniger kommt sie […] als Modell der Wunschstadt in Frage."[1] Und an einer späteren Stelle desselben Textes heißt es: „Die Wahrnehmungsstadt […] ist eine Stadt […], die einem ständig Fragen stellt, den Augen und den Füßen, den Gedanken und den Tagträumen. Eine Stadt, die nach allen ihren Richtungen zu durchlaufen man nicht müde wird"[2] – eine Stadt also, die uns nicht als Matrix entgegentritt, deren Bedingungen man entweder erfüllt oder nicht. Verliert die auf die Bedingungen der Marktgesellschaft zugerichtete Stadt nicht ihre Attraktivität?*

Ich sehe das Problem der Stadt nicht so sehr von ihrer Attraktivität her. Attraktivität ist mir schon zu sehr ein inszenatorischer Begriff, der genau auf jener Ebene verbleibt, auf welcher wir die Stadt ja heute kritisieren – als Ort einer Selbstinszenierungsgesellschaft ohne Pluralität, ohne reale Vielfalt. Von einer Amerikanisierung der europäischen Städte können wir insofern sprechen, als wir eine zunehmende Segregation von Klassen und Räumen beobachten. Das ist etwas, was die europäische Stadt der Nachkriegsjahrzehnte nicht gekannt hat. Wir haben zumal in Deutschland eine vergleichsweise kleinräumige Mischung unterschiedlicher sozialer Schichten im städtischen Raum gehabt. Der Bestand an öffentlich bewirtschaftetem Wohnraum war über eine lange Zeit verhältnismäßig groß, der Markt allein konnte die Verteilung der Bevölkerung im Stadtraum nicht bewerkstelligen. Das hat sich inzwischen so dramatisch verändert, daß wir heute sowohl auf der oberen als auch auf der unteren Seite der Sozialstruktur eine zunehmend eindeutige räumliche Zuordnung sozialer Gruppierungen beobachten. Besser Verdienende ziehen sich teilweise aus den Städten oder aus bestimmten Stadtbezirken zurück, um andererseits ganze Viertel zu okkupieren und sie damit für andere soziale Schichten unerschwinglich zu machen. In vielen großen Städten der Vereinigten Staaten gibt es Inner City Ghettos mit dem Resultat, daß die Innenstädte teilweise vollkommen verfallen und veröden, die sogenannten *no-go-areas*. Vergleichbare Entwicklungen hatten wir hierzulande bisher kaum, da in den europäischen Wohlfahrtsstaaten ein anderes strukturelles Muster der sozialen Verteilung der Bevölkerung im städtischen Raum vorlag. Aber wie in den USA ist zu beobachten, daß der Geschmack und die wirtschaftlichen Interessen der oberen Mittelschichten die Innenstadt zu dominieren und von ‚störenden Elementen' zu reinigen beginnen. Diese Entwicklungen verändern den Begriff von Öffentlichkeit, der immer auch mit dem städtischen Leben und unseren Vorstellungen von Stadt, unseren Wünschen an die Stadt verbunden war. Die heute in der Stadt hergestellte *gefilterte Öffentlichkeit* verstellt unsere Wahrnehmung der gesellschaftlichen Realität ganz erheblich. Und diese Entwicklung kommt selbstverständlich nicht nur den Investitionsinteressen der *Erlebnisindustrie*, des Finanzsektors und des sogenannten quartären Dienstleistungssektors entgegen, sondern trifft auch auf die kulturellen und politischen Bedürfnisse der Mittelklassen, die ihre soziale Besserstellung verteidigen wollen und sich gegen jene Anfechtungen zu schützen suchen, denen sie sich in einer sozial stärker polarisierten Gesellschaft ausgesetzt sehen.

Gemütliche Replikate statt kalter Moderne?

Unter Architekten, die bis dahin von ihren neokonservativen Aspirationen nichts ahnen mochten und die sich jederzeit „der Moderne" zugerechnet haben werden, entsteht unmittelbar nach 1989 eine Sehnsucht nach der Rettung bzw. Wiederherstellung dessen, was seither Europäische Stadt heißt. Mitte der neunziger Jahre thematisierte der sogenannte Berliner Architekturstreit noch kontroverse Positionen. Inzwischen haben neotraditionalistische Haltungen und Praktiken in Berlin „enormen Rückenwind, weil sie auf offensichtlich bestehende Sehnsüchte sehr geschickt reagieren"[3]. Unübersehbar füllt die Flucht aus der zugigen Moderne in die angeblich Heimat – Erinnerungen, Wiedererkennbarkeit, Geschichte, Behaglichkeit (Hans Stimmann[4]) – versprechenden Gehäuse der Konvention die Kassen all derer, die mit der „kritischen" Rekonstruktion im Gepäck bei der Simulation untergegangener Welten angelangt sind. Könnte man die zum Simulationsbild der Europäischen Stadt geschrumpfte moderne Großstadt, um Luhmanns Vokabular zu gebrauchen, als einen Fall von Komplexitätsreduktion bezeichnen?

Selbst wenn man der Überlegung, daß bestimmte Grundelemente der europäischen Großstadt, etwa ein bestimmtes Straßenraster oder die Blockstruktur, nicht ohne Not aufgegeben werden sollten, durchaus etwas abgewinnen kann, so muß man doch feststellen, daß sich die stadtplanerischen Diskussionen in Berlin zumeist um vordergründige architektonische Fragen gedreht haben, ohne – mit Ausnahmen natürlich – den eigentlich problematischen Punkt der Stadtentwicklung zu treffen. Dieser besteht darin, daß sich hinter den Fassaden des revitalisierten Stadtmusters allein wirtschaftliche Interessen durchgesetzt haben, mit der Folge einer weitgehenden Einheitlichkeit der Nutzungsinteressen, und dies immer gleich über ganze Blöcke. Anders als bei der früher vorherrschenden internen Differenzierung von Blöcken, der ja eine oft deutlich ablesbare Differenzierung des Eigentums und der Nutzungen entsprach, werden heute ganze Areale an Holdings verkauft, die hinter einer im großen und ganzen konventionell anmutenden Fassadenwelt mehr oder weniger identische Nutzungen repräsentieren. Das war mit der Revitalisierung der Europäischen Stadt wahrscheinlich nicht gemeint und hat mit der Europäischen Stadt auch nichts zu tun, spiegelt allerdings deutlich die derzeitige wirtschaftliche Entwicklung. Ein so wertvolles städtisches Gebiet wie den Potsdamer Platz Großinvestoren für ihre eigenen Planungen einfach so überlassen zu haben, war ein Skandal. Die gesellschaftliche Bedeutung eines solchen Vorgangs ist öffentlich entschieden zu wenig thematisiert worden. Statt dessen hat man darüber diskutiert, ob das nun im einzelnen ästhetisch gelungen sei oder nicht. Tatsächlich geht es jedoch um eine architektonische Versinnbildlichung ökonomischer Machtansprüche. Unter dem Zeltdach von Sony wird eine europäische Kulturstadt simuliert, mit Kinos, Varietés, Bars, Restaurants und so weiter, alles in sich geschlossen und innerhalb eines vorgegebenen Rahmens. Mit europäischer Stadt hat das sehr wenig zu tun, die immer auch Lücken zuließ und sich mit der wirtschaftlichen und sozialen Entwicklung selber stets verändert hat. Heute hingegen werden, wie etwa am Potsdamer Platz, Investorendenkmäler errichtet, in denen man sehr bald Zeugnisse einer gewissen Hybris erkennen wird. – Um ‚Stadt' handelt es sich bei Projekten wie diesen zwar nach wie vor, aber um eine andere Stadt als die, die wir wollen. Daß Stadt heute nicht mehr das ist, was wir kennen und idealisieren, ist dabei noch nicht unbedingt ein Argument. Die Frage ist vielmehr, was für eine gesellschaftliche Bedeutung dieser Typus von Stadt bekommt, und was vor allem mit ihren gesellschaftlichen Funktionen geschieht. Zentral sind hierbei für mich der Begriff ‚Öffentlichkeit' und das, was man die gesellschaftliche Selbstrepräsentanz von Städten nennen kann. Städte waren immer verdichtete Räume, in denen Gesellschaften sich selbst repräsentiert haben, in ihren Problematiken, ihren Aspirationen …

… und in ihren Eigentümlichkeiten …

… mit all dem, auch in ihren Verrücktheiten, haben sich Gesellschaften gewissermaßen in den städtischen Spiegel geschaut. Städte symbolisierten insofern immer auch eine Gesellschaft im ganzen, und wenn über Städte diskutiert wurde, wurde letztlich über die Gesellschaft gesprochen. Das tun wir zwar nach wie vor, aber auf eine bezeichnend andere Art und Weise. Inzwischen nehmen wir es als Verlust wahr, daß die Stadt nicht mehr die Vielfalt des Ganzen repräsentiert, sondern zunehmend mehr nur noch das, was die Gesellschaft dominiert. Wir kritisieren die Stadt dafür, daß sie uns etwas vorspielt, daß sie uns die gesellschaftliche Realität Stück für Stück entzieht, statt daß sie uns dieser Realität aussetzt. Wir sehen, daß das ‚Gehäuse' Stadt mit der Gesellschaft in all ihrer Vielgestaltigkeit und Widersprüchlichkeit immer weniger anfangen kann. Was bleibt, ist sicherlich noch Stadt, aber nicht mehr im Sinne *dieser* Symbolisierungsleistung. Die neue Stadt symbolisiert nur noch eines: die gesellschaftlichen Machtverhältnisse.

„If men define a situation as real it is real in its consequences"

Emphatisch ausgedrückt, ließe sich Vielfalt mit Risiko des Lebendigen übersetzen, das Lebendige mit Bedrohung. Ich nenne drei Beispiele zum Thema Risikobegrenzung:

Paternoster waren lange verbreitet, bis irgendwelche Leute, vermutlich aus der Industrienormung oder dem Versicherungswesen, diesen Fahrstuhltypus als Sicherheitsrisko einstuften und den Einbau untersagten. Unter demselben Aspekt wurden Aufzugskabinen zusätzlich mit Türen versehen – keine Chance mehr, die Schachtwände während der Fahrt zu berühren oder zu bemalen. Wer seinen Körperkräften vertraute, konnte noch in den sechziger Jahren einem abfahrenden Omnibus hinterherrennen und auf die offene Plattform springen – zu gefährlich, befand die Berliner Verkehrsgesellschaft, seither sind die Busse mit automatisch schließenden Türen versehen.

Überall die Regelwerke und Kontrollen jener „gewaltigen Vormundschaftsgewalt", wie sie schon Alexis de Tocqueville beobachtet hat. Was von all dem registriert man, was empfindet man als Freiheitsbeschränkung? Werden Sicherheitsmaßnahmen als Behinderung der Entscheidungs- und Bewegungsfreiheit wahrgenommen? Oder befördern sie eine blinde, von Ohnmachtsgefühlen begleitete Anpassung an jeweils neue Erlasse? Eine Telefonumfrage des Mitteldeutschen Rundfunks hat ergeben, daß sich 86 Prozent der Befragten für die Videoüberwachung öffentlicher Stadtareale aussprechen. Die Sicherheit vor der angeblich überall lauernden Gewalt ist offensichtlich so attraktiv, daß die zunehmende und jederzeit präsente Kontrolle und Aufzeichnung unserer Positionen und unserer Bewegungen nicht nur in Banken, Supermärkten, Bahnhöfen, Flughäfen und so weiter, sondern auch im öffentlichen Raum der Stadt von praktisch niemanden als Angriff gesehen und verurteilt wird. Im Gegenteil, die Mehrzahl reagiert zustimmend wie im englischen Newham („It's a good thing") oder fatalistisch – man habe sich ja nichts vorzuwerfen.[5]

Die soziologische Kriminalitätsforschung weiß, daß *bestimmte Strategien der Dramatisierung von Gefahren* der Bereitstellung von Sicherheit sehr schnell eine eigene Nachfrage schaffen, von der Polizeipräsenz bis zur Videoüberwachung. Mir scheint hier vor allem etwas vorzuliegen, das man soziologisch als *groß angelegten Versuch der Definition sozialer Situationen* bezeichnen kann.

Durkheims Idee von den „faits sociaux".

Man definiert die Stadt als gefährlich und bezeichnet sie als gefährlicher denn je zuvor, obgleich die Daten das nicht hergeben – Städte sind früher eher gefährlicher gewesen, als sie es heute sind. Allein indem ich technische Instrumente und mehr Überwachungspersonal im Stadtraum plaziere, definiere ich die städtische Situation grundsätzlich als gefährlich. Das funktioniert nach der bekannten soziologischen Einsicht: „If men define a situation as real it is real in its consequences" (William Thomas) – die Definition sozialer Situationen kann diese selber verändern. Und plötzlich empfindet man die im Stadtraum installierten Überwachungsgeräte als Dokumente lauernder Gefahren. Ein Kreislauf. Die entsprechenden Einrichtungen werden in der städtischen Wahrnehmung zu Beweismitteln ihrer Existenznotwendigkeit.

Daß eine als real definierte *Situation schließlich in ihren Konsequenzen real* sei, *scheint nicht auf alle sozialen Situationen anwendbar zu sein. Der anhaltende Versuch, eine unbestreitbare soziale Tatsache wie die strukturelle Massenarbeitslosigkeit und deren gesellschaftliche Konsequenzen* zu leugnen, *kann nichts an der Realität ändern. André Gorz beschreibt diesen Versuch sehr genau, wenn er sagt: „Die Gesellschaft leidet unter dem Mangel an Arbeit wie ein Amputierter unter Phantomschmerzen. […] Die Arbeit ist ihre Phantomzentralität. Wir leben in einer Phantomgesellschaft, die ihr eigenes Verschwinden dank der obsessiven, reaktiven Beschwörungen all derjenigen phantomatisch leidend überlebt, die weiterhin in der Erwerbsgesellschaft die einzig mögliche Gesellschaftsform sehen und sich keine andere Zukunft als die Rückkehr der Vergangenheit vorstellen können. […] Diese obsessiven Beschwörungen bewirken, daß längst nicht mehr gültige Normen ihre Geltung bewahren und in der Bevölkerung Erwartungen erzeugen, die sich als unerfüllbar erweisen.*[6] *Noch ist es die Arbeit, die den Rhythmus der Stadt bestimmt. Noch ist sie das, was bislang die Existenz nahezu jedes Stadtbewohners legitimiert – man hat zu tun, sehr viel zu tun, keine Zeit, die Arbeit wartet. Wer zu lange irgendwo auf der Straße herumhängt, fällt auf, je nach Erscheinungsbild entweder der Polizei oder irgendeinem Sicherheitsdienst. Aber Arbeitslose scheinen im Stadtbild nicht vorzukommen. Wie verändert sich die Stadt, wenn ihr Leben nicht mehr von denen bestimmt wird, die einen sei es noch so prekären – vorläufigen, bedrohten – Arbeitsplatz haben?*

Arbeitslose leben vielfach am Rande der Stadt in einer Art prekärer Privatheit. All die, für die die *Arbeitsstadt* keine Verwendung mehr hat, werden zu Objekten der Versorgung – auf niedrigem Niveau –, der Kontrolle und der Unterhaltung durch die Medien. Kontrolliert werden sie schon insofern, als allein die städtische Angebotsstruktur selber dafür sorgt, daß sie bestimmte Räume meiden, weil sie sich der Einkaufsgesellschaft nicht zugehörig fühlen. So werden sie zu Objekten der paternalistischen Betreuung durch eine Marktgesellschaft, die für sie keine Verwendung hat.

Kennen sie Zahlen über die Anzahl der Sozialhilfeempfänger in Deutschland?

Offiziell haben 1998 2,9 Millionen Menschen in Deutschland Sozialhilfe erhalten.

Und haben die Mittel eine Größenordnung, die eine wachsende Zahl von Personen auf unterstem Niveau über Wasser zu halten erlaubt?

Nimmt man den Gesamtumfang der Hilfen zum Lebensunterhalt, dann werden auf der einen Seite noch vergleichsweise viele über Wasser gehalten. Es entsteht so etwas wie eine Abhängigkeitskultur, aus der die Leute nicht gut ausbrechen können. Auf der anderen Seite sind sie für die Stadtpolitik problematisch. In vielen alten Industriestädten, etwa in Duisburg, wird ein riesiger Anteil des städtischen Haushalts allein für die Sozialhilfe ausgegeben. Die untersten sozialen Schichten werden zunehmend als Belastung der kommunalen Haushalte empfunden. Und solange es überall um den Abbau von Kosten geht, sind auch die Kommunen daran interessiert, Belastungen abzubauen, das heißt: diese Klientel loszuwerden.

Die Stadt und die Überflüssigen

Warum vermeidet die Politik, Arbeitslosigkeit als strukturelles Problem zu thematisieren? Was verstellt Ihres Erachtens den Blick auf die Wirklichkeit, wenn – um eine unter den diese Realität beschreibenden Nachrichten zu zitieren – nach Recherchen von Wirtschaftsinformatikern der Universität Würzburg zwischen 1997 und 2007 in Deutschland 6,7 Millionen Arbeitsplätze im gesamten Dienstleistungsbereich verloren gehen werden? Im Handel werde „jeder zweite der 3,4 Millionen untersuchten Arbeitsplätze durch automatisierte Kassen, elektronische Zahlungsmöglichkeiten und Internet-Einkäufe ersetzt. In der öffentlichen Verwaltung seien es 2,6 Millionen Stellen, die durch Büroautomation eingespart würden. Am größten werden […] die Auswirkungen im Bankgewerbe sein. 80 Prozent des Bankgeschäfts seien beratungslose Wiederholungsvorgänge, die sich vollständig automatisieren ließen. Dadurch fielen künftig 772000 Arbeitsplätze weg.“[7] Wir spre-

chen von der Krise der Lohnarbeit, der Krise des Finanzkapitals, von einer Krise der sozialen Bindungen und nicht zuletzt von der Krise der Städte. Die strukturellen Erosionen der ,Dritten Industriellen Revolution' beginnen explosive Formen anzunehmen – und doch scheinen soziale Explosionen momentan nicht sehr wahrscheinlich zu sein. Sie haben allerdings kürzlich davon gesprochen, daß sich die „,entbehrlichen Klassen' heute in das alte Schreckbild" zurückzuverwandeln drohen, „das die bürgerliche Ordnung in den ,gefährlichen Klassen' schon des frühen 19. Jahrhunderts besaß". Und Sie schließen nicht aus, daß wie „am Anfang der industriellen Gesellschaft [...] an ihrem Ende der überschüssige Teil der Bevölkerung" das letzte Kapital einsetzen könnte, mit dem sich noch wuchern ließe: „die Welt in Unordnung zu stürzen, die Gesellschaft friedlos zu stellen"[8]*. Wie müssen wir uns die Perspektive der großen Städte vorstellen, wenn eine wachsende Zahl von Menschen angesichts leerer Kassen ohne öffentliche Subsistenzmittel zu überleben genötigt wäre? Wenn sie aus ihrer Stummheit heraustreten?*

Was sich andeutet, ist eine Mischung aus Deprimiertheit und dem periodisch wiederkehrenden Bedürfnis, auszubrechen, etwas, was in den Vereinigten Staaten als Zyklus von *riots* bekannt ist. Wir wissen nicht, was die Folgen sein werden. Aber wir können uns ausrechnen, daß gesellschaftliche Gruppen, die für ihre eigenen Interessen keine *Verhandlungsmacht* mehr haben, weil sie keine für die Gesellschaft notwendigen Qualifikationen und Ressourcen repräsentieren ...

... und keinerlei Anerkennung bekommen ...

daß sie eine *Drohmacht* allein schon dadurch verkörpern wollen, daß sie für den etablierten Teil der Bevölkerung ein Sicherheitsrisiko bilden. Einige Entwicklungen in den Ländern der ehemaligen DDR, insbesondere die Welle von fremdenfeindlicher Gewalt Anfang der neunziger Jahre, haben auch damit zu tun, daß sich große Teile der Bevölkerung überflüssig vorkommen. Man signalisiert ihnen ja, daß die Produktion sie nicht braucht, und daß ihre Rolle bestenfalls die von Konsumenten ist. Dann weiß man, daß man die Verhandlungsposition für die eigenen Interessen verbessert, wenn man deutlich macht, daß man noch die Möglichkeit hat, gesellschaftlichen Unfrieden zu stiften, daß man mit Unordnung drohen kann. Man dokumentiert dadurch, was passiert, wenn die eigenen Interessen weiter ignoriert werden.

Wenn, wie Sie sagen, die politische Macht die ,Ausgesteuerten' paternalistisch verwaltet und kontrolliert – die Angebote der Entertainmentindustrie sind ja keineswegs umsonst zu haben –, wozu denn der ganze Sicherheits-

aufwand, in den ja enorme Geldmittel investiert werden, wenn man doch angeblich nichts zu befürchten hat?

Man hat etwas zu befürchten im *geschäftlichen* Sinne. Jede neu eröffnete Plaza, jedes neue Urban Entertainment Center lebt von der Illusion einer intakten Stadtgesellschaft. Allein aus ökonomischen Gründen ist es notwendig, die *Intaktheit dieser Illusion* zu garantieren. Da stören natürlich gesellschaftliche Elemente, die dieses Bild beschädigen könnten.

Sie sprechen von öffentlich scheinendem, *in Wirklichkeit aber* privatem *Gelände. Immer mehr real öffentliche Orte werden jedoch mit Sicherheitseinrichtungen ausgerüstet. Ein stadtpolitisches Manöver, das nicht unmittelbar von geschäftlichen Interessen diktiert ist – zumal wenn man den Staat kaum noch als einen „Ausschuß" charakterisieren kann, „der die gemeinschaftlichen Geschäfte der ganzen Bourgeoisklasse verwaltet"*[9].

Von *Überwachen und Strafen* ist immer dann die Rede, wenn die Ordnungsmächte die Gesellschaft als undurchschaubar und nicht mehr kalkulierbar empfinden. Ich denke, daß im Unterschied zu Zeiten, als es so etwas wie ein geregeltes Gegeneinander sozialer Bewegungen und politischer Ideologien gab, die Handlungsweise der jeweiligen Gegenseite klarer kalkuliert werden konnte als heute, wo der Protest sozialer Bewegungen durch eine unkalkulierbare Inzivilität des Verhaltens abgelöst wurde, die auch in einen unkalkulierbaren urbanen Schrecken übergehen kann, der von Menschen ausgeht, die kaum noch über Repräsentation, Ideologien und Programme zu erreichen sind. Ich spreche natürlich von einer gesellschaftlichen Wahrnehmung von oben, von der etablierten Mitte, die von der Lebenswirklichkeit der Unterschichten weit entfernt lebt und diese Menschen nur mehr als potentiell gefährlich wahrnimmt. Die Angst vor Inzivilität nährt und fördert natürlich Sicherheits- und Kontrollbedürfnisse. Was man als bedrohlich empfindet, läßt sich nun nicht mehr als Opposition beschreiben, sondern nur als die anscheinend unkontrollierbare Unterseite einer gesellschaftlichen Entwicklung, von der man andererseits erheblich profitiert. Im übrigen ersetzen die neuen Sicherheitseinrichtungen in den Städten etwas, was früher in den städtischen Alltag selber eingelassen war. Solange sich Dienstleistungen im Kontakt zwischen Menschen vollzogen, ging mit diesen Kontakten immer auch eine Form wechselseitiger Beobachtung und sozialer Kontrolle einher. Mit der zunehmenden Anonymisierung vieler Dienstleistungen dünnen sich soziale Interaktionen aus. Und so muß die soziale Kontrolle durch Sicherheitstechniken substituiert werden.

Rem Koolhaas sagt: „Die Stadt ist das einzige, was wir haben." Woran denken Sie, wenn Sie an die große Stadt denken?

An eine Mischung aus realer Verarmung und ästhetischer Opulenz, die desto mehr gesteigert wird, je weniger die Stadt ein Ensemble aller gesellschaftlichen Funktionen und Gruppen repräsentiert. Doch mit der Entlassung moderner Gesellschaften aus der Starrheit uniformer Industriegesellschaften und mit der Vervielfältigung ethnischer Herkünfte und kultureller Lebensstile wächst auch wieder das Bedürfnis, die Stadt als Medium der gesellschaftlichen Selbstrepräsentation zu erhalten. So kommt in der aktuellen Suche nach Urbanität auch ein ganz reales Bedürfnis zum Ausdruck: sich der Möglichkeiten der modernen Entwicklungen gewiß zu werden und diese Möglichkeiten zu nutzen. Wir kritisieren die Stadt ja heute auch deswegen, weil wir in differenzierten Lebenswelten leben, die wir aber in der Stadt nicht hinreichend repräsentiert finden. Diese Kritik stimmt eher hoffnungsvoll: Wenn unterschiedliche Gruppierungen sich für die Stadt engagieren und Ansprüche anmelden, dann wird die Stadt wieder das, was sie in einer modernen Gesellschaft sein kann: ein Verhandlungsraum, auch Kampfplatz unterschiedlicher Interessen und Wertorientierungen, an dem es unter anderem deswegen so spannend ist zu leben, weil sich an diesem Ort nichts vereinheitlichen läßt – es sei denn mit Gewalt und Unterdrückung

Für die Stadt als für einen Kampfplatz unterschiedlicher Interessen und Wertorientierungen einzutreten, heißt aber vor allem, sie als Ort auch unversöhnlicher *Widersprüche zwischen unterschiedlichsten Lebensauffassungen und Formen der Lebensführung zu akzeptieren, Formen der Beschränkung und der Ausgrenzung offensiv zu delegitimieren.*

Es ist eine Illusion anzunehmen, daß sich alles, was nach Ansicht der etablierten Klassen gefährlich ist, aus der städtischen Realität gewaltsam entfernen entließe. Im übrigen zeigt etwa die amerikanische Ghettoforschung, daß diejenigen, die die Untergrundökonomie in den Armutsbezirken der Städte organisieren, im Grunde ganz konventionelle Lebensvorstellungen und Wertsetzungen haben, die sich prinzipiell in nichts von denen der amerikanischen Mehrheitsbevölkerung unterscheidet. Auch die Verlierer der Marktgesellschaft beziehen sich in irgendeiner Weise auf die dominanten Symbole und Idole dieser Gesellschaft und suchen die entsprechenden Orte auf. Entweder betrachtet man sie als Personen, die selber etwas zum städtischen Leben beitragen – oder als Störung, die bekämpft und beseitigt werden muß. Auf Dauer geht letzteres natürlich nicht gut. Dafür wachsen diese Gruppen auch zu schnell, auch im europäischen Sozialmodell. Wir haben eine zweifach zusammengesetzte Deklassierung: Auf der einen Seite wachsende Bevölkerungsgruppen, die dauerhaft von den Arbeitsmärkten ausgeschlossen sind. Auf der anderen Seite beobachten wir, daß Existenzgefährdung und Verarmung für immer mehr Menschen – auch aus dem Mittelstand – zu einer temporären Erfahrung werden, die aber insofern tiefe Spuren in der eigenen Lebensführung hinterläßt, als man den Unterschied zwischen Etabliertheit und Außenseitertum am eigenen Leibe erfährt. Die praktischen Konsequenzen einer Stadtentwicklung, die sich allein als *Stadt der Gewinner* sieht, werden uns sehr bald beschäftigen. Was werden wir tun, wenn die gegenwärtige Euphorie des Kapitalismus vorbei ist? Wenn sich zeigt, daß die überall geschaffenen Überkapazitäten an profitablen Räumen in irgendeiner Weise nach einer anderen Nutzung, nach einer anderen Versorgung und einer anderen Organisation verlangen? Die heutige Entwicklung der Innenstädte wird uns schon im nächsten Jahrzehnt die größten Probleme bereiten, und insofern ist die gegenwärtige Stadtkritik nichts, was an die Stadt *von außen* herangetragen wird.

Refeudalisierung öffentlicher Räume: ein enormer Freiheits- und Modernitätsverlust

Eigentlich müßten sich gesellschaftliche Krisen ja auch in neuen Formen der sozialen, ökonomischen und politischen Kritik zeigen. Aber spätestens seit 1989 steckt die Kritik selber in einer tiefen Krise. Der „allgemeine Affekt gegen das ‚Moralisieren' sozialer Probleme", von dem Sie in einem 1988 veröffentlichten Aufsatz sprechen[10]*, in welchem Sie sich mit Niklas Luhmann auseinandersetzen, ist inzwischen Regel. Der Mauerfall, heißt es Anfang des Jahres in einem Kommentar der* Frankfurter Rundschau, *sei zum „Stichtag für das Bekenntnis zum Realismus" geworden, es habe „ein Hauch von Säuberung in der Luft" gelegen, der sich nur unzureichend als Rechtsruck beschreiben ließe. Vielmehr sei es „um die Ausmerzung jeglicher Erinnerung an die Gesellschaftskritik" gegangen.*[11] *Sehen Sie, wenn man meint, ohnehin nichts machen zu können, um die Entwicklung aufzuhalten, andere Möglichkeiten als die, sich mit dem Aggressor zu arrangieren?*

Sicher gibt es gegenwärtig viel intellektuelle Mutlosigkeit und sehr viel Arrangement mit den herrschenden Verhältnissen. Die Frage ist in der Tat berechtigt, ob die Marktgesellschaft sich nicht bereits soweit in den Denkformen niedergeschlagen hat, daß als legitime Form der Kritik nur jene angesehen wird, die sich in irgend einer Weise auch ökonomisch umsetzen läßt.

Genau das ist ja zu beobachten.

Das wäre das Ende jeder Kritik, überhaupt das Ende von Ideen und Entwürfen und täte der gesellschaftlichen Entwicklung insgesamt nicht gut. Ich sehe die städtische Entwicklung im Kontext der gesellschaftlichen Entwicklung als ganzer. Parallel zur allgemeinen Verengung des politischen Handlungsraumes im Zuge der ‚Globalisierung' werden aus Stadtbürgern Kunden, Klienten und Konsumenten gemacht. Man sieht das sehr deutlich an städtebaulichen Konzepten, die davon ausgehen, daß Plätze ‚bespielt' werden und ununterbrochen Angebote erzeugt werden müssen. In solchen Konzepten geht man überhaupt nicht mehr von Menschen aus, die sich in ihrem Leben eigene Ziele setzen und für die Realisierung dieser Ziele die Stadt brauchen. Sondern umgekehrt davon, daß die Stadt sie als *Laienschauspieler ihrer eigenen Inszenierung* benötigt. Was diese Art von Entmündigung betrifft, scheinen mir städtische und gesellschaftliche Entwicklung gegenwärtig ineins zu gehen. Die wertvollsten Errungenschaften der Moderne, zu denen der Bürgerstatus zählt, drohen verloren zu gehen und durch eine Neuauflage des Paternalismus ersetzt zu werden – durch einen Paternalismus der Postmoderne sozusagen, der versorgend, kontrollierend und unterhaltend agiert, die Bürger aber in ihrem *Eigensinn*, in ihren *eigenen Rechten* – wozu das Recht gehört, die Stadt nach den eigenen Zwecksetzungen zu benutzen – nicht mehr anerkennt. Was letztlich auf einen Verlust an demokratischer Substanz hinausläuft. Nicht alle Räume der Stadt und erst recht nicht alle Konsumräume sind öffentlich im weitesten Sinne, sondern werden zunehmend privatisiert und unter Hausrecht gestellt. Es macht in diesem Zusammenhang einen Unterschied, ob ich bestimmte Verhaltensweisen von Menschen nur *toleriere,* oder ob ich sie als *selbstverständlichen und legitimen Teil einer anderen Welterfahrung* als zum städtischen Leben gehörig betrachte. Der Paternalismus der postmodernen Stadt besteht ja gerade darin, daß man im Grenzfall so ‚liberal' ist, diese oder jene abweichende Erscheinung zu dulden. Doch Toleranz ist auch eine Kategorie der Macht. Wenn ein freundlich gestimmtes Patriziertum sich mildtätig um die Armen kümmert, assoziiert man eher die Gründerzeit der bürgerlichen Gesellschaft als die fortgeschrittene Moderne. So könnte man von einer *Refeudalisierung öffentlicher Räume* sprechen – im Ergebnis ein enormer Freiheits- und Modernitätsverlust.

Die lineare Entwicklung eines solchen gesellschaftlichen ‚Rückbaus', die „Refeudalisierung" der Gesellschaft im Gewand durchmodernisierter Formen der Kommunikation und der Ökonomie scheint mir ohne sozialen und politischen Widerstand kaum vorstellbar.

Facing reality muß nicht grundsätzlich heißen: Begegnungen mit der Katastrophe. Aber genau dies versucht uns ja eine Stadtpolitik einzureden, die jede Unsicherheit, jedes Risiko in öffentlichen Räumen zu vermeiden trachtet. Im übrigen darf man nicht vergessen, welche Horizonterweiterung die Entwicklung der modernen Stadt im Industriekapitalismus für die Menschen bedeutet hat. Die Begegnung mit den Fremden wurde zu einer alltäglichen Erfahrung, woraus zwar zahlreiche Konflikte entstanden, aber auch die Kreativität der modernen Kultur. Was wir demgegenüber heute erleben, ist der Versuch, die Konfrontation mit dem Fremden wieder einzudämmen. In der Sozialstruktur zeigt sich das als Selbsteinschließung sozialer Gruppen in ihren eigenen Lebensformen, als soziale und räumliche Segregation. Was dazu führt, daß sich soziale Gruppen wechselseitig opak werden. In den Vereinigten Staaten bezeichnet man das auch als *insulation*, also als ‚Verinselung' der sozialen und der räumlichen Struktur. Die Errungenschaft vieler europäischer Gesellschaften aber war es gerade, die ‚Inseln' zu verschränken. Aus der Kulturgeschichte wissen wir, daß es kulturelle Weiterentwicklungen – auch Innovationen im technisch-ökonomischen Sinne – immer nur im Austausch mit dem Fremden gegeben hat. Kulturen, die allein aus sich selbst heraus zu existieren versuchten, begannen zu verarmen. Das gilt auch heute noch.

Mithin dürfte die intendierte oder in Kauf genommene Demontage all dessen, was bis heute in demokratischen Gesellschaften unter dem Politischen *verstanden worden ist, nicht nur am* Eigensinn *der Menschen scheitern, sondern auch daran, daß die Unterdrückung alles Fremden, Widersprüchlichen, Widerständigen eine Dynamik behindert, die für das Überleben, das Leben und vor allem für die Entwicklung von Gesellschaften zentral ist. Eine Dynamik, ohne die keine Gesellschaft kommunizieren und produktiv sein kann.*

Die derzeitige Entwicklung wird an ihre eigenen Grenzen stoßen. Das Internet etwa schafft gewiß viele Möglichkeiten, vernichtet aber auch viele andere. Es ist hochselektiv und spiegelt eine gesellschaftliche Realität vor, wie sie für überhaupt nur einige wenige Prozent der Weltbevölkerung existiert.

Diese Form der Realität macht sich geradezu imperialistisch geltend und will sich die Stadt nach ihrem Ebenbild schaffen. Eine Hybris – und mit der wird es bald vorbei sein.

Das Gespräch führte Peter Neitzke im März 2000

Anmerkungen

1 Dieter Hoffmann Axthelm, „In welcher Stadt wollen wir leben?", in: *CENTRUM. Jahrbuch Architektur und Stadt* 1992, Wiesbaden 1992, S. 8

2 Ebd., S. 10

3 „Wenn das Schloß in fünf Jahren fertig ist, ist etwas falsch gelaufen". Ein Gespräch mit Senatsbaudirektor Hans Stimmann, in: *FAZ*, Berliner Seiten, 14. Februar 2000

4 Ebd.

5 Vgl. dazu: Elisabeth Blum, „Zeichen von Barbarei: die neue panoptische Stadt", in: *CENTRUM. Jahrbuch Architektur und Stadt* 1999-2000, S. 40f

6 André Gorz, *Arbeit zwischen Misere und Utopie*, Frankfurt/M. 2000, S. 82f

7 dpa-Meldung, 11. Juni 1997, zitiert nach Robert Kurz, *Schwarzbuch Kapitalismus. Ein Abgesang auf die Marktwirtschaft*, Frankfurt/M. 1999, S. 722

8 Sighard Neckel: „Blanker Neid, blinde Wut? Sozialstruktur und kollektive Gefühle", in: ders., *Die Macht der Unterscheidung. Essays zur Kultursoziologie der modernen Gesellschaft*, Frankfurt/M. 2000

9 Karl Marx, Friedrich Engels, *Manifest der Kommunistischen Partei*, MEW 4, S. 464

10 Sighard Neckel, Jürgen Wolf, *Die Faszination der Moralität, ProKla* 70, 1988. Luhmann wird hier als illusionsloser Aufklärer bezeichnet, als jemand, „der Unsicherheiten selbst dort noch in Umlauf bringt, wo andere verbissen auf ihren Idealen bestehen". In den Ohren heutiger Intellektueller klinge die „Beschneidung auf die ‚Beschreibungsfähigkeit' von Gesellschaft, der Erhaltung von ‚Kontingenz' und der Verpflichtung auf moralische Neutralität [...] nicht nur sympathischer als das Donnergrollen eines theoretischen Weltgewissens" – Luhmannns Positionen versprächen vor allem, „realitätstüchtiger zu sein. [...] Dicht an den Alltagserfahrungen einer komplexen Welt entlang formuliert", verfremde die Systemtheorie „durch die ihr eigene Einfärbung der Theoriesprache jeden sozialen Kontext soweit, daß allein nur dessen Beschreibungsmöglichkeit als Erkenntnisgewinn erscheint." Entscheidend die Schlußfolgerung: „Den Preis, den man für ein derartiges Vorhaben zu entrichten hat, scheinen Intellektuelle heute zu zahlen bereit zu sein. Er liegt darin, aus den Sozialwissenschaften tendenziell eine Geheimwissenschaft zu machen, die einen Anschluß an die sozialen Erfahrungen der Gesellschaftsmitglieder erst gar nicht mehr sucht." Die „politisch-moralische Abstinenz" dieser Theorie fördere die „Freiheit zur Beliebigkeit". Auf diese Weise ließen sich „Attitüden pflegen, die sich intellektuell nicht zu blamieren brauchen, weil ihnen ‚Kontingenz' und ‚Komplexität' jederzeit zu legitimen Deckbegriffen werden können" – zu Vorwänden für fehlendes gesellschaftliches Engagement, auch bereits in der Theorie.

Inzwischen hat sich der allgemeine „Affekt gegen das ‚Moralisieren' sozialer Probleme" vor allem bei denen durchgesetzt, die einmal, mit Marx, darauf bestanden, daß die „Konstruktion der Zukunft" nicht ihre Sache sei, „desto gewisser" jedoch „die rücksichtslose Kritik alles Bestehenden, rücksichtslos sowohl in dem Sinne, daß die Kritik sich nicht vor ihren Resultaten fürchtet und ebensowenig vor dem Konflikt mit den herrschenden Mächten".

11 Walter von Rossum, *Frankfurter Rundschau*, 8. Januar 2000

… sie werden nicht verhindern können, daß die Unordnung, die sie vertreiben wollen, wieder zurückkommt

Ein Gespräch mit dem Philosophen Josef Früchtl

In Ihrem Aufsatz Gesteigerte Ambivalenz. Die Stadt als Denkbild der Post/Moderne[1] *sagen Sie von Robert Altmans Film* Short Cuts, *er biete, „wie die Gebildeten unter den Verächtern sagen, Erfahrungen aus zweiter Hand, ‚vermittelte Unmittelbarkeit'". Nach hunderten von Filmen, „die einem Bilder der Großstadt zeigten", habe man begonnen, „in der Realität immer wieder Szenen aus diesem oder jenem Film zu entdecken" – bekanntlich konstituierten, ja konstruierten Filme die sinnliche Wahrnehmung. Und sagen schließlich: „Die Erfahrung aus zweiter Hand, made in cinema, ist ehrlicher." Eine Beobachtung, die mich erstaunt hat. Meine erste Frage war, ist das eine Absicherung, ein Selbstschutz vor existentiellen, also nicht ästhetisch vermittelten, Erfahrungen, die ja bedrohlicher, zuweilen gefährlicher sind, und verbindet sich damit vielleicht sogar eine Abwertung unvermittelter Unmittelbarkeit? Die Wirklichkeit großer Städte erfährt man ja unvermittelt, direkt, wenn man sich ihr dort aussetzt, wo sie sich, statt hell, beschaulich, aufgeräumt und sozial homogen, zugig, ruinös, fallweise wirklich kaputt und oft nicht ohne Risiken präsentiert – in der Tonlage von sich besorgt gebenden Sozialwissenschaftlern Quartiere, deren „spezifische Stadtstruktur" von „Belastungen und Benachteiligungen" geprägt ist, die „aus einem* gebietlichen Substandard" *resultieren, „der mit Verwahrlosung, Stigmatisierung und Unsicherheit gekoppelt ist"*[2]. *Wie ist das mit der „ehrlicheren" Erfahrung aus zweiter Hand?*

Josef Früchtl: Ich würde nicht sagen, daß sie vor der bedrohlichen Erfahrung schützt, ganz im Gegenteil, sie macht mutiger, offener, sie macht sensibler für Erfahrungen aus erster Hand, wobei *aus erster* beziehungsweise *aus zweiter* Hand immer in Anführungszeichen gesetzt werden müßte. Philosophisch ein wenig genauer betrachtet, müßte man sagen: Eine unmittelbare Erfahrung gibt es nicht. Spätestens seit Kant und den deutschen Idealisten bezweifeln wir sehr stark, daß es einen direkten Zugang zu den Dingen gibt. Und wenn ich sage, daß die Erfahrung, die wir im Kino machen, ehrlicher sei, dann reformuliere ich eigentlich nur ein altes ästhetisches Statement, wobei ich wiederum auf Hegel, und nicht nur auf ihn, verweisen könnte, der gesagt hat, daß ästhetische Erfahrungen, Erfahrungen, die wir mit Kunstwerken machen, gegenüber „gewöhnlichen" Erfahrungen den Vorzug haben, daß sie sich *als* ästhetische Erfahrungen zu erkennen geben, und damit nicht den Eindruck erwecken, sie präsentierten so etwas wie die Welt an sich. Kant und nach ihm vor allem Hegel sagten, alle Phänomene, die zu erkennen geben, daß sie konstituiert – heute würde man sagen: konstruiert – sind, haben wenigstens diesen einen Vorteil: Sie lügen nicht insofern, als spiegelten sie uns einen direkten Zugang zur Welt vor, sie geben sich als Vermittlung – mit dem klassischen Terminus der Kunsttheorie gesprochen: als Schein – zu erkennen, und damit sind sie ehrlicher als die Phänomene, mit denen wir tagtäglich umgehen. Genau dies habe ich zunächst einmal so auf den Film bezogen. Der Film, den ich sehe, versucht mir nicht den Eindruck zu oktroyieren, er wäre die Welt unmittelbar. Ich bin mir immer der Tatsache bewußt, daß ich im Kino bin. Insofern gibt es immer das Moment einer Distanz, das aber gerade nicht dazu führt, uns vor den Erfahrungen zu schützen, die wir außerhalb des Kinos machen. Im Gegenteil: Wer sich auf diese Erfahrungen einläßt, läßt sich auch eher „draußen" auf die Welt ein. Anders formuliert: Wer sich nicht auf das Kino einläßt, oder allgemeiner: auf Kunst, läßt sich auch nicht so leicht darauf ein, Erfahrungen in der Welt zu machen, die ihn konsternieren könnten.

Muß man nicht annehmen, daß jemand, der nicht darüber nachdenkt, wie und unter welchen Bedingungen er Erfahrungen macht, auch das, was auf der Leinwand geschieht, nicht genau wahrnimmt?

Die Wahrscheinlichkeit, daß es sich so verhält, wie Sie es beschreiben, ist groß, aber der Zusammenhang ist trotzdem nicht zwingend. Ich bin davon überzeugt, daß man durch häufigen Kinobesuch und regelmäßiges Sprechen über Filme im Laufe der Zeit einen reflexiveren Umgang mit dem Medium Film erlernt. Wer sich dieser Lernerfahrung verweigert, kommt, um auf Adorno anzuspielen, aus dem Kino genauso dumm heraus, wie er hineingegangen ist.

Adorno hat mit dieser Äußerung allerdings dem Film jeglichen geistigen und ästhetischen Rang abzusprechen gesucht.

Der Film war eben nicht, anders als die sogenannte ernste Musik und die Literatur, sein Umgangsmedium. Er hatte keine wirkliche, von Kindheit an motivierte Erfahrung mit dem Film.

Ich möchte zurückkommen auf die Differenz zwischen vermittelter und unvermittelter Unmittelbarkeit. In Ihrem zu Anfang genannten Aufsatz sagen Sie, der Schock habe, „auf den Straßen wie im Kino, seine Schuldigkeit getan". Sie haben Recht, wenn Sie an Bilder denken, wie sie von den Sprechern der Tagesschau als „schockierend" angekündigt werden, wenn Sie an Dokumentationen über Krieg und Völkermord denken, an die Kinowerbung, an Videoclips, die die Schocks der modernen Kunst ausbeuten. Gegen seriell produzierte und repetierte Schocks immunisiert sich die Wahrnehmung, das ursprünglich empfundene Entsetzen stellt sich nicht nur kaum je wieder ein, die schockgeschulte Wahrnehmung beziehungsweise das individuelle Desensibilisierungsprogramm verlangt nach der jeweils nächsten Drehung. „Schockierende" Bilder, wie sie beispielsweise bestimmte Benetton-Großplakate verbreitet haben, sind Träger bestimmter Verkaufsbotschaften, auch bei der Werbung für Actionfilme, deren „schockierendste" Szenen schon die Trailer enthalten. Bleibt es beim „der Schock hat seine Schuldigkeit getan", wenn Sie in der Stadt überraschend Zeuge eines Gewaltakts werden und weder Ruhe noch Zeit finden, um über Ihre Eindrücke nachzudenken? Was träte „vermittelnd" zwischen das Ereignis und Sie als unfreiwilligen Zeugen? Stumpft das Gewöhntsein an „schockierende" Kinobilder gegen das unmittelbare, unvermittelte Ereignis ab, gleich worum es sich handelt?

Im Kino setzt ein theoretisch bekannter Mechanismus ein, den man als Handlungsentlastung beschreibt. Vor Phänomenen, die mir Gelegenheit geben, betrachtend, also in Distanz zu ihnen Stellung zu nehmen, bin ich ja vom Zwang zu handeln befreit. Ich kann etwa darüber nachdenken, wie ich gehandelt hätte, wenn ich an der Stelle dieser oder jener Figur gewesen wäre. Das kann ich bekanntlich in Alltagssituationen nicht. Da bin ich gezwungen, sofort zu reagieren. Das hat aber eine zwiespältige Konsequenz. Dieses Gezwungensein wirkt „handgreiflicher", körperlich bedrohlicher. Das ist ja das Entscheidende. Die Tür des U-Bahn-Wagens öffnet sich, ich will einsteigen, und plötzlich sehe ich vor mir einen Mann, auf dem Boden zusammengeklappt, mit blutüberströmtem Gesicht. Ich bin so konsterniert, daß ich buchstäblich keinen Schritt mehr tue. Würde ich diese Szene im Kino sehen, hätte ich genügend Distanz, mich zu fragen, wie ich in Wirklichkeit reagiert hätte. Das Kino hat ja diese eigenartige Kraft, uns in betrachtender Distanz zu lassen, aber doch eine ungemein realistische Wirkung hervorzurufen. Bestimmte Szenen aus Hitchcocks *Psycho* etwa können auch nach wiederholtem Sehen immer noch Entsetzen auslösen. Ich erschrecke immer noch, wenn Antony Perkins am Ende des Films in den Keller hinunterjagt, das Messer gezückt, und die Musik schwillt an, das Drama steigert sich zum Höhepunkt, der Sessel dreht sich herum und da sitzt diese Frau, die Mutter als Mumie... jedesmal bekomme ich eine Gänsehaut, obwohl ich weiß, was da auf mich zukommt.

Sehen Sie einen Zusammenhang zwischen einer an der Oberfläche vergleichsweise ruhig erscheinenden, gleichwohl „explosionsgefährdeten" Gesellschaft und einer „Sehnsucht" nach körperlichen, nach existentiellen Herausforderungen, wie sie uns Fernsehen und Kino mit einem wachsenden Anteil an Gewaltdarstellungen liefern? Müßte man mit Kracauer den, wie er es nennt, „Grundgehalt einer Epoche" im Lichte ihrer „unbeachteten Regungen" erhellen? Müßte man nicht, um noch einmal Kracauer zu zitieren, „aus der Analyse ihrer unscheinbaren Oberflächenäußerungen" eine Vorstellung von den Gefahren zu gewinnen suchen, die unter der Oberfläche lauern?

Je mehr Gewalt uns im Kino begegnet, desto mehr kann man davon ausgehen, daß unsere Gesellschaft sich in einem zur Langeweile befriedeten Zustand befindet. Kulturhistorisch ist das Phänomen Langeweile ja aus den Salons des achtzehnten Jahrhunderts bekannt, vor allem aber aus der französischen Literatur des frühen neunzehnten Jahrhunderts. Erich Auerbach hat in seiner inzwischen klassischen Studie *Mimesis. Dargestellte Wirklichkeit in der abendländischen Literatur*[3] darauf hingewiesen, daß die Langeweile seit dieser Zeit, etwa mit Stendhals *Le rouge et le noir*, epidemisch zu nennende Ausmaße annimmt.

Benjamin schreibt, daß man sich langweile, wenn man auf etwas warte, aber das Erwartete nicht kenne.[4]

Denken Sie an Baudelaires *ennui*. Langeweile ist zunächst ein Phänomen der Massengesellschaft der *bürgerlichen* Epoche, also des neunzehnten und des beginnenden zwanzigsten Jahrhunderts, einer Epoche, die spätestens mit dem Faschismus einen solch fundamentalen Stoß erhalten hat, daß wir heute nicht umhin können zu bezweifeln, ob unsere Gesellschaft noch eine bürgerliche sei.

Das Phänomen Langeweile tritt in der Massengesellschaft der bürgerlichen Epoche auf, als das gesellschaftliche Leben von der verwaltenden Vernunft reguliert zu werden beginnt, von einer aufgeklärten Vernunft, die Abweichungen nicht mehr zulassen will. Wiederum im Passagen-

Werk spricht Benjamin davon, daß die moderne Gesellschaft die Menschen zu warten nötige.[5]

Warten – worauf?

Ich kann nicht sagen, wie Benjamin das gemeint haben mag. Ich denke aber, es ist in seinem Sinne, wenn ich betone, daß Langeweile sich ausbreitet, wenn sich keine wirklichen, keine grundlegenden Alternativen zeigen, wenn es das große Andere nicht mehr zu geben scheint. Das Erleben ist dann, in alternativlosen Zeiten, an Potenzierung gekoppelt. Dafür gibt es ja auch gegenwärtig einschlägig bekannte Beispiele, vom Bungee Jumping bis zu den Hooligans. Gewalt im Kino bietet ein Kompensat für Langeweile, für den Entzug von ereignisreicher Realität. Dennoch bin ich nicht ganz zufrieden mit dieser soziologischen und psychologischen Interpretation. Denn ich möchte doch auch darauf hinweisen, daß der Film ein Medium ist, dem in gewisser Weise das aggressive Element immanent ist, schlichtweg dadurch, daß wir es mit Bewegungsabläufen zu tun haben, mit Bildern, die durch einen Schnitt, die Technik des Schneidens, aneinandergereiht werden …

Aggressiv, weil Sie nicht die Freiheit haben, die Bewegung anzuhalten?

Nein, aggressiv allein aus einem formalen, technischen, mit dem Medium Film innerlich gesetzten Grund. Der Film ist ein Kunstprodukt, ein synthetisches Werk, in dem zusammengeleimt wird, was vorher zerschnitten worden ist. Je abrupter diese Synthese, je heftiger und schneller die Schnitte, desto stärker, desto offensichtlicher tritt das aggressive Element hervor. Benjamin spricht in seinem Kunstwerk-Aufsatz vom „zerstückelten" Bild des Kameramanns, dem „Dynamit der Zehntelsekunden", davon, daß der Film die Kunst wieder zu einem „Geschoß" mache und ihm damit die „taktile" Qualität wiedergebe, von seiner „Chocwirkung", mit der er der Lebensform des modernen, das heißt des großstädtischen Menschen entspreche.[6] Der Film ist ein Sozialisationsmedium für städtisch bewegte Zeiten. Über die Schnittechnik ist ihm dieses aggressive Element inhärent als einem Medium, das mit dem Zerschneiden und Wiederzusammensetzen von ‚Realität' arbeiten *muß*.

An einer Stelle Ihres Aufsatzes sagen Sie, „die Einwanderung des Bürgerkriegs in die europäischen und US-amerikanischen Metropolen" sei längst Wirklichkeit geworden, formulieren dann aber einen Vorbehalt, indem Sie sagen: „wenn wir Enzensberger und seinen Aussichten auf den Bürgerkrieg *glauben dürften". Der Autor des Buches ist weder Dokumentarist noch Berichterstatter vom Kriegsschauplatz Stadt, er kommentiert, mit Ihren Worten gesprochen, liefert er „Erfahrungen aus zweiter Hand". Soll man „wenn wir […] Enzensberger glauben dürften" hier in dem Sinne verstehen, daß Sie die von ihm beschriebenen und kommentierten Beobachtungen für weniger verläßlich halten?*

Enzensbergers Text tritt mit einem anderen Anspruch auf als ein rein literarischer Text. Als Essay ist dieser Text ja zwischen einer literarischen und einer diskursiv-wissenschaftlichen Beschreibung der Realität angesiedelt. Mit Montaigne beginnend, über die französischen Moralisten, über Lichtenberg, Schopenhauer und bis zu Adorno hatte es diese Form des Schreibens in der europäischen, rationalistischen Tradition immer schwer. Meine relativierende Bemerkung ist so zu verstehen, daß der Essay, im Unterschied zu rein literarischen Texten, immer auch mit einer Wahrheitsbehauptung auftritt, und in einem solchen Fall gelten daher auch schärfere Wahrheitsbedingungen.

Adorno besteht darauf, daß sich der Essay von der traditionellen Vorstellung oder Mitteilung von Wahrheit löst, daß er das Risiko eingeht, ungeschützt und unabgesichert Erfahrungen zu bearbeiten.[7] *Er kündigt insofern mit voller Absicht den von der Wissenschaft gegen alle Erfahrung immer wieder behaupteten Zusammenhang von Wissenschaft und Wahrheit auf. Würden Sie Enzensberger etwas vorwerfen, was man dem Essay, zumal dem politisch argumentierenden, oft vorhält: daß er unzulässig verallgemeinere, vielleicht sogar dramatisiere?*

Es gibt diese Tendenz beim Essay, sie gehört zur Natur dieser Textgattung. In ihrer Position zwischen Literatur und Wissenschaft liegt ja einerseits ihre Stärke und ihre Chance, andererseits aber auch ihre Schwäche und ihre Gefahr. Der Essay bewegt sich auf unsicherem Terrain, er kann, wenn er Glück hat, das Allgemeine treffen, wie ein guter Schütze ins Schwarze trifft. Wer zwischen verschiedenen Geltungsansprüchen differenziert und die verschiedenen Medien auseinanderzuhalten versucht, stellt je verschiedene Ansprüche an unterschiedliche Textformen. Einfacher gesagt: Hätte Enzensberger seine *Aussichten auf den Bürgerkrieg* beispielsweise als Erzählung vorgelegt, dann hätte ich diese Klausel gar nicht formuliert.

Die Sprache dieses Essays – undenkbar für Texte mit wissenschaftlich genanntem Anspruch – ist die eines unerschrockenen, unerbittlichen, unge-

schminkten Blicks auf gesellschaftliche Tatsachen. Der Furor, der sie treibt, ist implizite immer auch die der Empörung über die Sprache der Weichspüler. Riskiert, wer sich empört, an der Wahrheit vorbeizuschreiben?

Nein. Empörung, Gefühle allgemein, stehen der Wahrheit ja nicht prinzipiell entgegen, jedenfalls dann nicht, wenn es um *soziale* Tatsachen geht. Hier sind Gefühle – Gefühle der Verletztheit, der Scham und so weiter – vielmehr Bedingung der richtigen Gesellschaftsbeschreibung. Insofern steht der Essayist unter keinerlei Rechtfertigungszwang. Er schreibt bewußt ungeschützt, aus einem Fundus eigener Wahrnehmungen, der allerdings durch Literatur und Theorie, soziologische und philosophische Theorien, erweitert ist. Er wagt es, Dinge in einem Versuch, also wörtlich in einem *essai*, auf den Punkt zu bringen, die in anderer Form nicht auf den Punkt zu bringen wären.

Lassen Sie uns noch einmal auf das Phänomen der Langeweile zurückkommen, als auf ein Phänomen der heutigen Massenkultur. „Die tanzende Million bildet die eigentümlichste Masse" des zwanzigsten Jahrhunderts, schreibt Claudia Schmölders[8]. *„Diese Masse bebt, stampft und tritt auf der Stelle. Jeder Einzelpunkt widerstrebt dem Fortschritt: will außer sich, halb bei sich sein." Sie bleibe „ruhig, wenn schon nicht still. Sie hat kindliche Züge." Die Love Parade setze „mit ihrem donnernden Stillstand […] den Kontrapunkt zu den vielen motorischen Massen und Mengen unserer Tage: den leise und elegant flitzenden Skatern und Scootern […], den Marathonläufern und den Fahrrad-Rallies." Die Autorin erinnert an Siegfried Kracauers* Das Ornament der Masse *(1927): „Angetreten, den Ort seiner Epoche ‚aus der Analyse unscheinbarer Oberflächenäußerungen' zu bestimmen", zitiert sie den Autor mit einem Satz, der auf seine Aktualität zu prüfen wäre: „Das ganze Geschiebe dieser Gruppengeister drängt sich in einen Bereich zusammen, in den das Subjekt als Subjekt gar nicht mehr hineinreicht, und ihre Entladungen sind daher Katastrophen von einer Schaurigkeit ohnegleichen." Dieser Perspektive geht Niels Werber in einem im Dezember 2000 erschienenen Zeitungsbeitrag[9] nach. „Keine totalitäre Jugendbewegung", schreibt er, „hätte eine Generation derartig physisch stählen und gleichzeitig geistig zerrütten können, wie es die Mischung aus Extremsportarten, Kabelfernsehen und Freizeit vermochte – eine Generation, die in sinnlosen Risiken und zweckfreien Gewalttaten nach Erfüllung sucht und tatsächlich allzeit zu allem bereit zu sein scheint. Wenn dies die Lage wäre, dann wären ausländerfeindliche Ausschreitungen, Hooliganismus und Vandalismus nur die ersten gewalttätigen Symptome einer Jugend, die* *verroht ist […].. In nur einem Jahrzehnt hat die Berliner Republik ein mobilisierbares Potential von Subkulturen hervorgebracht, vor deren möglichen Anschluß an politische Projekte es einem graust." Warten, wie Diedrich Diedrichsen vermutet, die Leute auf das „gesungene Kommando"? Zugespitzt gefragt: Wartet eine vor Alternativlosigkeit gelangweilte Generation auf eine Chance zum Losschlagen? Eine Sehnsucht nach dem existentiellen körperlichem „Einsatz"?*

Ich möchte vorausschicken, daß die Beantwortung der Frage, wie wir uns das Phänomen der Langeweile erklären können oder vielleicht sogar müssen, eine gemeinsame Angelegenheit von Schriftstellern, Essayisten, Sozialwissenschaftlern und auch Philosophen ist – ich benutze immer die maskuline Form, aber selbstverständlich ist das keine Angelegenheit lediglich von Männern. Meine Hypothese ist, daß dieses Phänomen mit der Flucht des Massenbürgers oder, in nachbürgerlichen Zeiten, des Massenmenschen vor sich selber zu tun hat. Georg Simmel hat in seinem Essay *Die beiden Formen des Individualismus*[10] aus dem Jahre 1901 darauf hingewiesen, daß die Bewegung der romantischen Individualisierung, der romantischen Suche nach dem Besonderen und Außergewöhnlichen, erst einsetzen konnte, nachdem mit der Französischen Revolution die Gleichheit auf einer abstrakten – formalen, juristischen – Ebene etabliert war. Hypothetisch würde ich das Phänomen der Langeweile in diesen größeren kulturgeschichtlichen Zusammenhang einordnen. Dieselben Bürger und politischen Zeitgenossen, die ihre Freiheit und Gleichheit erkämpft haben, müssen mit den Konsequenzen umzugehen lernen. Und dies bis heute.

Würden Sie zu den negativen Konsequenzen dieser politischen Freiheit auch rechnen, daß der „Massenbürger" und der ihn ablösende „Massentypus" (Peter Sloterdijk) seine Rechte nicht mehr kennt oder, falls sie ihm bekannt wären, in einer Welt, die unter Freiheit in erster Linie Kommunikationsfreiheit versteht, beim Gebrauch dieser Freiheit die soziale und ökonomische Dimension ausblendet?

Das ist schwer zu sagen. Wer mit Horkheimers und Adornos *Dialektik der Aufklärung* groß geworden ist, hat sich daran gewöhnt, vom ‚Ende des Individuums', von dessen Liquidation im Zeichen einer ‚verwalteten Welt' zu reden. Aber die Sachverhalte sind vertrackter. Nehmen wir zur Beantwortung Ihrer Frage einen Autor wie Foucault, der auf seine Weise ja das Unternehmen Horkheimers und Adornos fortführt. In *Überwachen und Strafen* beschreibt er die Entwicklung zu einer „panoptischen" Gesellschaft. Jener

Entwurf eines Gefängnisses, der als „Panopticon" berühmt geworden ist, wird für Foucault zunächst zum Bild der ganzen westlichen, von der Aufklärung bestimmten Gesellschaft. In seiner Grundrißdisposition ist dieses Gefängnis so aufgebaut, daß ein ringförmiges, in durchsichtige Zellen unterteiltes Gebäude um einen zentralen Turm herum angelegt ist. Der Effekt ist, daß der Wächter – es genügt ein einziger – von dort aus alle Gefangenen sehen kann, diese umgekehrt ihn aber nicht. Sie werden gesehen, ohne selber zu sehen. Für Foucault ist dies das moderne Beispiel einer schauspielerischen Gesellschaft: Einer sieht alle. In der griechischen Antike, bemerkt er, war es umgekehrt: Alle sahen einen oder drei Schauspieler auf der Bühne des Theaters. An einem Phänomen wie der ‚Real-Life-Soap' namens ‚Big Brother' kann man die Verschränkung beider Perspektiven gut studieren: Millionen können verfolgen, was im Container passiert; alle oder doch sehr viele sehen wenige Einzelne. Zugleich befinden sich diese Einzelnen im Zustand der Überwachung durch zahlreiche Kameras. Sie wissen, daß sie von dem ‚Wächter' namens ‚anonymes Publikum' permanent beobachtet werden beziehungsweise beobachtet werden können. Die kulturtheoretisch interessante Frage ist nun, wie die Einzelnen unter diesen Bedingungen agieren, welche Freiräume sie sich verschaffen, wie bewußt und gekonnt sie mit dieser Überwachungssituation umzugehen lernen. Und hier hat sich doch sehr schnell gezeigt, daß sie das schauspielerische Element immerhin so gut beherrschen, daß sie nicht nur als Objekte, sondern durchaus auch als Subjekte der Situation einzuschätzen sind. Sie brauchen offenbar den Big Brother, den Wächter, um sich ihrer selbst zu versichern, aber sie wissen ihn auch auszunutzen.

Sehr viele Menschen, vielleicht die meisten, haben, scheint es, nichts dagegen, von Videokameras beobachtet, auf ihren Wegen in der Stadt verfolgt zu werden. Immer mehr Menschen geben per Handy ununterbrochen über ihren jeweiligen Standort Auskunft, veröffentlichen ihre Verabredungen. Sind das Menschen, die das Bedürfnis nach Anonymität als Rückfall in immobile Zeiten bezeichnen würden? Wie paßt ein Begriff wie individualisierte Gesellschaft zu dieser Form von öffentlicher Selbstpreisgabe?

Ich zögere zunächst, hier von Individualität in einem romantischen Sinne zu sprechen, demzufolge ein Individuum ein Subjekt ist, das sich auffällig von anderen Subjekten unterscheidet. Der Foucaultsche Begriff von Individualität ist demgegenüber vergleichsweise negativ: Das Individuum ist ein Subjekt im wörtlichen Sinne, ein sub-jectum, ein Unter-worfenes, ein durch permanente (Selbst-)Beobachtung hergestelltes. Den Prozeß der – im doppelten

Sinn des Wortes – Selbst-Konstitution beschreibt Foucault zunächst in *Überwachen und Strafen* – „zunächst“ sage ich, weil er Mitte der achtziger Jahre, im zweiten und dritten Band von *Sexualität und Wahrheit*, jenen Subjektbegriff mitaufnimmt, den ich als romantischen beschrieben habe. Diese beiden Subjektkonzeptionen müssen zusammengedacht werden, ohne daß man sie synthetisieren könnte. Und das scheint ein typisches Problem unserer Zeit zu sein, die man eine postmoderne nennen kann, wenn man damit sagen will, daß bestimmte tragende Elemente der abendländischen Kultur, wie die Idee der Individualität und des unverbrüchlichen Rechts der Persönlichkeit, die Idee der – auch christlich getragenen – Solidarität und der wissenschaftlich-technischen Vernunft sich nicht mehr bruchlos zusammenbringen lassen. So würde ich also auf Ihre Frage reagieren, wie die Begriffe von ‚individualisierter Gesellschaft‘ und ‚öffentlicher Selbstpreisgabe‘ zueinander passen. Es geht darum, einen nicht synthetisierbaren Zustand anzuerkennen. In bestimmten Kontexten beschreibe ich mich dann eher als jemanden, der dem romantischen Konzept der Individualität entsprechen möchte, und Autonomie, Selbstgesetzgebung auch als ästhetische Forderung begreift, nach dem Imperativ ‚Mache aus deinem Leben eine Art Kunstwerk!‘ In anderen Kontexten kann und sollte ich mich aber anders verstehen, also nicht romantisch-ästhetisch. Verhaltensmuster wie diejenigen, die Sie beschrieben haben, will ich nicht positiv oder negativ qualifizieren. Sie können mal das eine, mal das andere sein, je nach dem gegebenen Kontext.

Die Privatisierung ehemals öffentlicher Territorien – der Sozialwissenschaftler Werner Sewing stellt fest, daß „erstmals seit der Ausweitung von Bürgerrechten im 19. Jahrhundert […] der Bürgerbegriff wieder exklusiv an Eigentum gebunden“ wird, aus der Mieterstadt werde tendenziell eine Eigentümerstadt –, diese Privatisierung ehemals öffentlich genutzten Grund und Bodens entzieht der Stadt genau das, was sie einmal attraktiv machte: öffentliche Räume. Wo immer einem das Wort „öffentlich“ begegnet – öffentliche Hand, Anstalten des öffentlichen Rechts und so weiter –, hat man es mit etwas Ungreifbarem, zunehmend Abstrakten zu tun. Das Wort überlebt in einer Zeit, da „die Öffentlichkeit“ immer weniger Ansprüche an den Ort zu stellen scheint, an dem sie einmal – selbst wenn man Hannah Arendts Polis-Idee für ein idealistisches Konstrukt hält und Simmels Vorstellungen als aus der Perspektive der Oberschichten formuliert – ihre ureigensten Interessen diskutierte und durch ihre körperliche Präsenz manifestierte. Wer heute vom öffentlichen Raum der Stadt spricht, verwendet das Wort „öffentlich“ in einem sehr eingeschränkten Sinne. Der „Sicherheits“-Diskurs demontiert den ursprünglichen Sinn oder das einstige Versprechen, das das Wort konnotierte. Die Öffentlichkeit, die man als Angehöriger der Mittelschichten nicht fürchtet, wird hergestellt in Form von künstlichen Stadtwelten, von überschaubaren, kontrollierbaren, in Form von sozial homogenen Surrogaten – getrennt von der, um Ihren Ausdruck zu gebrauchen, „nicht synthetisierbaren" realen Stadt, der Stadt der sozialen Widersprüche, der Armutszumutung, des Elends, getrennt durch sichtbare und unsichtbare Mauern.

Öffentlichkeiten

Mit dieser Beschreibung habe ich Probleme. Wenn man sich vergegenwärtigt, wie der Begriff „Öffentlichkeit" von bestimmten Theoretikerinnen und Theoretikern, wie etwa Hannah Arendt, verwendet worden ist, kann man sehen, daß er fast immer eine starke normative Komponente besitzt. Habermas arbeitet in seinem Buch *Strukturwandel der Öffentlichkeit* einen Begriff der bürgerlichen Öffentlichkeit heraus, wie er ihn sich vor allem in der zweiten Hälfte des achtzehnten Jahrhunderts entwickeln sieht, gespalten in eine politische und eine literarische Öffentlichkeit, was einem doppelten Selbstverständnis des Bürgers entspricht: als ökonomisch handelndes Subjekt und als Mensch an sich, in der französischen Formulierung: als Bourgeois und als Citoyen, eine Doppelung, die, wie man seit Marx weiß, eine Einheit bilden sollte, aber primär – wiewohl nicht ausschließlich – Ideologie war. Aus der Perspektive dieses normativen Bildes von Öffentlichkeit kommt *Habermas* zu einer Verfallsgeschichte: Gemessen an der Konzeption von Öffentlichkeit aus dem späten 18. Jahrhundert ist die des späten 20. Jahrhunderts defizitär. Ähnlich, aber anders argumentierend, ist es bei Richard Sennett. Bei ihm geht es um die tragende Konzeption des Schauspiels, der Rolle. Im achtzehnten Jahrhundert, sagt er, konnten die Menschen noch Rollen spielen und vor allem differenzieren zwischen Rollenspiel und Nicht-Rollenspiel. Verglichen mit der Gegenwart ergibt sich daraus *auch bei Sennett* die Diagnose des Verfalls. Ich bezweifle, daß solche Verfallsgeschichten die gegenwärtige Gesellschaft treffen. Ich vermute, daß sogenannte postmoderne oder in der Soziologie systemtheoretische Ansätze, wie wir sie von Parsons oder Luhmann kennen, dem gegenwärtigen Zustand der westlichen Gesellschaft insofern näher kommen, als sie dem Tatbestand der Diversifizierung und Fragmentarisierung besser entsprechen, und uns nahelegen, daß ‚die' Öffentlichkeit ein Konstrukt war, daß es keinen Sinn mehr hat, unsere Zeit nach einem Öffentlichkeitsbegriff zu konzeptualisieren, der einmal gegolten haben mag, jetzt aber nicht mehr gelten kann. Man muß aufpassen, daß man da nicht einem unilinearen Modell aufsitzt. Auch hier also ein Plädoyer dafür, den Plural – unterschiedliche Öffentlichkeiten – in den Blick zu nehmen.

Angesichts des vielfach behaupteten Endes der totalisierenden Geschichts- und Weltbetrachtungen sollte nicht aus dem Blick geraten, daß vieles von dem, was die Postmoderne als Distinktionsgewinn feiert, und was, auf der Grundlage des Individualisierungskonzepts, mit Diversifikation der gesellschaftlichen Optionen und Lebensstile beschrieben wird, nur die Wohlstandsgesellschaften der Welt betrifft, also privilegierte Minderheiten. Die neuen Freiheiten sind möglich durch soziale und ökonomische Privilegien, wie sie die sogenannten neuen Mittelschichten im Wortsinne genießen. Unübersehbar ist allerdings auch, daß – in einer Tonlage formuliert, die seit 1990 als nicht mehr zeitgemäß gilt – deren Klasseninteresse und die Interessen des Marktes postmodernen Ideen wie „Pluralität" und „Alterität" nur innerhalb eines gegebenen ökonomischen Horizonts Raum geben – ‚der Andere' ist willkommen, solange er zahlt, und die sogenannte Toleranz endet meist sehr schnell dort, wo diejenigen den Stadtraum auch für sich beanspruchen, die als Modernisierungsverlierer bezeichnet werden. In ihrem Aufsatz Gesteigerte Ambivalenz. Die Stadt als Denkbild der Post/Moderne *schreiben Sie nach Hinweisen auf Sennetts* Civitas *und Simmels* Die Großstadt und das Geistesleben, *die Kultur des Unterschiedes meine „eine Lebensform, die den Unterschied anstelle des Gleichen, die Vielfalt anstelle der Einheit pflegt". Den Unterschied zu pflegen, „sei von höherem Wert, als ihn einzuebnen", angesichts der alltäglichen Bedrängungen und Bedrohungen neige man dazu, sich immer weniger auf Unterschiede einzulassen. In einem Aufsatz mit dem Titel* Stadt ohne Gesellschaft[11] *spricht Sennett davon, „daß der flexible Kapitalismus auf die Städte exakt die gleichen Wirkungen ausübt wie auf die Arbeitsplätze". Sennett beklagt die „Standardisierung der städtischen Umwelt" und konstatiert, daß die Städte aufhörten, „Fremdes, Unerwartetes, Erregendes zu bieten". So wenig sich Sennett hier auf die wirklich bedrohlichen Entwicklungen in den Städten einläßt, so klar ist ihm, daß die Kultur der Vielfalt nicht nur bedroht ist, sondern vielerorts nicht mehr existiert. Die Weltgesellschaft teilt sich – auch auf der Ebene der Städte – in die „Besatzungen" von Archipelen des Reichtums und der Macht auf der einen und Territorien der sozial Abgehängten auf der anderen Seite. Das postmoderne Denken strotze zwar, wie Terry Eagleton sagt, von „universalen moralischen Vorschriften" – „Hybridität ist der Reinheit vorzuziehen, Pluralität der Singularität, Differenz der*

Selbstidentität“[12] *–, seine sozialen Repräsentanten falsifizieren diese Auffassung allerdings durch ihre Lebenspraxis.*

Moderne und Ambivalenz

Ich glaube, wir sollten zwei Ebenen auseinanderhalten. Die Postmoderne auf der theoretischen, philosophischen Ebene ist sehr anspruchsvoll und anregend, die Postmoderne, wie sie sich im Alltag durchgesetzt hat, als eine Lebensform, die auf Distinktionsgewinne im äußerlichen Sinne fixiert ist, bezeichnet demgegenüber nur einen minimalen Ausschnitt von dem, worum es in der Philosophie der Postmoderne geht. Man sollte Theorie und Lebenspraxis unter dem Stichwort Postmoderne auseinanderhalten, wenn man der Theorie nicht Unrecht tun will. Daß sich das Leben in den Städten so entwickelt hat, wie Sie es beschreiben, kann ich aus meiner eigenen Wahrnehmung vielfach nur bestätigen.

In einem schmalen Buch mit dem Titel Stadterfahrungen[13] *schreibt Henri Pierre Jeudy: „Jeder weiß, daß Japan in der ständigen Drohung des Unheils lebt und daß sich seine Geschichte als eine Serie von Wirbelstürmen, Beben, Großbränden, Überschwemmungen, kurz, Katastrophen aller Art zusammenfassen läßt. Auf den Sicherheitsinstruktionen, die in den Hotelzimmern ausliegen, findet sich eine Rubrik, die das Verhalten im Falle eines Erdbebens regelt. Die Zeichnung zeigt eine geschlechts- und alterslose Gestalt, die mit einem Kissen über dem Kopf unter einem niedrigen Tisch kauert. […] Unausweichlich wird sich die Katastrophe ereignen, irgendwann, denn sie hat sich bereits ereignet.“ Und an einer anderen Stelle: „Die Virtualität der Katastrophe prägt nicht nur Verhaltensmuster, sondern fährt fort, den Tod zu einem selbstverständlichen Spiel der Stadt zu machen. Morgens auf den Bahnsteigen der Metrostationen weiß es jeder: eines Tages wird seine Stadt verschwunden sein. Und so schnell dieser Gedanke kommt, ist er auch wieder vergessen …“*

Die Unübersehbarkeit von als riskant bezeichneten Entwicklungen und Technologien – Stichwort „Technikfolgenabschätzung“ – und die Schwierigkeit, beurteilen zu können, ob fallweise nicht diejenigen Recht haben, die als riskant bezeichnete Sachverhalte relativieren, scheint auch gegenüber Gefahren zu immunisieren. Ein anschauliches Beispiel dafür sind die Sirenen, die einmal pro Jahr getestet werden – wer vermutet noch, daß es um anderes gehen könnte als um Probealarm? Wieso überhaupt noch hinhören?

Sloterdijks Anfang der achtziger Jahre veröffentlichte *Kritik der zynischen Vernunft*[14] definiert Zynismus als aufgeklärtes falsches Bewußtsein. Zeitgenossen des zwanzigsten Jahrhunderts zeichne dieses Bewußtsein aus. Sloterdijk trifft damit etwas, das spezifisch großstädtisch zu sein scheint. Aufgeklärt ist ein falsches Bewußtsein, wenn es weiß, daß das, was es tut, falsch ist, daß es zumindest nicht das Richtige ist, dazu aber keine Alternative sieht. Und diese Alternativlosigkeit ist objektiv, nicht nur, wie Sloterdijk kritisiert, durch die berühmten und vorgetäuschten Sachzwänge oder durch den eigenen Egoismus gegeben. Eine Einschätzung wie diese scheint das zu treffen, was Jeudy meint. Wir verdrängen zwar nicht Gefahr und Tod, wir leben mit beiden so, wie man in schnellen und reflektierten Zeiten mit ihnen leben muß: Wir nehmen die Risiken wahr und sind daher nicht dümmer, als wir – aus lebenspraktischen Gründen – sein müssen. Leben, Handeln heißt, wie Nietzsche uns nachdrücklich belehrt hat, das Nachdenken abzubrechen und Illusionen aufrechtzuerhalten.

Dann wären die weltweit agierenden Globalisierungskritiker dumm oder unaufgeklärt, weil sie verschlafen haben, daß, mit Sloterdijk gesprochen, die Ideologiekritik sich erschöpft habe?

In der Tat vertreten die Aktivistinnen und Aktivisten von Seattle, Davos und so weiter das alte Ideal, im positiven wie im negativen Sinn. Sie messen den Kapitalismus an seinen eigenen Versprechungen. Ins Negative kippt diese Haltung, wenn sie verschwörungstheoretische Ausmaße annimmt und leugnet, daß es keine einfachen Lösungen gibt. Der Zyniker dagegen handelt nicht im weltverändernden Sinn, denn er ist überzeugt davon, daß sich im wesentlichen nichts ändern läßt. Das ist nicht meine Überzeugung, wiewohl ich mich insofern als postmodern aufgeklärt bezeichnen möchte, als ich versöhnungsutopischen Vorstellungen, Idealen, die von der Aufhebung grundlegender, mit der Moderne in ihrer ganzen Ambivalenz verknüpfter Konflikte träumen, mißtraue. Wegen dieser Ambivalenz erscheint mir, umgekehrt, auch eine unmittelbare Verbindung zwischen Unheil und Großstadt, wie Jeudy sie vornimmt, zu romantisch, zu mythologisch, vergleichbar einem Denken, das man kennt, seit das Massenphänomen Stadt bei Poe, Dickens und natürlich in Baudelaires *Les Fleurs du Mal* zum Gegenstand der Betrachtung wurde. Unbestritten: Das Unheil gehört so zur Großstadt als exemplarischem Ort der Moderne, wie die Ambivalenz zum Großstadtleben gehört: Wir können das eine nicht haben, ohne das andere mitzunehmen. Wenn wir großstädtisch, sprich: modern leben wollen – wobei einschränkend zu sagen ist, daß längst nicht mehr jedes moderne Leben an die Großstadt gebunden ist ...

... zumindest nicht an die Großstadt als Wohnort ...

... dann müssen wir uns klarmachen, daß wir klinisch saubere Differenzen und entsprechende Erfahrungen nicht haben können.

Ausgehend von den USA, sollen in den Zentren der großen Städte der westlichen Welt klinische beziehungsweise homogene Verhältnisse hergestellt werden. Es geht um Eindeutigkeit, um das „Nichttolerieren" der Ambivalenz. An einer Stelle Ihres Aufsatzes Gesteigerte Ambivalenz *sagen Sie: „Die Moderne ist selber ambivalent: Sie bekämpft in ihrer Ordnungsfixierung jegliche Ambivalenz und sieht sich gerade dadurch stets wieder mit ihr konfrontiert." Wo sehen Sie Anzeichen dafür, daß das städtische Leben – wie Sie, wenn auch einschränkend, sagen – „vermehrt, aber nicht notwendigerweise Anstöße" dazu gebe, „mit Erfahrungen von Ambivalenz* tolerant *umzugehen"? Daß in der sozialen Realität der Stadt „das Fremdsein zur allgemeinen Lebensform" und Ambivalenz, mit Ulrich Beck argumentiert, „zur Existenzform aller wird"?*

Statt für Gottvertrauen plädiere ich für Modernitäts- und Ambivalenzvertrauen. Die können machen, was sie wollen, die können mit ihren Putzkolonnen versuchen, ganze Städte klinisch zu säubern, sie werden nicht verhindern können, daß die Unordnung, die sie vertreiben wollen, wieder zurückkommt. An dieser Paradoxie haben schon ganz andere laboriert. Hier kann man Zygmunt Bauman viel eher folgen als in manchen seiner arg pessimistischen Prognosen: Die Moderne in einem ordnungsorientierten Sinne hat, wie er sagt, seit dem achtzehnten Jahrhundert versucht, eindeutige Verhältnisse herzustellen, großenteils in bester Absicht, wollte sich aber nicht mit dem Gedanken anfreunden, daß sie Ambivalenzen damit nicht beenden kann. In dieser Hinsicht bin ich also sehr gelassen. Die Dialektik der Aufklärung werden auch die Amerikaner nicht austreiben.

Das Gespräch führte Peter Neitzke im Februar 2001

Anmerkungen

1 *Merkur*, H. 594/595, Sept./Okt. 1998

2 Vgl. Becker, Heidede, Rolf-Peter Löhr, „‚Soziale Stadt'. Ein Programm gegen die sozial-

räumliche Spaltung in den Städten", in: *Aus Politik und Zeitgeschichte.* Beilage zur Wochenzeitung *Das Parlament*, B 10-11, 2000, 3. März 2000

3 Tübingen 1994

4 „Langeweile haben wir, wenn wir nicht wissen, worauf wir warten. [...] Die Langeweile ist die Schwelle zu großen Taten." Gesammelte Schriften, V, S. 161ff. Susanne Buck-Morss schreibt: „Benjamin macht einen politischen Unterschied zwischen den verschiedenen sozialen Typen im Hinblick auf ihre Einstellung zur Langeweile": der Spieler, der Flaneur, und, so Benjamin, „der Dritte" – Benjamin, vermutet die Autorin, meine den Revolutionär – „lädt die Zeit und gibt in veränderter Gestalt – in jener der Erwartung – wieder ab". Der „wahrhaft infernalische Schrecken der Moderne besteht jedoch darin, daß ihr sogar die Revolution zum Opfer fallen kann, indem sie dazu verdammt ist, sich zu wiederholen und fehlzuschlagen: 1789, 1830, 1848, 1871". Susanne Buck-Morss, *Dialektik des Sehens. Walter Benjamin und das Passagen-Werk*, Frankfurt am Main 1993, S. 137

5 „Je mehr das Leben administrativ genormt wird, desto mehr müssen die Leute das Warten lernen." Walter Benjamin, *Gesammelte Schriften*, V, S. 178

6 Walter Benjamin, *Gesammelte Schriften* I.2, hg. v. Rolf Tiedemann und Hermann Schweppenhäuser, Frankfurt am Main: Suhrkamp 1974, S. 459, 461, 463 f

7 „Im emphatischen Essay entledigt sich der Gedanke der traditionellen Idee von der Wahrheit. [...] für seine Affinität zur offenen geistigen Erfahrung hat er [der Essay] mit dem Mangel an jener Sicherheit zu zahlen, welchen die Norm des etablierten Denkens wie den Tod fürchtet." Theodor W. Adorno, „Der Essay als Form", *Gesammelte Schriften*, Bd. 11, Frankfurt am Main 1974, S. 18ff

8 Claudia Schmölders, „Das Ornament der Masse, heute". *Kursbuch*, Dezember 2000

9 Niels Werber, „Vorbereitung der Kampfzone Nimmersatter. Erlebnisbedarf: ‚Die Leude woll'n los', aber wohin? Zur alten und neuen Protopolitik der Lifestyles", *Frankfurter Rundschau*, 14. Dezember 2000

10 Georg Simmel, „Die beiden Formen des Individualismus", in: *Gesamtausgabe 7, Aufsätze und Abhandlungen 1901-1908*, Bd. 1, Frankfurt am Main 1995, S. 49-57

11 *Le Monde diplomatique*, dt. Ausgabe, Febr. 2001

12 Terry Eagleton, *Die Illusionen der Postmoderne. Ein Essay*, Stuttgart/Weimar 1997, S. 38

13 Berlin 1998

14 Frankfurt am Main 1983

Niels Werber

Terroristische Kommunikation

Vom Medienkrieg zum Krieg im Raum

Die Anschläge vom 11. September 2001 haben nicht jeden in gleicher Weise überrascht. Man könnte rückblickend Grad und Gestalt der Überraschung feststellen, um die Welt in Optimisten und Pessimisten einzuteilen. Zu den eher optimistischen Positionen zählt die Theorie der Weltgesellschaft Bielefelder Provenienz, deren Wirklichkeitskonstruktion fanatische und gut ausgebildete Selbstmordattentäter nicht erwarten ließ. Die in der Weltgesellschaft realisierte „egalitäre Basisstruktur nationaler Souveränität" (Stichweh) sieht jedenfalls keine Ursachen für einen terroristischen *asymmetric warfare* vor, da die Gleichheit der Nationen den Grund dafür – machtpolitische Asymmetrie – längst überwunden habe. Dagegen haben die apokalyptischen Bilder aus New York allenfalls in ihrer quantitativen Dimension jene pessimistischen Erwartungen übertroffen, die aus der geopolitischen Lage und der telekommunikativen Verfaßtheit der Welt die These abgeleitet haben, das Zeitalter eines *Clash of Civilizations* stehe bevor, der von den weltweiten Massenmedien nicht nur übertragen, sondern geradezu in ihnen geführt würde.

Der Terrorismus der Massenmedien

Derrick de Kerckhove, der Nachfolger Marshall McLuhans an der Universität von Toronto, hat in seinem Buch *Schriftgeburten* (1995) die These vertreten, die globale „Telekommunikation in Echtzeit" erhöhe immens die Wahrscheinlichkeit des Auftretens von „Guerillas und Terrorismus". Beide Formen irregulärer Kriegsführung erhielten neue Chancen auf eine breite Wirkung deshalb, weil die „Medien auch *lokal* begrenzte Gewaltaktionen *weltweit* übertragen [...] und somit die Informationen auf globaler Ebene beeinflussen"[1]. De Kerckhove definiert den Terrorismus weder durch seine namensgebenden schrecklichen Taten noch durch seine ideologischen Ziele, sondern durch die mediale Strategie, die den Attentäter in einen *global player* verwandelt:

„Der internationale Terrorismus ist auf politischer Ebene nicht mehr Ausdruck einer Revolte gegen festgezurrte soziale Ordnungen. Er dokumentiert vielmehr die Irritation von Minderheiten, die ein Recht zu leben haben und die kein anderes Mittel mehr sehen, als sich Gehör zu verschaffen. *Der Terrorismus ist ein Effekt der Neuen Medien.*“ (S. 197, Hervorhebung NW)

Gewiß, dies erinnert allzu sehr an das Verständnis eines Sozialarbeiters für die brutalen Übergriffe von Jugendlichen mit schwerer Kindheit, und auch die dringende Frage, warum denn bestimmte Minoritäten „kein anderes Mittel mehr sehen“ und andere nicht[2], wird nicht einmal gestellt, aber das Argument ist dennoch ernstzunehmen: Der Terrorismus wendet sich mit seinen Schreckenstaten nicht an seine Opfer, sondern an die Weltgesellschaft oder genauer: an die Milliarden von Lesern, Zuhörern und Zuschauern in aller Welt, die an der massenmedialen Kommunikation teilnehmen. Ohne die CNN-Bilder vom *Ground Zero* und ohne die von Al-Dschazira[3] verbreiteten Video-Tapes von Osama bin Laden hätte der 11. September niemals die einschneidende Bedeutung eines Epochenumbruchs erhalten. Wie den Höhlengesprächen des Führers des Al-Qaida-„Netzwerks“ zu entnehmen ist[4], hat bin Laden nicht nur die Terroranschläge minutiös geplant, sondern insbesondere auf die Reaktion der Weltöffentlichkeit spekuliert. Erfreut stellte er fest, daß die Verheerungen größer und die Anzahl der Opfer höher als erwartet ausgefallen seien, so daß das Fanal seines Feldzuges gegen die Ungläubigen desto heller leuchten könne.

Anders als die erschütternden Tonaufnahmen der Telefongespräche aus den entführten Flugzeugen wurde die Videosequenz der WTC-Crashs wochenlang Tag für Tag wiederholt. Während die Anhänger der palästinensischen Intifada nicht mehr bis in die Hauptnachrichten vordringen konnten, solange sie nur Steine warfen, beherrschten die Attentate des 11. Septembers monatelang und weltweit die Programmgestaltung der Massenmedien. Da es keinerlei ernsthafte konkrete politische Absichten gab, die mit den Terroranschlägen verfolgt wurden, könnte man vermuten, eben diese *globale Aufmerksamkeit sei das Ziel gewesen.* Das in jüngster Zeit massive, beinahe tägliche Auftreten palästinensischer Selbstmordattentäter mit immer größeren Zahlen ziviler Opfer könnte ein Indiz dafür sein, daß die Lektion aus bin Ladens Medienterrorismus bereits gelernt worden ist. Die Lage in Israel und den von ihm besetzten Gebieten steht jedenfalls wieder im Scheinwerferlicht der Weltöffentlichkeit.[5] Vielleicht hat also de Kerckhove ganz Recht mit seiner irritierenden Behauptung, der „Terrorismus“ sei „ein Effekt der Neuen Medien“.

Eine ganz ähnliche These hat der Soziologe Manuel Castells (Berkeley) in seinem Monumentalwerk über den *Aufstieg der Netzgesellschaft* vertreten.[6] Auch er geht von der gängigen Grundannahme aus, das unendlich hohe Risiko großer internationaler Kriege mit Massenvernichtungswaffen habe zu einem Aufblühen kleiner, oftmals irregulärer Konflikte geführt (S. 510ff); auch er setzt eine logistisch und telekommunikativ erschlossene Welt voraus, die er „Netzgesellschaft" nennt:

„Die Transformation des Krieges öffnet die Tür für neue Formen von gewaltsamen Konflikten, unter denen vor allem der Terrorismus zu nennen ist. Potentieller nuklearer, chemischer und bakteriologischer Terrorismus, ferner wahllose Massaker und Geiselnahmen *mit den Medien als wichtigstem Bezugspunkt* für die Aktionen werden wahrscheinlich zu den Ausdrucksformen der Kriegsführung in den fortgeschrittenen Gesellschaften werden." (S. 516f)

Daraus muß man nicht folgern, die Medien lieferten den Terroristen das Motiv für ihre Taten, so wie gelegentlich Hollywood-Filmen wie *Natural Born Killers* unterstellt wird, sie motivierten jugendliche Amokschützen, und Filme von *Die Harder* bis *Independence Day* als *Vorlagen* für den 11. September ins Gespräch kamen. Es ist eher umgekehrt: Der Schrecken des Terrors wird so, obwohl plötzlich, unerwartet und einzigartig, auf eine selbstverständlich vertraute Vergangenheit (die bekannten Filme) bezogen und so rückwirkend mit Sinn ausgestattet. Das Neue geschieht – und sogleich erinnern sich alle, daß sie es hätten wissen können. Statt sich auf das Einmalige des 11. Septembers 2001 einzulassen, sieht man nur alte Filme und Bilder. Die Kommunikation über den Terrorismus stützt sich essentiell auf bewährte Skripts, die vom Gedächtnis der Massenmedien zur Verfügung gestellt werden.[7] Der von Luhmann äußerst abstrakt begründete „Widerstand des Systems [der Massenmedien, NW] gegen überraschende neue Sinnzumutungen" tritt hier offen zutage, wenn die medialen Realitätskonstruktionen die Anschläge als Rekursion verbuchen statt als Novum.[8]

So oder so, die Massenmedien gehören zur *conditio sine qua non* der Anschläge. Ohne die hochwahrscheinliche Vermutung, sich mit Terroranschlägen von gravierendem Ausmaß gleichsam an die Weltgesellschaft wenden zu können, hätten die *crash-flights* vermutlich nie stattgefunden. Es ist angemessen, das „gleichsam" in dieser Formulierung kurz zu erläutern; denn *die* Weltgesellschaft hat keine Adresse, auch wenn man gelegentlich so tut, als sei dies der Sicherheitsrat der UNO oder sonst eine Weltorganisation. Man kann sich nur an Personen oder Organisationen adressieren, etwa an eine Partei, eine Regierung, eine Firma oder an ein Institut und an deren verantwortliche Vertreter, nicht aber an „die" Politik, „die" Medien oder etwa „die" Weltwirtschaft.[9] Allerdings sind Terroristen keine Soziologen und können daher in ihren Selbstbeschreibungen durchaus davon ausgehen, daß „die Probleme" der Welt einem Urheber zuzurechnen sind – etwa „den USA", wenn nicht gleich dem „großen Teufel" – und diese von „der Welt" gezwungen werden könnten, diese Probleme zu lösen. Mit derartigen Simplifikationen arbeiten freilich nicht nur Terroristen: So wird etwa Arafat persönlich für die Selbstmordattentate der unterschiedlichsten Sekten und Splittergruppen verantwortlich gemacht. Eine interessante Frage wäre es, inwieweit die Verfaßtheit der Massenmedien diese simple Form der Adressierung auf Personen oder Personifikationen („die USA", „der Irak", „die Palästinenser") fördert. Meine Vermutung wäre, daß es vor allem mit dem Format der Nachrichtensendungen des Fernsehens zu tun hat, da derartige Personifikationen den Text der Nachrichten „illustrierbar" machen. Man kann Fotos von Bush, Osama, Arafat oder Saddam einblenden, während über die von ihnen repräsentierten Organisationen berichtet wird. Wenn die UNO den Nobelpreis erhält, zeigt man Bilder des Generalsekretärs. So bleibt kein Text ohne Bild.[10]

Im Falle terroristischer Attentate werden Medien nicht nur zum „Bezugspunkt" in dem Sinne, daß sie weltweit darüber berichten, sondern sie helfen darüber hinaus eine Art von Reziprozität oder *Feed-Back* herzustellen, ohne welches die „terroristische Kommunikation" nicht vollständig wäre; denn die „Opfer" der Anschläge antworten via Medien. Erst dadurch wird der Vorfall als terroristischer Anschlag anerkannt, so daß er nun zur kommunikativen Realität der Weltgesellschaft zählt. Wenn dagegen erklärt wird, es handele sich, wie beim New Yorker Flugzeug-Absturz im Oktober 2001, um einen Unfall, dann nicht um einen Terroranschlag, zumindest nicht für die Realität der Massenmedien. Daß wenige Spezialisten dennoch der begründeten Ansicht sein könnten, es sei kein Unfall gewesen, steht außer Frage, hat aber keinen Einfluß auf unsere Realitätskonstruktion des Vorfalls als Unfall. In diesem Kontext hätte auch Baudrillards umstrittener Beitrag[11] zur Deutung der Anschläge in einem Punkt seinen Sinn: Baudrillard hatte darauf hingewiesen, daß es erst der Doppelschlag gegen die Twin Towers unmöglich gemacht hat, die Vorfälle als Unfall zu deklarieren, da alle Wahrscheinlichkeit gegen eine derartige, rein zufällige Verdoppelung spreche. Der Terrorismus braucht die Wiederholung, um seine Adressaten zu erreichen.

Es sind nun aber nicht die überlebenden Opfer oder deren Angehörige, sondern „die" Repräsentanten „der" Opfer, die sich an „die" Weltöffentlichkeit wenden wie zuvor die Täter mit ihrer Tat. Präsident Bush hat noch vor dem Bürgermeister von New York diese Rolle übernommen, und obwohl es zunächst keinerlei Bekennerschreiben, keine Selbstbezichtigung gab, wurde nur kurze Zeit später Osama bin Laden als Kopf der Täter präsentiert. Osama wurde als Antagonist gebraucht, um das Attentat und die Folgen als „Interaktion" oder „Dialog" inszenieren zu können. Damit werden von den Massenmedien jene kruden Simplifikationen konfirmiert, welche die Komplexität der Weltgesellschaft, die Vielfalt kultureller Großräume oder auch die komplizierten Eigentümlichkeiten von Staaten samt ihrer Geschichte auf die Gegenwart weniger natürlicher Personen reduzierten – gewissermaßen in Echtzeit und *live on screen*. Selbstverständlich ist die politische Expertise, mit der die US-Regierung operiert, eine vollkommen andere und viel komplexere.[12]

Genau wie es CNN während des zweiten Golfkriegs gelang, eine Art Dialog zwischen Saddam Hussein und George Bush I. zu inszenieren[13], können wir nun einen Schlagabtausch zwischen Osama bin Laden und George Bush II. verfolgen. Beide Protagonisten scheinen für sich in Anspruch zu nehmen, für „die Gemeinschaft der Gläubigen" beziehungsweise „die freie Welt" zu stehen; beide nehmen für sich in Anspruch, die „Welt" in einen Krieg gegen das Böse – die „Ungläubigen", beziehungsweise den „Terror" – zu führen. Die nicht nur in arabischen Medien oft wiederholte „Erklärung" für die Anschläge vom 11. September, es handele sich um eine „Antwort" auf Jahrzehnte US-amerikanischer Außenpolitik, erhält so, trotz der ungeheuren Vereinfachung, die in dieser „Erklärung" steckt, den Anschein von Evidenz. Denn sie kann sich auf die von den Medien verbreitete Selbstbeschreibung „des Führers der freien Welt" berufen, der immerhin für sich in Anspruch nimmt, Oberkommandierender der einzigen global interventionsfähigen Armee zu sein. Diesem medialen Skript zufolge trägt er also die Verantwortung für all jene Probleme, auf die der Terror geantwortet hat, und er wird auf diese „Antwort" wiederum antworten müssen.

Die Massenmedien scheinen so einen perversen Dialog zu konstituieren, zu dessen Möglichkeitsbedingungen die Verwandlung ungeheurer sachlicher Komplexität in Charakterfragen weniger Personen zählt: eine Betonung der Sozialdimension gegenüber der Sachdimension in „Echtzeit". Selbstverständlich handelt es sich bei diesen in den Massenmedien genannten „Namen" und „Bildern von Menschen" nicht um „die Individuen selbst", sondern um Personenkonstruktionen, die vom System der Massenmedien erzeugt worden sind.[14] Daß es sich hierbei um „Vereinfachungen" handelt, trifft sicher zu.[15] John Arquilla, Professor an einer Navy-Kriegsschule und RAND-Berater, hat in der *Los Angeles Times* vermutet, diese Fokussierung auf bin Laden komme dem amerikanischen Bedürfnis nach jenem „clearly defined antagonist" entgegen, der in keinem Hollywood-Film fehlen dürfe. Der Gegner brauche ein Gesicht, und am liebsten sieht man es auf einem Steckbrief. Es paßt vorzüglich zum Schema dieser medialen Simplifikationen, daß der Außenminister der Taliban George W. Bush und Tony Blair zum Duell mit Taliban-Chef Mohammed Omar herausgefordert haben soll: „Die

Amerikaner unterstellen unserem Führer Mullah Mohammed Omar, sich verkrochen zu haben. Daher schlagen wir vor, daß die Herren Bush und Blair sich mit Kalaschnikow-Gewehren zu einem bestimmten Ort begeben, um zu sehen, wer von ihnen dann weglaufen wird."[16] Ob US-Medien oder Taliban-Statements: die Schematismen sind *High Noon* kompatibel.

Der Terrorismus der Soziologie der Weltgesellschaft

Niklas Luhmann und Rudolf Stichweh haben mit dem Stichwort „Weltgesellschaft" der Tatsache Rechnung getragen, daß es zur Zeit *nur eine einzige Gesellschaft* gibt, in der mit potentiell globaler Reichweite kommuniziert wird. Wie plausibel diese Annahme ist, wird in der historischen Differenz deutlich, denn zuvor hatten Kommunikationen etwa im Maya-Reich, unter Aborigines in Australien oder Mönchen in Tibet nicht die geringsten Konsequenzen in Europa – die Anschlußkommunikationen blieben auf die jeweiligen Gesellschaften beschränkt, während in der *einen* Weltgesellschaft ein schwacher Dollar, eine heimtückische Rinderseuche, ein neuer Roman, ein Attentat oder ein neuer Mobilfunkstandard weltweite Konsequenzen bewirkt, denen niemand entgeht, sondern die man allenfalls bei eigenem Risiko zu ignorieren versuchen kann. Das historisch Neue an der Weltgesellschaft ist also das Faktum: „Gesellschaft oder Weltgesellschaft kommt nur noch einmal vor. Es gibt keine anderen Gesellschaften oder Weltgesellschaften neben ihr."[17] Die Gesamtheit der sich synchron ereignenden Kommunikationen wird im Begriff der Weltgesellschaft gefaßt.[18] Gesellschaft sei das „System aller füreinander erreichbaren Kommunikationen, das umfassende Sozialsystem aller Kommunikationen. Gesellschaft ist dann zwingend Weltgesellschaft."[19]

Es gibt „keinen direkten Zugriff physikalischer, chemischer, biologischer Vorgänge auf Kommunikation".[20] Kommunikation läuft immateriell und entzieht sich jedem „direkten Zugriff". Das macht sie unabhängig vom physikalischen Raum und von Körpern. Für die Kommunikation, schreibt Peter Fuchs in seinem Buch *Die Metapher des Systems*, komme es in *gewisser Hinsicht* „nicht darauf an, ob man in Urwäldern, auf Savannen, in Groß-Wesenberg, Dinkelsbühl, *New York* oder Kalkutta lebt". Und weiter: „Kommunikation läuft in der Umwelt von Kannibalen, *Terroristen*, Benediktinern, Pharaonen so gut ab wie auf Campingplätzen an Ruhr und Lippe".[21] In *anderer Hinsicht* macht es dagegen eben doch einen Unterschied, ob Kommunikation im Luftraum von New York in von Terroristen entführten Flugzeugen stattfindet oder beim Abendbrot in einem Bauernhaus in Vorpommern. Nur wäre dies womöglich ein Aspekt, der dem Kommunikationsbegriff der Systemtheorie deshalb entgeht, weil sie Kommunikation *nicht räumlich differenziert* – New York oder Groß-Wesenberg produzieren kommunikativ keine Differenz.[22] Macht also der Terrorismus, der das WTC von New York verheert hat, systemtheoretisch keinen Unterschied? Wenn dies zuträfe, dann wären die Ereignisse des 11. Septembers für dieses Paradigma *nicht informativ*.[23] Die Realitätskonstruktion der Systemsoziologie wäre dann, so würden wir folgern, defizitär.

Alle polizeiliche, militärische und letztlich auch richterliche Gewalt setzt voraus, daß *Körper* – res extensa: Personen wie Dinge – *räumlich zu fixieren sind*. Nun sei aber die soziale Elementareinheit Kommunikation „an sich keine raumgebundene Operation", wie die Systemtheorie immer wieder betont. Und ohne Raum kein Körper, ohne Körper keine Machtausübung, lautet die Folgerung der Systemtheorie der Weltgesellschaft: „Wenn Verortung und Ortbarkeit verloren gehen", so Helmut Willke, dann stehe auch die „Überwindung hegemonialer internationaler Regimes" auf der Tagesordnung.[24] „Verortung und Ortbarkeit", Begriffe aus der Geopolitik, stehen hier für die militärischen und politischen Voraussetzungen des Freund-Feind-Denkens: Der Feind muß ortbar sein, um verortet werden zu können, handele es sich um ein U-Boot, einen EP-3-Aufklärer im chinesischen Luftraum, eine politische Macht, die einen bestimmten Raum besetzt, oder um Osama bin Laden. Wenn diesen Voraussetzungen die Voraussetzung entzogen wird, weil es keinen Raum mehr gibt, in dem der Feind steht, dann sei, schlußfolgert Willke, *den „Plagen wie Fremdenhaß, Chauvinismus, Nationalismus, Diktatur und Krieg, welche die Nationalstaaten über die Menschheit gebracht haben", die Basis entzogen*. Es sei die „Ausbreitung lateraler Weltsysteme", welche diese alten „Plagen [...] obsolet macht"[25]. Es schwinde „inflationär" die Bedeutung politischer Macht, die ja letztlich an die „glaubhafte Androhung physischer Gewalt" gebunden ist. Das klingt nach utopischer Semantik. Eine Gesellschaft ohne „Plagen" könnte man auch Paradies nennen. Terrorismus hätte hier keinen Platz.

Mediale Weltraumordnung

Keine Formel ist seit dem 11. September so häufig zitiert worden wie das Diktum vom *Clash of Civilizations*.[26] Samuel P. Huntington sieht gerade in der Globalität der Kommunikation das Medium neuer Konflikte zwischen ethnischen und religiös definierten Großräumen. Die „alten Plagen", die Willke für überwunden hält, erhalten laut Huntington dank der nunmehr weltumspannenden Technologien der Kommunikation und Logistik nur ein größeres Spielfeld: die Welt. Huntingtons Verdienst ist es, diesen agonalen Charakter der Weltgesellschaft deutlich benannt zu haben: „Was für den Westen Universalismus ist, ist für den Rest der Welt Imperialismus." (S. 292) Der Sprengstoff kultureller „Bruchlinienkonflikte" resultiere, soweit er uns betrifft, aus einem Kulturbegriff, der das Eigene nicht am Anderen vergleicht und relativiert, sondern „globalisiert". „Normativ vertritt der universalistische Glaube des Westens das Postulat, daß die Menschen weltweit sich westliche Werte und Institutionen und die westliche Kultur aneignen sollten, weil diese das höchste, aufgeklärteste, liberalste, rationalste, modernste und zivilisierteste Denken der Menschheit verkörpern." (S. 510f) Diese Form der Globalisierung, die darin implizierte Definition der genuin westlichen „Interessen als Interessen der ‚Weltgemeinschaft'" (S. 292), läuft geradewegs auf einen Westen hinaus, der allen „anderen Gesellschaften seinen Willen aufzuzwingen" sucht (S. 511), mit anderen Worten: auf Krieg.

Die Alternative zum Krieg der Kulturen besteht keineswegs in einem weiteren Ausbau globaler „Netze" oder „Netzwerke", denn gerade die „globale Kommunikation ist eine der wichtigsten zeitgenössischen Manifestationen westlicher Macht" (S. 80). Sie erfordert auch nicht einen Verzicht auf die Charakteristika der eigenen Zivilisation, die wir alle zu schätzen wissen. Die Alternative bestünde für Huntington in der Anerkennung der Einzigartigkeit aller Weltzivilisationen, was gerade nicht aus-, sondern einschließe, alles zu tun, „die einzigartigen Qualitäten der westlichen Kultur zu erhalten, zu schützen und zu erneuern" (S. 513). Diese Pflege der eigenen Kultur und des Respekts für die der anderen könnte, anders als der „westliche Universalismus", einen „großen, interkulturellen Krieg" (S. 512) beziehungsweise die „fatale" Lage einer „geopolitischen Bipolarität" des „Westens" gegen den „Rest der Welt" vermeiden.[27] Als Geopolitiker in der Nachfolge Carl Schmitts kommt Huntington zur Formulierung eines ‚Interventionsverbots für raumfremde Mächte': „In der kommenden Ära ist es also zur Vermeidung großer Kriege zwischen den Kulturen erforderlich, daß Kernstaaten davon absehen, bei Konflikten in anderen Kulturen zu intervenieren. Das ist eine Wahrheit, die zu akzeptieren [...] schwer fallen wird. Dieses Prinzip der Enthaltung, demzufolge Kernstaaten sich der Intervention bei Konflikten in anderen Kulturen enthalten, ist die erste Voraussetzung für Frieden in einer multikulturellen, multipolaren Welt." (S. 524) Die Lösung liege also nicht jenseits des Raums, sondern im Raum: im Respekt vor seinen Grenzen. Global agierende und intervenierende Mächte wie die USA und ihre „Vasallen" (Zbigniew Brzezinski) sind dazu nicht bereit. Jeder Soldat der NATO, der „out of area" operiert, vertieft die Bruchlinienkonflikte einer in kulturelle Großräume hoffnungslos zerspellten Welt – und wenn er noch so wertvolle Aufbauarbeit leistet. Schon die schlichte *Präsenz* US-amerikanischer Truppen auf saudiarabischem Boden hat ausgereicht, um Al-Qaida-Mitglieder zum Äußersten zu bewegen. Keine Entwicklungshilfe, keine Wiederaufbauhilfe wird vergessen machen können, wenn deutsche Soldaten im Einsatz muslimische Gegner erschießen sollten – und sei es in Notwehr und unter blauer Flagge. Bislang sind deutsche Städte von arabischen Terrorkommandos nur heimgesucht worden, um Einrichtungen der Verbündeten, zumal der USA zu attackieren. Dies könnte sich ändern. Dies Risiko mag man unter bestimmten Umständen eingehen wollen, aber man sollte es benennen, wenn man sich als global agierende Militärmacht profilieren möchte. Die weltweiten Massenmedien werden dafür sorgen, daß in Flüchtlingslagern der Welt die Bilder fehlen werden, falls es zu der fatalen Schlagzeile „Deutsche Soldaten erschießen ...“ kommen sollte.

„Ist unsere Identität in Gefahr“, schreibt Marshall McLuhan in *Krieg und Frieden im globalen Dorf*, „fühlen wir uns berechtigt, Krieg zu führen.“[28] Kulturelle „Identität“ ist aber auch, wenn nicht vor allem, ein Medieneffekt (S. 173). Nach dem „Radio-Krieg“ des Zweiten Weltkriegs und dem „ersten Fernseh-Krieg“ USA vs. Vietnam (S. 172f) befinden wir uns heute womöglich in einem Krieg der Neuen Medien. In diesem Krieg befindet sich die eine Seite – jedenfalls ihren eigenen Bekundungen nach, die durchaus auf gläubige Ohren stoßen – im Besitz der *full spectrum dominance*, was die andere Seite bedroht und in einen *asymmetric warfare* nötigt.[29] Solange diese Asymmetrie der Verfügung über scheinbar neutrale Techniken – und sollte es auch völlig unbegründet sein, weil womöglich nichts wirklich funktioniert, was das US-Militär sich in seinen Doktrinen herbeischreibt – beobachtet wird und zur Realitätskonstruktion eines Kulturraums gehört, solange die „mediale Weltraumordnung“ als US-amerikanische Schöpfung gilt, werden Partisanen oder Terroristen in „wütender Selbstverteidigung“ der bedrohten „Identität“ zurückschlagen.[30]

Körper und Raum

Der Systemsoziologe Rudolf Stichweh hat auf die Terroranschläge vom 11. September reagiert (*Frankfurter Rundschau*, 2. Oktober 2001). Er stellt zunächst überzeugend klar, daß der Terrorismus nur als *Vollzug von Weltgesellschaft* verstanden werden kann. Geht die Medientheorie davon aus, daß der Terrorismus die Globalität der Massenmedien nutze, um sich an die

Weltöffentlichkeit zu wenden, so vermutet Stichweh, der Terror bediene sich der ‚atopischen' Struktur der Weltgesellschaft:

„Es ist offensichtlich, daß die Effektivität des Terrors wie auch anderer Formen globaler Kommunikation darin liegt, daß er die strengen Kopplungen der Strukturform Organisation (z.B. Hisbollah, GIA[31]) mit den losen Kopplungen globaler Netzwerke (vielleicht Al Qaida) vereint – und schließlich Netzwerke zweiter Ordnung aus diesen Organisationen und Netzwerken bildet. An diese Netzwerke können staatliche Organisationen assoziiert werden, oder Staaten mögen diese Netzwerke als Camouflage nutzen, aber entscheidend ist, daß keine Organisation und kein Staat für den Bestand der einmal existierenden Netzwerke entscheidend ist."

Fällt eine Zelle aus, kann sie ersetzt werden. Daraus folgt: „Das Netzwerk ist hinreichend ortsunabhängig", seine Operationen können nicht als „räumlicher Vorgang gedacht werden." Gegen so ein translokales Netzwerk könne kein „Staat […] einen klassischen Krieg führen", denn der Krieg ziele auf die „Kontrolle eines Raums"[32], während „der Terrorismus weder im Raum verortet" werden könne „noch durch Kontrolle des Raums auszuschalten" sei.[33] Zwar spreche „eigentlich alles für punktuelle polizeiliche, geheimdienstliche und militärische Interventionen", doch wird die Raumdimension dieser Interventionen ignoriert, die ja in der Tat nicht die „kommunikative Erreichbarkeit" dieser Knotenpunkte voraussetzen, sondern die genaue Lokalisierung nach Höhe und Breite, damit die Einsatzkräfte oder Waffen ihr Ziel präzise zu finden vermögen. Stichweh geht dennoch weiterhin auch von einem „Körperverzicht der Systeme" der Weltgesellschaft aus, die allesamt „ohne Inanspruchnahme und Belastung des Körpers" kommunizierten. Dem kann man insofern zustimmen, als selbstverständlich in Sozialsystemen nicht Körper miteinander auf organischer Ebene kommunizieren, sondern Kommunikationen kommunizieren; doch kann man daraus wirklich folgern, daß „Nutzung und Zerstörung von Körpern" durch den klassischen Krieg und neuen Terrorismus „völlig vom Raum" abgelöst sei?

Luhmann hat an einer offenbar gern übersehenen Stelle definiert, was „räumliche Integration heißt: [nämlich] daß die Freiheitsgrade der Systeme, also die Menge der Möglichkeiten, die sie realisieren können, *abhängen von der Stelle im Raum*, an der sie jeweils operieren, und damit abhängen von den jeweils besonderen lokalen Bedingungen."[34] Dies gilt sehr handgreiflich für die Sicherheitskontrolle am Flughafen genauso wie für die in Afghanistan einmarschierten Truppen, die Hauptstraßen und Nachschubwege „sichern" und auf *search and destroy*-Missionen gegen Al-Qaida-Höhlenfestungen ausziehen. Was immer sie tun mögen, hängt auch ab „von der Stelle im Raum“: Bombenkrieg oder Anti-Guerilla-Kämpfe. Dennoch zeigt sich die Theorie der Weltgesellschaft davon überzeugt, daß sich alle diese Faktoren der *Raumdimension* in Zeit ummünzen und durch Medien aufheben lassen, so daß dann wieder die These von der „Bagatellisierung des Standortes“ (S. 152) gilt.[35]

Ich glaube nicht, daß dies in jedem Falle möglich ist. Vielmehr muß die politische, militärische und terroristische Kommunikation in vielfacher Hinsicht auf die „jeweils besonderen lokalen Bedingungen“ Rücksicht nehmen; sie findet also im Raum ein Medium vor, *das nicht vorgibt, aber einschränkt, was möglich ist.* Raum und Körper in diesem Sinne systemtheoretisch ernstzunehmen, bleibt auch nach dem 11. September ein Desiderat. Ohne die Relevanz des physischen, geographischen Raums aber zielten alle Maßnahmen, die nach dem 11. September ergriffen worden sind – von den Sicherheitskontrollen an Flughäfen und Grenzen bis zum Versuch, Mitglieder der Netzwerke zu lokalisieren und zu verhaften – an der ‚atopischen' Realität der Weltgesellschaft vollkommen vorbei. Oder umgekehrt formuliert: Die Theorie der Weltgesellschaft übersieht notorisch die nach dem 11. September nicht nur semantisch wirkungsmächtige *Raumpolitik*, die immer schon die andere Seite der Globalisierung ausgemacht hat und nun mit Filtern und Barrieren aller Art (*full spectrum*: technisch, medial, physisch, architektonisch …) die Körper im Raum neu zu ordnen sucht. Ziel dieser Raumpolitik in den USA wie in Israel ist es, den *potentiellen* Attentäter aus dem verletzlichen Innenraum des Staates auszuschließen, ihm durch Schutzschirme jede Möglichkeit der Fernwirkung zu nehmen (*New Missile Defence*) und ihn *out of area* zu suchen, zu stellen und zu vernichten. Da der Krieg ausdrücklich gegen die „Strukturen“ des Terrorismus geführt wird, sind sogenannte Kollateralschäden kein Zufall, sondern Absicht. Nur so kann man einen Präventivkrieg gegen einen Feind führen, dessen Personen sich ja zum großen Teil noch nichts Strafbares oder gar Todeswürdiges[36] haben zuschulden kommen lassen. Der Feind ist eben nicht nur der Terrorist, sondern bereits der potentielle Terrorist: also beinahe jeder Mann und jede Frau des feindlichen Kulturraums. Und weil der Staat längst weiß, daß sein Gegner ‚atopisch' kommuniziert, führt er seinen Schlag nicht nur gegen einzelne Knoten, sondern das gesamte geo-soziale Milieu eines Netzwerks. Wenn nicht der einzelne Feind attackiert werden kann, muß ihm die Überlebens- und Reproduktionsfähigkeit genommen werden. Und dies impliziert einen Angriff auf jenes berühmte „Wasser“, in dem der Partisan nach Maos Wort schwimmt wie ein Fisch. Dieses „Wasser“ ist genau das, was das Militär *collateral damage* nennt. Israel versucht dieses „Meer“ des Partisanen trocken zulegen, indem es „Kanäle“ anlegt: das Gebiet der Autonomiebehörde durch übersichtliche Schneisen und Achsen zerschneidet, die Übergänge zwischen den Sektoren streng kontrolliert und terroristisch „virulente“ Zonen oder „Brutzellen“ vollkommen zerstört.

Für die Urbanistik ergeben sich, nach den unerwarteten Baulücken in Manhattan, nun auch auf der Westbank und im Gaza-Streifen ungeahnte Möglichkeiten. Man darf gespannt sein, wie die Disziplin die künftigen Vorgaben einer konter-terroristischen Raumpolitik umsetzen wird.

Anmerkungen

1 Derrick de Kerckhove, *Schriftgeburten*, München 1995, S. 148

2 Verblendung wäre *eine* Antwort, Ausweglosigkeit eine ganz andere. Daß der Terrorismus sich „Gehör“ verschaffen wolle und demnach eine Sprache sei, greift bekannte Selbstbeschreibungsformeln auf. „Die Knarre spricht“.

3 Dem arabischen Pendant von CNN

4 Das Tape haben US Special Forces Ende November in Kandahar gesichert, es wurde nach einigem Zögern in Regierungskreisen am 13. Dezember 2001 von CNN ausgestrahlt.

5 Oder genauer: im Fokus weniger Agenturen und Sender, deren Berichterstattung als relevant gilt und mit der Leerformel „Öffentlichkeit“ bezeichnet wird. Vgl. dazu Niels Werber, „Kommunikation ohne Interaktion. Thesen zu einem zweiten ‚Strukturwandel‘ der Massenmedien“, in: Jürgen Fohrmann, Arno Orzessek (Hg.), *Zerstreute Öffentlichkeiten*, München 2001, S. 43-52

6 Manuel Castells, *Der Aufstieg der Netzgesellschaft*. Teil 1 der Trilogie *Das Informationszeitalter*, aus dem amerikanischen Englisch von Reinhart Kößler, Opladen 2001

7 Vgl. dazu Elena Esposito, *Soziales Vergessen. Formen und Medien des Gedächtnisses der Gesellschaft*, Frankfurt/Main 2002

8 Niklas Luhmann, *Die Realität der Massenmedien*, Opladen 1996, S. 181

9 Dazu vgl. Rudolf Stichweh, *Weltgesellschaft. Soziologische Analysen*, Frankfurt/Main 2000

10 Vgl. Michael Rutschky, „Massenmedien: Kein Bild ohne Text“, in: Jürgen Fohrmann, Arno Orzessek (Hg.), *Zerstreute Öffentlichkeiten*, München 2002, S. 179-185

11 Abgedruckt in *Frankfurter Rundschau* vom 2. März 2002 sowie in *Lettre International*, H. 55 (2001), gehalten als Vortrag u.a. in München und Wien

12 Vgl. etwa John Arquilla, David Ronfeldt (Hg.), *Networks and Netwars. The Future of Terror, Crime, and Militancy*, Santa Monica 2001

13 Vgl. dazu vom Verfasser mit Bezug auf die Rolle von CNN in der globalen Politik: „Fernsehen ist kein globales Kaffeehaus“, in: *die tageszeitung*, 24. März 1997

14 Luhmann, *Die Realität der Massenmedien*, S. 190

15 Luhmann, ebd., S. 135ff

16 Zit. nach *Spiegel*-Online.

17 Stichweh, *Weltgesellschaft*, S. 241

18 Luhmann, *Die Gesellschaft der Gesellschaft*, S. 809

19 Helmut Willke, *Atopia. Studien zur atopischen Gesellschaft*, Frankfurt/Main 2001, S. 118f

20 Niklas Luhmann, *Die Gesellschaft der Gesellschaft*, S. 114

21 Peter Fuchs, *Die Metapher des Systems*, Weilerswirst 2001, S. 238

22 Vgl. dazu ausführlich vom Verfasser: „Raum und Technik. Zur medientheoretischen Problematik in Luhmanns Theorie der Gesellschaft“, in: *Soziale Systeme. Zeitschrift für soziologische Theorie*, Heft 1, Opladen 1998, S. 219-232

23 Im Sinne von Gregory Bateson: eine Information ist ein Unterschied, der einen Unterschied macht.

24 Willke, *Atopia*, S. 198 und 189

25 Willke, ebd., S. 221 (Hervorhebung NW)

26 Samuel P. Huntington, *Kampf der Kulturen. Die Neugestaltung der Weltpolitik im 21. Jahrhundert* (1996), München/Wien 1998

27 Werner Link, *Die Neuordnung der Weltpolitik. Grundprobleme globaler Politik an der Schwelle zum 21. Jahrhundert*, München 1999, S. 158

28 Der Aufsatz stammt aus dem Jahre 1968. Zit. nach: *Medien verstehen. Der McLuhan-Reader*, Mannheim 1997, S. 164-173, S. 166

29 Vgl. vor allem die Abschnitte *Full Spectrum Dominance* und *Information Superiority* der Joint Vision 2020 der *Joint Chiefs of Staff* der US Army

30 McLuhan, *Krieg und Frieden*, S. 166

31 Groupe islamique armé (NW)

32 Damit wird der Zusammenhang von Gewalt und Raum immerhin implizit anerkannt – auch wenn dieses Paradigma des Krieges als überwunden gelten soll.

33 Warum dann soviel Mühe um möglichst intensive „Raumpatrouillen“ westlicher Soldaten in Kabul oder von Sicherheitskräften in den Flughäfen der Welt? Wissen die obersten Heeres- und Einsatzleitungen etwa nicht, daß „der Terrorismus weder im Raum verortet“ werden könne noch „durch Kontrolle des Raums auszuschalten“ ist?

34 Luhmann, *Die Gesellschaft der Gesellschaft*, S. 314

35 Aber was erst „bagatellisiert“ wird, hatte doch einmal Gewicht! Wenn der Raum in vergangenen Epochen *nicht* in Zeit umgerechnet werden konnte, dann zielen die *prinzipiell* vorgetragenen Einwände gegen den Raum als Sinndimension ins Leere.

36 Man denke an die sogenannten präventiven Exekutionen.

Über das Verschwinden der Öffentlichkeit aus dem städtischen Raum

Ein Gespräch mit dem Architektursoziologen Werner Sewing

Stadt, Stadtleben und öffentlicher Raum werden seit Jahrzehnten wie Synonyme gehandelt. Labels anstelle von Begriffen, Projektionen statt Analysen. Was hat sich hier verschoben, und aufgrund welcher Interessen?

Werner Sewing: Die achtziger und neunziger Jahre haben uns eine paradoxe Erbschaft hinterlassen. Im Zuge der Wiederentdeckung der alten Stadt ist es zu einem grundlegenden Leitbildwandel gekommen, der in Deutschland unter dem Signum „Europäische Stadt" zu einer partiellen Renaissance der Hülle der historischen Stadt geführt hat. Kritiker sehen hinter dieser Erfolgsgeschichte gleichwohl eine Krise der Stadtgesellschaft.

„Europäische Stadt" ist für mich ein artifizieller, falsch generalisierender Typusbegriff, der die Charakteristiken unterschiedlichster Städte einebnet. Vor allem aber, scheint mir, die Projektionsfläche einer ehemals politisch argumentierenden Generation, der die Stadt als Ort der Reflexion und der Auseinandersetzungen abhanden gekommen ist. In einem Beitrag über das Planwerk Innenstadt Berlin sagen Sie es selbst: Die von Rudolf Stegers in bezug auf architektonische Codes registrierte Konversion dieser Generation zur Konvention „scheint ihren Habitus zu prägen: Eigentum, Mittelstand, Identität, Zivilgesellschaft als Schule für gutes Benehmen, Städtebau als Ordnungsgarant". Und dementsprechend: Angst vor Offenheit und Ambivalenz, Experiment und Risiko. Paßt hervorragend zur Reinszenierung untergegangener Lebensformen, über deren marktkonforme Abziehbilder diese Generation heute bezieht, was sie für „Identität" hält. Krisensignale?

Krisendiagnosen waren immer Teil des jüngeren Stadtdiskurses. Der öffentliche Raum gehörte zu den mit hohen Erwartungen besetzten Themen der Stadtkritik. Straße, Platz, Park, auf den ersten Blick triviale Dinge, gerieten geradezu zu Chiffren einer politischen Dimension des Städtischen, wie sie heute kaum noch jemand direkt anzusprechen riskiert. Die dieser politischen Aufladung entsprechende Krisendiagnose, die eine Zerstörung und einen Funktionsverlust des öffentlichen Raums nicht nur registriert, sondern beklagt, soll nach wie vor als verschlüsselte Nachricht gelesen werden. Das eigentliche Thema ist die Erosion der politischen Öffentlichkeit.

Es gibt genug Gründe, die Ineinssetzung von politischer Öffentlichkeit und öffentlichem Raum für eine Behauptung beziehungsweise für ein projektives Konstrukt zu halten.

Noch 1968 und 1989 ist die Eroberung der Straße ein politischer Akt. Zugleich beginnen die Medien, die räumliche Öffentlichkeit des Städtischen aufzusaugen und zu ersetzen. Der Augenschein spricht allerdings nicht zwingend für eine Krise oder gar ein Verschwinden des öffentlichen Raums, im Gegenteil: Wohl noch nie war der Stadtraum als Bühne derart belebt wie heute. Wenn dennoch immer wieder vom Zerfall der urbanen Lebensform die Rede ist, dann liegt dem ein normativer Begriff von öffentlichem Raum zugrunde, der eine selbsttätige Aneignung der Stadt durch seine Bürger jenseits von Konsum und Events unterstellt. Auch hier stoßen diejenigen, die den Urbanitätsdiskurs angestoßen hatten, auf die nichtbeabsichtigten Folgen ihres Diskurses. Als Edgar Salin auf dem Deutschen Städtetag 1960 den Begriff „Urbanität" als Ideal der antiken Polis dargestellt hatte, für dessen Wiederbelebung er keine Chance sehe, wurde er von Architekten mißverstanden. Ihre Devise war fortan „Urbanität durch Dichte" – und das trostlose Resultat das „Märkische Viertel". Und als in den achtziger Jahren „Urbanität" als Wiederkehr einer mehr oder weniger literarischen Figur, des Pariser Flaneurs, herbeigeschrieben wurde, war das nur noch die matte Begleitmusik zur Gentrifizierung der von Jane Jacobs idyllisierten alten Stadt, wie sie uns, französisches Pendant, in „Amélie" vorgeführt wird. „Urbanität" war längst von einem Lebensideal zu einer synthetischen Ressource für Stadtvermarkter geworden.

An der Oberfläche geht es um Gemütskulissen, die das Bedürfnis nach dem befriedigen, was man den Leuten als „Tradition" und „Geschichte" verkauft. In der Substanz geht es natürlich um Umsatz. Unterschiede in der Kaufkraft zeigen sich in billigeren oder teureren Kulissen. Die synthetische Ressource „Urbanität" ist – wie die angeblich „authentische" – Kulisse und Motor des Konsums.

Markt und Konsum waren immer die Basis von Städten, die ja vor allem Handelsplätze waren. So gesehen ist der heutigen Stadtkritik eine Neigung zur Idealisierung der Geschichte nicht abzusprechen. Es ist fraglich, ob es selbstbewußte Stadtbürger oder kosmopolitische Flaneure in großer Zahl und über lange Zeit je gegeben hat. Ist es also nur Politkitsch, wenn ein Berliner Senator händeringend „Stadtbürger" sucht? Daß Stadtluft frei mache, galt ja – und gilt fälschlicherweise noch immer – als Devise der mittelalterlichen Stadtkultur, in dem Wort „Urbanität" steckt ja noch etwas von diesem Selbstbefreiungspathos. Allerdings war diese Losung eine Erfindung deutscher Rechtshistoriker des 19. Jahrhunderts. Damals schon diente die Verklärung des Mittelalters zur Begründung der Freiheitsforderungen eines liberalen, aber vom Staat gegängelten Bürgertums. Dessen Realität kannte dagegen immer beides: exklusive Teilhabe und, für die Mehrheit, Ausschluß von städtischen Bürgerrechten. Die „Integrationsmaschine" Stadt, in der Fremde zivilisiert zusammenzuleben lernten, ist eine die Realität nachträglich idealisierende Vorstellung. Die Großstadt des 19. Jahrhunderts war immer auch der Nährboden für Fremdenfeindschaft, Rassismus und soziale Stigmatisierung. Erst in der zweiten Hälfte des Jahrhunderts wurde in Deutschland mit der allmählichen Demokratisierung der Bürgerstadt zur Einwohnerstadt das Problem der Teilhabe immer größerer Bevölkerungsgruppen am städtischen Leben virulent. Besetzung und Prägung des öffentlichen Raums wurden zu brisanten Themen und führten zu ersten großräumigen sozialen und sozialräumlichen Polarisierungen: Villenvorort gegen Mietskasernenstadt. In den Stadtzentren hinterließ der Rückzug des Bürgertums reine Geschäftsstraßen und Armutsviertel, in Manchester etwa bereits um 1850.

Heute ist eine Forcierung dieser Polarisierung zu beobachten.

Einerseits gibt es einen neuen Konflikt um die Aneignung öffentlicher Räume. Drohende Ghettoisierungen und die politische Einbeziehung auch der Migranten werden zu Kernthemen der Stadtkultur im Zeitalter der Globalisierung. Dagegen formieren sich, erschreckend gewalttätig, rechtsradikale Besetzungen des öffentlichen Bewußtseins und des öffentlichen Raums in vielen Städten und Dörfern Ostdeutschlands. Zugleich demonstriert die Erschließung der Innenstadt für ausschließlich kommerzielle Nutzungen eine schleichende Privatisierung des Stadtraums. Vereinzelung und Privatisierung auf der einen Seite, inszenierte Massenaufläufe wie die Love Parade auf der anderen. Der paradoxe Effekt dieser Entwicklung liegt auf der Hand: Vitalisierung der Stadt als Stadtkonsum und Tourismus bei gleichzeitiger Aushöhlung der politischen Substanz der Einwohnergemeinde, die in der Mitte des 19. Jahrhunderts die alteuropäische Stadtbürgergemeinde abgelöst hatte. – Dennoch halte ich es für problematisch, den alten politischen Bürgerschaftsbegriff unvermittelt demjenigen der Event City gegenüberzustellen. Dabei würde man nämlich übersehen, daß seit dem 18. Jahrhundert bürgerliche Öffentlichkeit, wie Jürgen Habermas sie historisch zu rekonstruieren versucht hat[1], nur das Räsonnement von Privatleuten in Salons, Clubs oder Kaffeehäusern bedeutete. Diese Öffentlichkeit mied den städtischen Raum, der – beherrscht von der als Mob stigmatisierten plebejischen Kultur – als unsicheres Terrain galt. E. P. Thompson[2] hat das sehr eindrücklich für England gezeigt. Der Square war als städtischer Platz von Anbeginn privat. Noch heute haben nur die Anlieger einen Schlüssel. Auch die Vorformen von Suburbia finden sich im Umland von London bereits im 18. Jahrhundert. Sowohl in den USA, wo es bis etwa 1890 im Straßenraum politische und soziale Tumulte und Unruhen gab – die Historikerin Mary Ryan[3] spricht sogar von *civic wars* –, als auch im eher zivilen Europa ging es darum, den städtischen Raum zu befrieden und zu domestizieren. Haussmanns radikaler Stadtumbau von Paris war wohl das erfolgreichste Projekt einer Säuberung. Es hielt denn auch das Bürgertum von der Stadtflucht ab. In den USA wurden zeitgleich zum – von einem drastischen Rückgang der Wahlbeteiligung begleiteten – Niedergang der *popular politics* der Straße, den der Historiker Michael E. McGerr[4] analysierte, die ersten Entertainment Centers erprobt, etwa in Coney Island oder auf den Weltausstellungen, direkte Vorbilder für Disneyland. Bereits um 1900 gab es also die Event City[5]. Diese war aber, anders als am heutigen Potsdamer Platz, noch räumlich getrennt von der eigentlichen Stadt. Man muß sich klarmachen, daß der zivilisatorische Schub der Domestizierung des öffentlichen Raums, daß die Verwandlung des Mobs der Rioters in die zivile Masse von Mittelschichtskonsumenten um 1900 *der* Beitrag der USA zur Kontrolle der Straße und zur Säuberung der „Gosse" gewesen ist. In derselben Zeit blieb in Europa die politisierte „Straße" noch bis Anfang der dreißiger Jahre virulent, um schließlich in den dreißiger Jahren einer totalitären Aneignung des Stadtraums für Aufmärsche Platz zu machen.

Unlängst hat Hanno Rauterberg erleichtert darauf hingewiesen, daß die Realisierung der meisten Urban Entertainment Centers in Deutschland ausgeblieben sei und sich auch die befürchtete Privatisierung öffentlicher Räume nicht eingestellt habe.

In der Tat: Die Verwandlung der Innenstädte in Vergnügungs- und Konsumzonen bei allerdings eher noch verstärkter Tertiarisierung hat sich in ganz Europa weniger spektakulär vollzogen als in den USA. Dort haben sich viele Downtowns aus ihrem jahrzehntelangen Verfall auf privatwirtschaftlicher Basis als inszenierte Themenwelten wieder aus dem Sumpf des Funktionsverlustes gezogen. „Downtown, Inc." hat die „Urban Renaissance" ermöglicht. In Europa aber, wo es eine vergleichbare Krise der Innenstädte ohnehin nicht gegeben hatte, war es zu einer schleichenden Verwandlung des Stadtraums in der Regie der öffentlichen Hand gekommen: in den siebziger Jahren die Umwandlung von Stadtstraßen in Fußgängerzonen, danach kamen die historisierenden Kulissen der Postmoderne. Fußgängerzonen waren damals als Durchkommerzialisierung des Stadtraums analysiert worden, eine Kritik, die heute, als Privatisierungskritik, Shopping Malls und Entertainment Centers trifft. Von einer Disneyfizierung der Städte in Deutschland kann daher allenfalls als Metapher die Rede sein. Was in den USA in privater Regie von Architekten wie Victor Gruen und vor allem von Jon Jerde, paradigmatisch in der Horton Plaza in San Diego, eher schockartig und in kurzer Zeit betrieben wurde, war in Deutschland mit einiger Kontinuität kommunale Politik. Und was Disney für Amerika war – und noch immer ist –, war Aldo Rossi für Europa.

Kritiker sehen im Umbau der Innenstädte zu Zitadellen des Konsums und des Tourismus seit langem deutliche Vorzeichen einer neuen Krise der Stadt.

Im Anschluß an amerikanische Diagnosen zu einer permanenten *urban underclass*, die keine Chance mehr auf gesellschaftliche Integration habe, und an Niklas Luhmanns Exklusions-Inklusions-Theorem wird die kommerzielle Besetzung des öffentlichen Raums als Exklusion der sozialen Verlierer interpretiert. Am oberen Ende der sozialen Hierarchie wiederum muß man den Rückzug der Oberschichten in die Luxusenklaven der Gated communities auch räumlich als Aufkündigung der Verantwortung für die Stadt sehen. In der Zuspitzung dieses Konflikts, wie sie sich empirisch am ehesten in den USA studieren läßt, hat die am Alarmismus eines Mike Davis geschulte Stadttheorie den Hobbesschen Kriegszustand in den Städten beschworen: Hier hochgerüstete Inseln der Seligen einer global vernetzten Elite, dort das Meer eines rechtsfreien Raums von Armut und Kriminalität. Schon räumlich stimmt dieses Bild nicht. Die Gated Communities, die seit den achtziger Jahren angesichts der Gewaltwellen in den amerikanischen Innenstädten immer gefragter waren, obwohl sie immer auch schon zur amerikanischen Stadtkultur gehörten, liegen vorwiegend in ohnehin wohlhabenden suburbanen Regionen mit niedriger Verbrechensrate, so etwa in Orange County südlich von Los Angeles. Die Ausgrenzung richtet sich also aus der Perspektive des öffentlichen Raums gegen die Mittelschichten, denen man selber kulturell noch angehört. Da der Sicherheitseffekt mittlerweile als Placebowirkung nachgewiesen ist, dürfte es sich bei den Gated communities zusehends um schlichte soziale Distinktion der Upper Middle Class handeln. Im Haussmannschen Paris gibt es übrigens noch heute etwa 200 Privatstraßen. Darüber hinaus hat in den Ghettos der amerikanischen Städte die Gewalt mit dem Abflauen der Crackdelikte abgenommen, es gibt weniger No Go Areas – allerdings um den hohen Preis einer im Verhältnis zur nationalen Bevölkerung weltweit konkurrenzlosen Zahl von Inhaftierten in zunehmend privatisierten und als Produktionsstätten florierenden Gefängnissen.

Der in Berkeley lehrende französische Sozialwissenschaftler Loïc Wacquant hat in seinem Buch Elend hinter Gittern, *in zahlreichen Zeitungsbeiträgen und Interviews darauf hingewiesen, daß das amerikanische Beispiel auch in Europa Schule zu machen beginne. Die Verlierer der gesellschaftlichen Polarisierung will man auch hier nicht mehr im Stadtzentrum dulden. In einem in* Le Monde diplomatique *erschienenen Aufsatz (deutsche Ausgabe, April 1999) schreibt Wacquant, New Labour habe in England mit einem „Gesetz gegen Verbrechen und Störung der öffentlichen Ordnung" das „repressivste Gesetz dieser Art seit Ende des Zweiten Weltkriegs" verabschiedet. Im Frühjahr 1997 habe der* Guardian *Tony Blair mit den Worten zitiert, es sei „gerechtfertigt", „gegenüber den Obdachlosen auf der Straße intolerant zu sein".*

Im Gegensatz dazu ist aber die städtische Politik in Deutschland, auch mit Blick auf das Thema Videoüberwachung des öffentlichen Raums, eher liberal geblieben. Mir scheint die unter deutschen Sozialwissenschaftlern populäre Klage über einen Zerfall der Stadtgesellschaft überzogen. Vor allem überschätzt sie die Integrationsleistung der Städte in der Vergangenheit, und sie unterschätzt die faktische Pluralität der heutigen Städte. Integration meint immer mehr die bloß symbolische Konstruktion von Identität, diese aber scheint, nicht nur in München, für das Gemüt sehr wichtig zu sein: Zugehörigkeit als Placebo. Aber auch die theoretische Prämisse des Exklusionstheorems ist fragwürdig. Sie unterstellt, der Zugang zum Konsumraum von Malls und Fußgängerzonen garantiere eine wenigstens minimale Teilhabe am städtischen Leben. Tatsächlich ist dieser Zugang in Europa kaum erschwert – nur ist er eben nicht identisch mit einem Zugang zur städtischen Öffentlichkeit. Der öffentliche Raum als Stadttheater bleibt Inszenierung und Fiktion, der Konsumbürger bleibt Statist. Öffentlichkeit findet eher statt in halbprivaten Szenen, in Salons, auf Empfängen und Veranstaltungen, die einen Zugang zu den Entscheidungszentren eröffnen. Auch ist der Zugang zu den Medien viel wesentlicher als der Zugang zum Bahnhofsvorplatz. – Der am öffentlichen Raum fixierten Stadtphänomenologie fehlt deutlich ein politischer und gesellschaftlicher Begriff von Stadt. Sie verräumlicht auf naive Weise: Vor der Fassade, auf Straßen und Plätzen, herrsche die Öffentlichkeit, das, was „vor aller Augen“ geschieht, hinter der Fassade und in den Höfen sei das Refugium des Privaten. Architekten haben dies noch um halböffentliche Räume ergänzt: Treppenhäuser, Foyers und so weiter. Ausgerechnet der Soziologe Hans-Paul Bahrdt[6] hatte dieses Modell 1961 an einem mißverstandenen 18. Jahrhundert gewonnen und als „Urbanität“ kodiert – und damit maßgeblich Kleihues und in dessen Gefolge die Adepten der „Europäischen Stadt“ beeinflußt. Nicht erst mit der Medienöffentlichkeit, sondern spätestens seit seiner sozialen und städtebaulichen Arrondierung ist der öffentliche Raum der Ort des unverbindlichen Privaten, Kaffeetrinken auf dem Kurfürstendamm, während die eigentliche Stadtöffentlichkeit, die Medien sprechen von dieser exklusiveren Form verräterisch als von „der Gesellschaft“, den Blicken entzogen ist und als das „Private“ erscheint – und auch medial so kolportiert wird. Stadtöffentlichkeit nicht als räumliche Kulisse, sondern als soziale Institution, als „res publica“ begriffen, kennt als Gegenpol nicht das Private, sondern das Geheimnis. Nicht zufällig sah Machiavelli[7], der die moderne politische Theorie mit seiner Analyse der Stadtrepublik Florenz begründete, im Rückgriff auf Theoreme der antiken Republik Stadt als praktizierte politische Teilhabe und bürgerschaftliche Kontrolle. Das Geheimnis war für ihn der Beginn der Korruption, der Zerfall des Städtischen.

Das Gespräch führte Peter Neitzke im August 2001

Anmerkungen

1 *Strukturwandel der Öffentlichkeit*, Neuwied 1962. Zur Kritik: Craig Calhoun (Hg.), *Habermas and the Public Sphere*, Cambridge/Mass., London 1992

2 Edward P. Thompson, *Plebeische Kultur und moralische Ökonomie. Aufsätze zur englischen Sozialgeschichte des 18. und 19. Jahrhunderts*, ausgew. und eingel. von Dieter Groh, Frankfurt/M., Berlin, Wien 1980

3 Mary Ryan, *Civic Wars. Democracy and Public Life in the American City during the Nineteenth Century*, University of California Press, Berkeley, London 1997

4 Michael E. McGerr, *The Decline of Popular Politics*, New York 1986

5 David Nasaw, *Going Out. The Rise and Fall of Public Amusements*, New York 1993

6 *Die moderne Großstadt. Soziologische Überlegungen zum Städtebau*, Reinbek bei Hamburg 1961

7 Machiavelli, *Discorsi. Gedanken über Politik und Staatsführung*, Stuttgart ^{2}1977. Zur Interpretation: Hans Baron, *The Crisis of the Early Italian Renaissance. Civic Humanism and Republican Liberty in an Age of Classicism and Tyranny*, Princeton 1955

Armut als Delikt

Ein Gespräch mit dem Soziologen Loïc Wacquant

„Bei einer ethnographischen Untersuchung im Chicagoer Schwarzenghetto ist mir bewußt geworden, wie allgegenwärtig das Gefängnis als Institution am unteren Rand der amerikanischen Gesellschaft ist. In dem Viertel, in dem ich meine Beobachtungen angestellt habe, sind die meisten Jugendlichen schon einmal im Gefängnis gewesen. Wenn einer von ihnen von der Bildfläche verschwand, sind alle anderen ganz selbstverständlich davon ausgegangen, daß er hinter Gittern gelandet war. Als Bill Clinton die Sozialhilfe 1996 abgeschafft und sie durch ein Programm der erzwungenen Arbeitsaufnahme [workfare] ersetzt hat, wurde klar, daß das soziale Netz demontiert wird, während Polizei und Justiz gleichzeitig ein immer engmaschigeres Netz spannen. Beides zielte allein darauf ab, die Armut zu kriminalisieren und das neue Regime der unsicheren und unterbezahlten Jobs abzusichern.

Der Übergang vom Wohlfahrtsstaat zum *strafenden* Staat betrifft nicht alle Amerikaner. Ins Visier geraten die Unerwünschten, die Nutzlosen und diejenigen, die sich der neuen ökonomischen und ethnischen Ordnung nicht unterwerfen wollen, die in Verbindung mit dem Abschied vom fordistisch-keynesianischen Gesellschaftsvertrag und der Krise in den Ghettos zum Vorschein kommt. Dazu gehören vor allem das schwarze Subproletariat in den Großstädten, die ungelernten Arbeiter und all jene, die Armutstätigkeiten und Armutslöhne ablehnen und sich der informellen Ökonomie der Straße zuwenden, wo vor allem der Drogenhandel floriert."

Loïc Wacquant, *Le Monde,* 7. Dezember 1999

Ihr Buch Elend hinter Gittern[1] *beschreibt und untersucht den schleichenden Übergang vom sozialen Wohlfahrtsstaat zum strafenden Staat, für den Polizei, Strafgerichtsbarkeit und Gefängnisse Mittel sind, um das Problem der Armut zu lösen. Wo liegen die Gründe und die Ursprünge für die unerwartete Anbetung des strafenden Staates, wie Sie sie in Ihrer Formulierung „Rückzug des Staates aus der Wirtschaft, Demontage des Sozialstaates und Stärkung des strafenden Staates" skizzieren?*

Loïc Wacquant: Mit dieser Formulierung will ich darauf hinaus, daß man die Polizei- und Strafrechtspolitik in den entwickelten Staaten heute nicht verstehen kann, wenn man sie nicht im Zusammenhang des tiefgreifenden

Wandels betrachtet, den der Staat selbst durchläuft. Diese Transformation wiederum ist eng verbunden mit den Veränderungen in der Arbeitswelt und mit der grundlegenden Neuordnung im Kräfteverhältnis zwischen den Klassen und Gruppen, die um die Kontrolle der Arbeitswelt kämpfen. In diesem Kampf haben die Großunternehmen und die „fortschrittlichsten" Teile des Bürgertums und der höheren Beamtenschaft, die sich unter dem Banner des Neoliberalismus sammeln, die Oberhand gewonnen und einen groß angelegten Feldzug gegen die öffentliche Hand eingeleitet. Die – vor dem Hintergrund der Massenarbeitslosigkeit in Europa und der Arbeitnehmerarmut in den USA – zu beobachtende soziale Deregulierung und die Zunahme unsicherer Arbeitsverhältnisse gehen Hand in Hand mit der Rückkehr des strafenden Staates: Die „unsichtbare Hand" des Marktes für unsichere Arbeitsverhältnisse findet ihre institutionelle Entsprechung in der „eisernen Hand" des Staates, der bereit steht, die Unruhen, die aus der zunehmenden Verbreitung sozialer Unsicherheit resultieren, unter Kontrolle zu halten.

Pierre Bourdieu spricht symbolisch von der „linken Hand" des Staates, die die unteren Schichten der Bevölkerung verwalte.

Bourdieu meint damit das Erziehungs- und Gesundheitswesen, die Sozialfürsorge und den sozialen Wohnungsbau. An ihre Stelle tritt in den Vereinigten Staaten die „rechte Hand" des Staates, die in Europa die linke immer noch unterstützt: In den USA dagegen dringen Polizei, Justiz und Gefängnisse immer weiter und immer aktiver in die unteren Schichten der Gesellschaft vor. Das obsessive Beharren auf dem „Recht auf Sicherheit", der damit wechselseitig verbundene Abschied vom „Recht auf Arbeit" im herkömmlichen Sinne – das heißt auf eine zeitlich nicht begrenzte Vollzeitstelle mit allen Rechten und ausreichendem Lohn –, das wachsende Interesse, die öffentliche Ordnung aufrechtzuerhalten und mehr und mehr Mittel dafür bereitzustellen, kommen wie gerufen, um das Legitimitätsdefizit zu kompensieren, unter dem die politisch Verantwortlichen leiden, weil der Staat seinen Aufgaben im Bereich der Wirtschaft und der Sozialpolitik nicht mehr nachkommt.

Kurz gesagt: Die sicherheitspolitische Kehrtwendung, die in den letzten Jahren alle EU-Länder und in noch stärkerem Maße die Länder der „Zweiten Welt" – Brasilien etwa oder Argentinien – im Gefolge der Vereinigten Staaten vollzogen haben, steht in keiner besonders engen Beziehung zu dem angeblich explosionsartigen Anstieg der Jugendkriminalität, den man überall als Vorwand dafür nimmt, obwohl er, offiziellen Statistiken zufolge, nur von untergeordneter Bedeutung ist. Das gleiche gilt für die vielbeschriene

„städtische Gewalt" – ein statistisch und soziologisch unsinniger Begriff, der inzwischen die Medien erobert hat. Diese Kehrtwende hat viel mit dem Anwachsen einer entwurzelten Arbeiterschaft und mit der Errichtung eines politischen Regimes zu tun, das diese Wende durchsetzen kann. Ich nenne dieses System *liberal-paternalistisch*: Oben, gegenüber den Unternehmen und den privilegierten Schichten, ist es liberal, unten aber paternalistisch und strafend gegenüber denjenigen, die von der Umstrukturierung der Arbeitswelt und vom Abbau sozialer Maßnahmen oder von deren Umwandlung in Überwachungsinstrumente betroffen sind. Um sich dessen bewußt zu werden, muß man sich allerdings von der „Schuld und Sühne"-Problematik lösen, die wir alle mit uns herumtragen. Das gilt besonders für Kriminologen, für sie ist es in gewisser Hinsicht die Grundannahme ihres Fachs. Politiker und Journalisten beten diese Problematik *bis zum Erbrechen* nach, gerade weil sie so selbstverständlich ist und weil niemand sie in Frage stellen will.

Können Sie für die Vereinigten Staaten die entscheidenden Schritte in der Entwicklung zum strafenden Staat rekapitulieren?

In den siebziger Jahren gab es in der Politik im allgemeinen und insbesondere in der Rassenpolitik eine Wende, die Ronald Reagan an die Macht gebracht hat. Danach haben die Vereinigten Staaten daran gearbeitet, ihren *halben* Wohlfahrtsstaat durch einen Polizei- und Gefängnisstaat zu ersetzen, in dem die Kriminalisierung der Armut und das Wegsperren benachteiligter Bevölkerungsgruppen als Sozialpolitik für die Ärmsten der Armen ausgegeben wird. In aller Kürze läßt sich die Entwicklung des strafenden Staates in den USA anhand von fünf Merkmalen beschreiben:

Das *erste* ist die erschreckende Zunahme der Gefängnispopulation. Sie hat sich in den letzten 20 Jahren vervierfacht und erreicht heute zwei Millionen, von denen mehr als eine Million wegen nicht-gewalttätiger Vergehen sitzt. Das heißt, daß 740 von 100 000 Bürgern eingesperrt sind, achtmal mehr als in Frankreich, Italien oder Deutschland – 1960 waren es nur doppelt so viele –, und zweimal mehr als in Südafrika auf dem Höhepunkt des Kampfes gegen die Apartheid.

Das *zweite* Merkmal besteht darin, daß immer mehr Menschen mit Bewährungsstrafen und bedingten Haftentlassungen unter Justizaufsicht stehen, gegenwärtig sechs Millionen US-Bürger, das heißt einer von 20 und ein junger Farbiger von dreien. Zugleich gibt es immer mehr und immer umfangreichere Gen- und Kriminaldatenbanken, einige der letztgenannten sind sogar im Internet frei verfügbar. Eine neue Zeit der allgegenwärtigen strafrechtlichen Überwachung ist angebrochen, als der Kongreß im Jahre 1994 den *DNA Identification Act* beschlossen hat. Unter der Oberaufsicht des FBI ist daraufhin eine nationale Gendatenbank aufgebaut worden, die 1998 in Dienst genommen wurde und in absehbarer Zeit die genetischen Fingerabdrücke aller gerichtlich verurteilten Personen, ja sogar all derjenigen enthalten soll, die von der Polizei festgenommen worden sind.

Das *dritte* Merkmal ist die Verzehnfachung der Haushaltsmittel für die Gefängnisverwaltung. Diese ist mit mehr als 600 000 Beamten zum drittgrößten Arbeitgeber des Landes geworden und liegt damit knapp hinter General Motors, dem Unternehmen mit dem weltweit größten Umsatz, und hinter der überall vertretenen Supermarktkette Wal-Mart. Gleichzeitig gab es drakonische Einschnitte in die Budgets für das Sozial-, Gesundheits- und Bildungswesen: Während die Sozialhilfe allein in den achtziger Jahren um 41 Prozent gekürzt wurde, gab es für die Gefängnisse im gleichen Zeitraum 95 Prozent mehr Haushaltsmittel.

Das *vierte* Charakteristikum besteht darin, daß die „große Konzentration" der Armen und der ungesichert Lebenden in den USA nicht nur auf die drastischen Kürzungen im Sozialbereich zurückzuführen ist, sondern unmöglich gewesen wäre ohne den Beitrag des Privatsektors. Seit 1983 gibt es die sozusagen „gewinnorientierte" Inhaftierung, die sich sehr schnell ein Zwölftel des nationalen „Marktes" erobert, was etwa 150 000 Häftlingen entspricht. Die an der Nasdaq notierten einschlägigen Unternehmen haben enorme Wachstums- und Profitraten und werden von der Wall Street gehätschelt. In den Vereinigten Staaten gehören nicht nur Internet und Informationstechnologie zur *New economy*, sondern eben auch die Gefängnisindustrie. Nebenbei bemerkt beschäftigen die staatlichen Gefängnisse in Kalifornien mehr als doppelt so viele Mitarbeiter wie Microsoft …

Das *fünfte* und letzte Merkmal ist mindestens ebenso bezeichnend: Es gibt nämlich ein anhaltendes „Schwarzwerden" der Gefängnispopulation. 1989 war zum ersten Male die Mehrheit der Häftlinge afroamerikanisch, obwohl der Anteil der Afroamerikaner an der Gesamtbevölkerung des Landes nur bei 7 Prozent liegt. Nach den Straßenunruhen der sechziger Jahre war das Ghetto in eine Krise geraten. Inzwischen ist das Gefängnis zu einer *Erweiterung* des Ghettos geworden, wenn es nicht überhaupt längst an dessen Stelle getreten ist.

Wie hat sich diese regressive Politik der Strafverfolgung, die darauf abzielt, die Armen in Schach zu halten und Niedriglohnarbeit als normal erscheinen zu lassen, in Europa ausgebreitet? Zahlreiche europäische Staaten haben den strafenden Staat und auch die sogenannte Null-Toleranz-Politik „importiert". Wie ist diese Verbreitung in Europa und auch weltweit von-

statten gegangen? Und wo sehen Sie die Hauptunterschiede zu den Vereinigten Staaten?

Bei der weltweiten Verbreitung der neuen Law-and-order-Ideologie und -Politik mit dem Label *Made in the U.S.A.* und insbesondere bei der Verbreitung der sogenannten Null-Toleranz-Maßnahmen – die man übrigens in New York, kein Witz, als Maßnahmen zur Steigerung der „Lebensqualität" bezeichnet hat – lassen sich drei Stufen unterscheiden:

Zuerst die Phase des Reifens, der Umsetzung und der Zurschaustellung in den US-amerikanischen Städten, insbesondere in New York, das man durch systematische Propagandafeldzüge zum Mekka der Sicherheit gemacht hatte. In dieser Phase spielen die neokonservativen *Think tanks* wie das Manhattan Institute, die Heritage Foundation, das American Enterprise Institute und einige andere die Schlüsselrolle. Sie prägen die Begriffe und verbreiten sie dann in den herrschenden Klassen der USA. Das gehört zum Krieg gegen den Wohlfahrtsstaat, der seit dem sozialen und rassenpolitischen *Backlash* tobt, den die USA seit Mitte der siebziger Jahre erleben.

Danach kommt die Import-Export-Phase, erleichtert durch die Verbindungen zu den gleichgesinnten *Think tanks*, die im letzten Jahrzehnt in ganz Europa und vor allem in Großbritannien aus dem Boden geschossen sind. Ebenso wie auf dem Gebiet der Beschäftigungs- und der Sozialpolitik dient England als Trojanisches Pferd und als „Akklimatisierungsschleuse" für die neuen neoliberalen Strafvorschriften, die man in Europa propagieren will. Großen Einfluß übt hier das Institute for Economic Affairs aus, das zuerst Charles Murray nach Großbritannien holt, der für Einschnitte im Sozialbereich plädiert. Dann Lawrence Mead, der auf ein Programm dringt, das Unterstützung nur gegen Arbeit gewähren will. Und schließlich William Bratton, der die Europäer zu „null Toleranz" bekehren will. Der Export der neuen amerikanischen Law-and-order-Produkte hat einen so durchschlagenden Erfolg, weil sie auf die Nachfrage der Regierenden in den Importländern stoßen. In den vergangenen Jahren haben sie sich dem Dogma des sogenannten freien Marktes und – vor allem im Sozialbereich und in der Wirtschaft – dem Imperativ „Weniger Staat!" unterworfen.

Die *dritte* und letzte Etappe besteht darin, all diesen Maßnahmen einen dünnen wissenschaftlichen Anstrich zu verpassen, dann wird es schon klappen. Man hat den Bürgern sozusagen die konservative Katze im kriminalwissenschaftlichen Sack verkauft. Man findet in jedem Land Intellektuelle, die spontan die Rolle der „Schmuggler" übernehmen, indem sie mit ihrer wissenschaftlichen Autorität die Übernahme der amerikanischen Politik und der damit verbundenen Methoden propagieren, um Gesetz und Ordnung in ihren eigenen Gesellschaften zu verschärfen.

Heißt das, daß Europa den amerikanischen Weg einschlägt, das amerikanische Modell pauschal übernimmt und Polizei und Gefängnisse gleichermaßen zur Eindämmung der Armut einsetzt?

In fast allen europäischen Ländern hat die Zahl der Inhaftierten stark zugenommen. Die Mehrzahl von ihnen ist arbeitslos, unsicher beschäftigt oder Ausländer. Zudem gab es eine spürbare Verschärfung einer Strafpolitik, die heute viel deutlicher auf den „Schutz der Gesellschaft" abzielt und viel weniger auf Resozialisierung. In erheblich größerem Umfang werden strafrechtliche Mittel eingesetzt, um die negativen Effekte der zunehmenden Beschäftigungsunsicherheit einzudämmen. Selbst die Programme zur Unterstützung der Allerärmsten werden nach dem Grundsatz *Kontrolle und Strafe* reorganisiert. Überall wird ein rigider und vereinfachender „Anticrime"-Diskurs propagiert, der aus einer anderen Zeit stammt und den man uns nur deswegen als flexibel und neu präsentiert, weil er aus den Vereinigten Staaten kommt. In Frankreich zum Beispiel ist „Sicherheit" zu einer vorrangigen Staatsaufgabe gemacht worden – aber erst nachdem man „Sicherheit" auf physische Sicherheit vor Verbrechen reduziert und sie willkürlich von sozialer und medizinischer Sicherheit, von Beschäftigungs- und Ausbildungssicherheit getrennt hat. Diese Thematik kommt auf direktem Wege aus den neokonservativen *Think tanks*, die sie nach England exportiert haben, wo sie auf europäische Temperatur gebracht wird, bevor sie dann in gemeinsamer Anstrengung von Journalisten, Regierungsmitgliedern und Wissenschaftlern verbreitet wird.

Wollen Sie damit sagen, daß Europa die Vereinigten Staaten blind nachahmt?

Keineswegs. Meiner Meinung nach ist man eher dabei, ganz vorsichtig nach einer europäischen – französischen, italienischen, deutschen und so weiter – Variante des strafenden Staates zu suchen. Man will die gesellschaftliche Unsicherheit sozial *und* strafrechtlich in den Griff bekommen. In Frankreich verstärkt man die Anstrengungen in beiden Bereichen zugleich: Auf der einen Seite vervielfacht man die Zahl der ABM-Stellen und der Arbeitsplätze für Jugendliche. Man erhöht – aber nur geringfügig – das RMI genannte Garantierte Mindesteinkommen zur Wiedereingliederung, man erweitert die Zahl derjenigen, die einen Anspruch darauf haben. Man verbessert die medizinische Versorgung und so weiter. Auf der anderen Seite konzentrieren sich Polizei und Gerichte insbesondere auf die so genannten Problemviertel, indem dort auf Dauer Einheiten der Bereitschaftspolizei stationiert werden. Wenn man in den Schulen das Gesetz wieder in Erinnerung rufen will, tritt ein Richter an die Stelle des Lehrers. Man erläßt widerrechtliche Bettelverbote, man wendet die in den Regeln zur Untersuchungshaft enthaltenen Vorschriften für das sofortige Erscheinen vor Gericht absichtlich nicht an auf anhängige Fälle, weil man gegen „städtische Gewalt" kämpfen muß – faktisch werden die Jugendlichen aus den „Problemvierteln" mit einer Art „Gefängnisprämie" belohnt. Man erhöht die Strafen für rückfällig gewordene Straftäter, beschleunigt die Abschiebung von Ausländern, die somit doppelt bestraft werden, und schafft die Freilassung auf Bewährung praktisch ab.

In gewisser Hinsicht ist diese Vorgehensweise heimtückischer und gefährlicher als die amerikanische, weil sich hinter den gestiegenen Möglichkeiten im Sozialbereich ein übermäßiger Ausbau des Polizei- und Justizapparats verbirgt. Dieser eignet sich nach und nach Vorrechte und finanzielle Mittel an, die früher dem Sozial- und dem Ausbildungsbereich zustanden. So läßt sich eine vorgeblich fortschrittliche und ausgewogene, aber zutiefst rückschrittliche Politik präsentieren, eine Politik, die auch als sozial und ideologisch reaktionär bezeichnet werden kann. Und dazu die unvermeidliche Leier „Wir müssen Prävention *und* Repression miteinander verbinden". Die Vereinigten Staaten akzeptieren ihre Politik der Kriminalisierung der Armut und vertreten sie nach außen, sie sind sogar stolz darauf. Frankreich dagegen heuchelt und versteckt die Bestrafung der Armut, die es um so weniger eingestehen kann, als es eine Regierung hat, die links zu stehen meint und dies auch immer wieder behauptet.

Der Unterschied zwischen den Vereinigten Staaten und Frankreich – als einem Beispiel für die kontinentaleuropäischen Länder – besteht darin, daß Frankreich Armut vor allem auf dem Umweg über Polizei und Gerichte bestraft, weniger mittels des Gefängnisses, und durch die Umdefinierung der Aufgaben der Sozialdienste. Die „Fassade", nicht der „Hinterhof" des Strafapparats kümmert sich um die Teile der Bevölkerung, die als „problematisch" gelten, weil sie sich nicht den Anforderungen der „flexibilisierten" Arbeit unterwerfen, das heißt einer gesteigerten Ausbeutung, die für ungelernte Arbeiter heute die einzige Alternative zur Langzeitarbeitslosigkeit ist. Das folgt eher einer *panoptischen* Logik als einer Logik der Segregation oder der Belohnung.

Es besteht ein enger Zusammenhang zu der aktiven Rolle, die die Sozialdienste übernehmen sollen. Sie sind es, die über die Datenverarbeitung, die Bürokratie und über die Mitarbeiter verfügen, um mit diesen „Mitteln“ diejenigen, deren Lebensgrundlage unsicher ist oder die angesichts der neu ausgerichteten Arbeitsplatzangebote überflüssig sind, aus nächster Nähe überwachen und bevormunden. Ich nenne das „soziale Überwachung“.

Die Frage ist, ob dieser europäische Weg eine „Alternative“ zum amerikanischen Weg des Wegsperrens ist, oder ob es sich nur um einen Schritt auf dem Weg zur Masseninhaftierung handelt.

Wenn man in den sogenannten Problemvierteln Polizei stationiert, ohne dort die Lebens- und Arbeitsmöglichkeiten zu verbessern, kann man sicher sein, daß die Zahl der Festnahmen und der Verurteilungen steigt. Also auch die Zahl der Gefängnisinsassen. Die Zukunft wird zeigen, in welchem Ausmaß dies geschieht. Wenn gegenwärtig ganze Bevölkerungsklassen und -gruppen, die durch die Umstrukturierung der Wirtschaft und des Staates an den Rand gedrängt werden, schrittweise und „sanft“ unter Polizei- und Justizaufsicht gestellt werden, dann wird damit der Pakt mit diesen Bürgern fundamental gebrochen. Man macht sie zu Bürgern zweiter Klasse, man unterwirft sie einer permanenten, aktiven und genauen Kontrolle durch die staatlichen Behörden und verdächtigt sie von vornherein einer moralischen – wenn nicht sogar strafrechtlichen – Abweichung. Man sieht, wie paradox – und wie skandalös – eine Politik ist, die die armen, in den sogenannten Problemvierteln „geparkten“ Leute bestraft und gleichzeitig von demokratischen Werten und von der Gleichheit der Bürger spricht.

In seinem Buch Was heißt sprechen?[2] *sagt Pierre Bourdieu: „Es gibt [...] keine neutralen Wörter.“*[3] *Dies legt ja den Gedanken nahe, daß die gegenwärtige Sicherheitsdebatte eine erhebliche symbolische Dimension hat, und daß wir uns vor den Worten in acht nehmen müssen, mit denen wir über Sicherheit, Kriminalität, Gewalt, den Staat usw. nachdenken sollen.*

In der Tat, die symbolische Dimension dieses im wahrsten Sinne politischen Kampfes ist von größter Bedeutung. Man darf ja das Auftreten des *Liberal-Paternalismus* nicht nur im Zusammenhang mit Ausbeutung und Repression denken. Man muß es – wie Michel Foucault in seiner berühmten Untersuchung über die Erfindung der Sexualität angeregt hat – auch von der *Produktion* her betrachten. Der Übergang vom Wohlfahrtsstaat zum strafenden Staat ist außerordentlich produktiv: Er bringt neue Kategorien hervor, wie zum Beispiel „Problemviertel“ mit „Problembewohnern“, die zu jeder Form der „städtischen Gewalt“ bereit seien. Dazu gehört auch die blöde

Parole „Null Toleranz“, die einige überall dort anwenden oder bekräftigt sehen wollen, wo in Mißkredit geratene Ordnungssysteme (Straße, Schule, Familie, Firma) wieder etabliert werden sollen. Dieser Übergang bringt auch neue Diskurse hervor, in Frankreich etwa den von der Regierung der *Gauche plurielle* unablässig wiedergekäuten über „Sicherheit“. In einer paradoxen Umkehrung wird dabei die Tatsache, daß *quartiers populaires* unter die Aufsicht von Polizei und Justiz gestellt werden, als sozialer Fortschritt präsentiert, von dem die Bewohner dieser Viertel angeblich sogar profitieren. Hervorgebracht hat dieser Übergang auch neue Institutionen und neue Akteure, etwa die Unternehmen des *Conseil en sécurité* [Sicherheitsrat] und die *Adjoints de sécurité* [Sicherheitshilfskräfte]: 16000 neue Arbeitsplätze für Jugendliche, die dabei helfen sollen, Stadtrandgebiete, deren Bewohner von Arbeitslosigkeit und unsicheren Arbeitsverhältnissen besonders betroffen sind, zu überwachen. Jetzt gibt es auch neue Justizpraktiken: sofortiges Erscheinen vor Gericht, außergerichtliche Einigung. Unter dem Vorwand, die Verfahren effizienter zu machen, entsteht so eine Justiz, die nach ethnischer und klassenmäßiger Herkunft unterscheidet.

Kurz gesagt: Die Bestrafung des Lebens in Unsicherheit schafft eine Realität, und zwar eine Realität nach Maß, um das Auftreten des strafenden Staates nach dem Prinzip der „self-fulfilling prophecy“ zu legitimieren.

Haben Sie dafür ein konkretes Beispiel?

Wenn man den geringsten Verstoß gegen die Schuldisziplin zu einem Straftatbestand macht, der automatisch vor Gericht gebracht wird, dann schafft man zwangsläufig eine Flut von „schulischer Gewalt“, die – in der Umkehrung und unter Beihilfe der Medien – die „Partnerschaft“ zwischen Schule und Polizei rechtfertigt, die diese „schulische Gewalt“ überhaupt erst hervorgebracht hat und die schleichende Verschmelzung der beiden Institutionen befördert.

Denken Sie, daß die Europäer der Versuchung widerstehen können, alle Probleme auf diese Weise – vor allem aber durch „Wegsperren“ – lösen zu können? Und wenn ja, wie?

Das glaube ich, und darum hatte ich andere Arbeiten beiseite gelegt, um *Elend hinter Gittern* zu schreiben. In den Vereinigten Staaten ist die Kriminalisierung der Armut etwas ganz Normales geworden. In Zukunft wird sie ein Bestandteil der staatlichen Strukturen und der öffentlichen Kultur sein. Im Gegensatz dazu sind die Würfel in Europa noch lange nicht gefallen.

Man will uns unsichere Beschäftigungsverhältnisse des öfteren als eine von der Natur gegebene Notwendigkeit verkaufen, die auch noch aus den USA kommt. Unsichere Beschäftigungsverhältnisse sind aber ebensowenig unvermeidbar wie die Inflation der Gefängnisse. Der Rückgriff auf den Gefängnisapparat ist in hochentwickelten Gesellschaften keine unabwendbare Notwendigkeit, sondern eine Frage politischer Entscheidungen. Und diese Entscheidungen müssen in voller Kenntnis der Tatsachen – und ihrer Konsequenzen – gefällt werden!

Welche Alternativen gibt es zur Bestrafung sozialer Unsicherheit?

Um ihr entgegenzutreten, wird man an drei Fronten kämpfen müssen.

Die *erste Front* ist die Ebene der Worte *und* Diskurse. Hier muß man die semantischen Tendenzen bremsen, die auf der einen Seite den Raum für Debatten schrumpfen lassen, zum Beispiel indem der Begriff *Unsicherheit* auf *physische* oder *kriminelle* Unsicherheit begrenzt und über *soziale* und *wirtschaftliche* Unsicherheit nicht gesprochen wird. Und die auf der anderen – durch die Verwendung so vager und unklarer Begriffe wie „städtische Gewalt“ – zu einer Verharmlosung des strafrechtlichen Umgangs mit den Spannungen führen, die mit den wachsenden gesellschaftlichen Ungleichheiten zusammenhängen. Es ist dringend geboten, den Pseudotheorien der amerikanischen *Think tanks* dicht auf der Spur zu bleiben und sie einer strengen Kontrolle, das heißt einer rigorosen logischen und empirischen Kritik zu unterziehen.

Als *nächstes* muß man auf der Ebene von Justizpolitik und Justizpraxis die Vervielfachung der Maßnahmen verhindern, durch die das Strafnetz „erweitert“ werden soll, und man muß – wo immer es machbar ist – Alternativen im Sozialbereich anbieten, im Gesundheits- und Erziehungswesen. Wir müssen stärker betonen, daß polizeiliche Überwachung und Gefängnisstrafen alles andere als eine Lösung sind, sondern in der Regel die Probleme vergrößern und verschlimmern, die sie angeblich lösen sollen. Gefängnisstrafen treffen bekanntlich meistens vor allem die verarmten Teile der Arbeiterklasse – Arbeitslose, unsicher Beschäftigte und Neueinwanderer –, und sie sind darüber hinaus ein hervorragendes Mittel, um Menschen in die Armut zu treiben. In diesem Zusammenhang muß man immer wieder daran erinnern, wie schlimm die Bedingungen und Auswirkungen der Inhaftierung sind – nicht nur für die Gefangenen selbst, sondern auch für ihre Familien und deren Wohnviertel.

Schließlich kann viel bewirkt werden, wenn zwischen sozialen Aktivisten und Wissenschaftlern eine Zusammenarbeit gelingt, um juristische und soziale Probleme gemeinsam und in Verbindung miteinander zu lösen. Das müßte auf *europäischer Ebene* geschehen, um die intellektuellen und praktischen Ressourcen für diesen Kampf zu optimieren. Es gibt ungeheuere Mengen an wissenschaftlichen und politischen Kenntnissen, die auf dem ganzen Kontinent – und darüber hinaus – ausgebeutet und geteilt werden müssen. Wissenschaftler und Aktivisten aus den Vereinigten Staaten besitzen umfangreiche Erfahrungen über die riesigen gesellschaftlichen und menschlichen Kosten der massenhaften Inhaftierung. Die einzig wahre Alternative zu der – strengen oder weniger strengen – Bestrafung der Armut ist die Schaffung eines europäischen Sozialstaats, der diesen Namen verdient. Das beste Mittel, die Gefängnisse zum Rückzug zu zwingen, ist immer noch und immer wieder die Stärkung und der Ausbau der sozialen und wirtschaftlichen Rechte.

Das Gespräch führten Elisabeth Blum und Peter Neitzke im August 2001

Deutsch von Christian Voigt, Berlin

Anmerkungen

1 Konstanz (Universitätsverlag Konstanz) 2000. Die Originalausgabe ist 1999 unter dem Titel *Les prisons de la misère* erschienen bei Editions Raisons d'Agir, Paris.

2 Wien (Braumüller) 1990. Die Originalausgabe ist 1982 unter dem Titel *Ce que parler veut dire* erschienen bei der Librairie Arthème Fayard, Paris.

3 *Was heißt sprechen?*, S. 14

Trutz von Trotha

Ordnungsformen der Gewalt oder Aussichten für die Zukunft des staatlichen Gewaltmonopols

Der moderne westliche Staat hat seinen Zenit überschritten. Darüber herrscht unter vielen, die sich mit dem Staat beschäftigen, weitgehende Übereinstimmung. In einem einflußreichen Buch mit dem bezeichnenden Titel *The Rise and Fall of the State* behandelt der israelische Militärhistoriker Martin van Creveld den Staat schon heute als eine Erscheinung der Vergangenheit.[1] Uneinig ist man sich allerdings über die Frage: Wie wird die Zukunft der westlichen und außerokzidentalen politischen Ordnungen aussehen?[2]

Im Kern der Frage nach der Zukunft der politischen Ordnungen liegt die Frage nach der Zukunft des staatlichen Gewaltmonopols, dem sachlichen und deshalb auch definitorischen Kern des Staates. Dieser Zukunft gelten die nachfolgenden Beobachtungen und Überlegungen. Ich lege sie in drei Schritten dar.

Im ersten Schritt verknüpfe ich die soziologische Anthropologie der Gewalt von Popitz[3] mit den Überlegungen von Sahlins zur politischen Philosophie der Gabe[4] und Mauss' Konzept von der „totalen sozialen Tatsache"[5]. Diese Verbindung fügt sich zu einer ‚neo-hobbesschen Perspektive' auf die Gewalt, aus der zwei Grundtypen von ‚Ordnungsformen der Gewalt' in das Blickfeld kommen: die Ordnung der gewalttätigen Selbsthilfe und die Ordnung des staatlichen Gewaltmonopols. Im zweiten Schritt erweitere ich die Typologie von Ordnungsformen der Gewalt. Unter Berücksichtigung der Rolle der Gewalt in Politik und Verwaltung, der rechtlichen ‚Domestikation' der Zentralherrschaft[6], der Gewaltkultur und des Urbanisierungsgrades von Gesellschaften unterscheide ich insgesamt vier Typen von ‚gesamtgesellschaftlichen Ordnungsformen der Gewalt', von denen ich hier jedoch nur zwei skizzieren möchte[7]: die ‚Ordnung der gewalttätigen Verhandlung' und die ‚wohlfahrtsstaatliche Ordnung'. Im dritten Schritt gehe ich auf einige Aspekte der jüngsten Veränderungen in den Formen des Gewaltmonopols in den westlichen Wohlfahrtsstaaten ein, in denen sich Ausblicke auf die Zukunft einer Ordnungsform der Gewalt bieten, die ich ‚präventive Sicherheitsordnung' nenne.

Ordnungsformen der Gewalt – eine neo-hobbessche Perspektive

„Zusammenleben heißt stets auch sich fürchten und sich schützen“[8] – sich fürchten vor und sich schützen gegen die Gewalt. Die Furcht vor der Gewalt und das Bedürfnis und die Notwendigkeit, sich vor ihr zu schützen, bestimmen wesentlich mit, was wir Vergesellschaftung und soziale Ordnung nennen. Zusammenleben steht im Horizont der Gewalt, und in diesem Sinne sind Vergesellschaftung und soziale Ordnung gewaltbestimmt.

Der zentrale Ort der Gewalt für die Vergesellschaftung und die soziale Ordnung hat eine anthropologische Grundlage, die Popitz[9] treffend wie kein anderer benannt hat: die menschliche „Verletzungsoffenheit“ und „Verletzungsmächtigkeit“, die „Entgrenzung des menschlichen Gewaltverhältnisses“, die „Uferlosigkeit“ der menschlichen Vorstellungsfähigkeit oder die Phantasiebegabtheit des Menschen[10] und die „Entgrenzung des Könnens“.

Diese verschiedenen Seiten der Verfaßtheit des Menschen machen ihn äußerst verletzlich und unvergleichlich verletzungsmächtig. Kein genetisches Programm schränkt seine Gewalttätigkeit auf bestimmte Situationen ein. Seine Motivationen zur Gewalt sind so unterschiedlich und vielfältig, daß sie sich einer endlichen oder wenigstens einigermaßen überschaubaren Liste entziehen. Gewalt ist eine Handlungsressource für jedermann, und zum Täter kann jeder werden. Den Opferkategorien sind keine Grenzen gesetzt. In ihren Gewaltphantasien sind Menschen maßlos zerstörerisch und gefahrlos allmächtig wie Gott und in ihren Opferalpträumen so unendlich verletzlich und nichtig, wie der Überlegene sich allmächtig fühlt und angesichts von Waffen fühlen kann, mit denen er den Gegner zu Boden geworfen hat, und die inzwischen zu einer Ausrottungstechnologie entwickelt sind, welche die Menschheit selbst ‚mit einem Schlag‘ vernichten kann.

Konfrontiert der Unaufhebbarkeit der Gewalt und der Furcht vor ihr liegt die Last des Friedens auf der politischen Ordnung. Sie hat zwei grundsätzlich verschiedene Formen, zwei Grundtypen von Ordnungsformen der Gewalt: die ‚Ordnung der gewalttätigen Selbsthilfe‘ und den ‚Staat‘ mit seinem Anspruch auf das Gewaltmonopol.

Zwei Grundtypen von Ordnungsformen der Gewalt: Die Ordnung der gewalttätigen Selbsthilfe und des staatlichen Gewaltmonopols

In der Ordnung der gewalttätigen Selbsthilfe bleiben die Gesellschaft und ihre Teile – Haushalte, Verwandtschaftsgruppen, Residenzgruppen, Dörfer, Städte, Adelsstände und so weiter – als politische Einheiten erhalten. Ihre Autonomie wird im Recht auf gewalttätige Selbsthilfe gewährleistet. Der Verkehr zwischen den Mitgliedern der Gesellschaft hat die Form eines politischen Vertrags oder, wie es bei Sahlins über die Beziehungen der Menschen in der ‚primitiven Gesellschaft' heißt: „alle [ihre, TT] Unternehmungen sind Friedensverträge."[11] Das Werkzeug der Friedensstiftung ist die Gabe, der Grundsatz der Reziprozität, der ebenso allgegenwärtig wie die Gewalt ist, die er zu überwinden sucht.

Die Ordnung der gewalttätigen Selbsthilfe hat die unterschiedlichsten Gestalten angenommen und ist in der Geschichte der Menschheit der historische ‚Normalfall'. Sie reicht von den reinen Selbsthilfeordnungen der akephalen Gesellschaften bis zu den Protostaaten, in denen die gewalttätige Selbsthilfe territorial (innerhalb des Machtbereiches der städtischen Zentren) und sozial (Kriegeradel) extrem eingeengt sein mag. Mit Blick auf weite Teile ihres ‚Hinterlandes' zähle ich zu ihnen jedoch auch die großen Reiche, von denen Michael Mann in seiner *Geschichte der Macht*[12] zu Recht sagt, daß sie kein Gewaltmonopol innehatten und in ihrem „äußeren Kreis", dem geographisch extensivsten Bereich, sich damit begnügten, durch Strafaktionen und Tributforderungen die Abhängigkeit dieser Bereiche vom politisch-militärischen Zentrum sicherzustellen. Otto Brunner hat in seiner bahnbrechenden Studie *Land und Herrschaft*[13] noch die spätmittelalterliche Landesverfassung als eine Ordnung der gewalttätigen Selbsthilfe charakterisiert, insofern sie „rechte Gewalt, Fehde und Widerstand, auch gegen die Obrigkeit" kannte und selbst dem Einzelnen diese „rechte Gewalt" der Fehde zuerkannt hat.[14]

Die Monopolisierung der Gewalt in der staatlichen Herrschaft setzt voraus, daß der zentrale Herrschaftsapparat die Freiheit der gewalttätigen Selbsthilfe zerschlägt. Das schließt ein, daß es zu einer radikalen Umkehrung beim Umgang mit der Unaufhebbarkeit der Gewalt und der Furcht vor ihr kommt. Mit der Monopolisierung der Gewalt wird sozusagen ein vollständig neuer Boden der Vergesellschaftung und der sozialen Ordnung eingezogen, gezimmert aus dem stehenden Heer und den vielfältigen Einrichtungen der innerstaatlichen Zwangsgewalt, hauptsächlich von Polizei und Justiz. Die Dominanz der Selbsthilfe, die die akephale Ordnung bestimmt, weicht der gewalttätigen, unbedingten und hin und wieder rechtsstaatlich domestizierten Dominanz des zentralen Herrschaftsapparates. Der Schrecken, der vom Recht der gewalttätigen Selbsthilfe ausgeht und Reziprozität zu einer totalen sozialen Tatsache im Sinne von Marcel Mauss macht, weicht dem Schrecken, dessen Quelle die überlegene staatliche Zwangsgewalt ist, die das Monopol der legitimen physischen Gewalt zur totalen sozialen Tatsache macht: Die staatliche Verwaltung steht grundsätzlich im Verweisungszusammenhang auf das Monopol der legitimen physischen Gewalt. Treffend schreiben die Forscher des Berliner Instituts für Bürgerrechte und öffentliche Sicherheit: „Wenn man vom Monopol legitimer physischer Gewaltsamkeit redet, darf man sich nicht auf die Apparate beschränken, die die physische Gewaltsamkeit des Staates unmittelbar repräsentieren. Man muß die Bürokratie insgesamt als die Herrschaft im Alltag behandeln“ und „man könnte die verschiedenen Verwaltungszweige nach ihrer Nähe oder Ferne zur Polizei klassifizieren. Ganz entschwindet die Polizei nie.“[15] Und sie fügen hinzu, daß der untergründige Boden der staatlichen Ordnung nicht nur polizeilichen, sondern ebenso militärischen Charakters ist: „Tritt die Polizei spätestens dann auf den Plan, wenn die allgemeine Verwaltung sich nicht durchzusetzen vermag, so das Militär spätestens dann, wenn dem polizeilichen Akteur die Definitionsgewalt bürgerlichen Handelns entgleitet. […] Das Kontinuum Bürokratie–Polizei wird von der Polizei zum Militär fortgesetzt.“[16] Die Beziehung Verwaltung–Polizei–Militär schließt ein, daß aller Streit und Konflikt im „Schatten des Leviathan“[17] ausgetragen wird, und der Vorgang der Gewaltmonopolisierung mit einem Integrationsvorgang der Macht verbunden ist. Auf der „Endstufe“ der Institutionalisierung von Macht – mit ihrer typischen Veralltäglichung zentraler Herrschaft – geraten alle sozialen Einheiten in Abhängigkeit vom staatlichen Herrschaftsapparat.[18] Es kommt zu einer Verstrafrechtlichung der Gesellschaft und einer Vergesellschaftung des Strafrechts[19]. In den westlichen Staaten sind die Debatten über ‚Gewalt in der Familie‘ und ‚Gewalt gegen Frauen‘ beispielhaft. In diesen Diskursen dringt der Anspruch auf das Gewaltmonopol bis in das Verhältnis der Familienmitglieder und von Ehefrau und Ehemann vor.

Mit den staatlichen Grundlagen der sozialen Ordnung wandelt sich die Bedeutung des Grundsatzes der Reziprozität. Sein Stellenwert als politisches Organisationsprinzip des unmittelbaren sozialen Verkehrs nimmt ab. Er wird zu einem sozialen Ordnungsprinzip und zieht sich als solches mit wachsender Machtintegration auf den sozialen Nahraum zurück. Er wird privatisiert. Zugleich wird der Reziprozitätsgrundsatz verstaatlicht. Der zentrale Herrschaftsapparat eignet sich die Aufgabe an, für den „sachten“ Umgang[20] der Menschen untereinander Sorge zu tragen. Dafür setzt er seinen Zwangsapparat ebenso wie all die Verteilungsmechanismen von Gütern, Status und gesellschaftlichen Chancen ein, die den Aufstieg des westlichen Wohlfahrtsstaates geprägt haben. Der umfassende Regelungsanspruch des westlichen Wohlfahrtsstaates entspricht dem unbedingten Ausschließlichkeitsanspruch des Gewaltmonopols und ist das für die staatliche Ordnung, was der allgegenwärtige Reziprozitätsgrundsatz für den politischen Gegenpol, die akephale Gesellschaft, ist.

Mit Gewaltmonopol und wohlfahrtsstaatlicher Machtintegration verändern sich gleichfalls die Tugenden der Mitglieder der Gesellschaft. Der wohlfahrtsstaatliche ‚Staatsbürger' wird instanzenorientiert[21] ‚individualisiert' und zieht, entmachtet und von der Bürde der gewalttätigen Selbsthilfe entlastet, schließlich im Bereich der männlich bestimmten Vergesellschaftung den Tugenden des Kriegers die Tugenden des pazifizierten Kriegers, des Politikers, Managers, Juristen, Sportlers und friedlichen Abenteurers oder die managerial-unternehmerischen ‚Tugenden' der professionellen und organisierten Kriminalität vor.

Mit dem Gewaltmonopol und wachsender Machtintegration rückt der Staat in den Mittelpunkt des Gewaltproblems. Er wird als Gewaltmonopolist selbst zum zentralen Gewaltproblem, worauf – selten genug – die zerbrechlichen Regelungssysteme der Gewaltenteilung und des Rechtsstaats Antworten zu geben versuchen. Ebenfalls wird der Staat das Zentrum der Organisation der Gewalt und des Diskurses über sie. Mit seinen Institutionen – von der Schule bis zum V-Mann – und seiner Definitionsmacht, die er nicht zuletzt im Strafrecht ausübt, bestimmt der staatliche Herrschaftsapparat die Organisation und die Kultur der Gewalt. Zu letzterer gehört unsere Wahrnehmung, das heißt die Bedeutung, die wir der Gewalt geben. Wie die Streitregelung im Schatten des Leviathans steht, steht der Gewaltdiskurs im Schatten des Kriminalitätsdiskurses der staatlichen Einrichtungen.

Wie jede Form der Macht ist auch der Anspruch auf das Gewaltmonopol stets zerbrechlich und konfliktträchtig. Seine Durchsetzung ist so voraussetzungsreich, daß der Anspruch, historisch gesehen, typischerweise uneingelöst bleibt. Noch auf der „Endstufe" der Institutionalisierung von Herrschaft, die „im Prinzip" der westliche Wohlfahrtsstaat erreicht hatte[22], bleibt der Anspruch prekär. Ein beispielhafter Blick auf gegenwärtig bestehende Typen von Ordnungsformen der Gewalt kann diesen Sachverhalt verdeutlichen.

Die Ordnung der gewalttätigen Verhandlung und die wohlfahrtsstaatliche Ordnung

‚Ordnungsformen der Gewalt' nenne ich die institutionalisierten Formen der Gewalt. Spätestens mit der Zentralisierung von Herrschaft auf dem Niveau von Groß-Häuptlingstümern und der entsprechenden sozialen Differenzierung ist jede Gesellschaft ein Gefüge aus konfligierenden Ordnungsformen der Gewalt. Stets gibt es von diesem Zentralisierungsniveau an unterschiedliche Institutionalisierungen der Gewalt, die den Grenzen von Ständen, Schichten, sozialen Räumen oder Subkulturen folgen. Hier interessieren jedoch nur ‚gesamtgesellschaftliche' Ordnungsformen der Gewalt. Darunter verstehe ich solche binnengesellschaftlichen Formen der Institutionalisierung der Gewalt, die auf der umfassendsten Ebene einer sozialen Einheit institutionalisiert sind. In den Augen der Mitglieder der Gesellschaft endet jenseits dieser Ebene definitiv die Zugehörigkeit zur eigenen Gesellschaft und Kultur. Es ist die Ebene, auf der in vielen segmentären Gesellschaften im Konfliktfalle typischerweise nur noch Krieg möglich ist; für Staaten beginnt hier der Bereich der Außenpolitik. Gesamtgesellschaftliche Ordnungsformen der Gewalt kennzeichnen eine Gesellschaft als Ganze, nicht nur einzelne Teile von ihr.

Wie erwähnt, unterscheide ich mehrere Typen von Ordnungsformen der Gewalt. Nach den Regeln der internationalen Diplomatie werden alle diese Typen von Gesellschaften als ‚Staaten' bezeichnet. An einem dieser Typen will ich jedoch beispielhaft zeigen, daß das staats- und völkerrechtliche Auge für die zeitgenössischen Wirklichkeiten politischer Ordnungen nahezu blind ist. Was wir in großen Teilen der Welt vorfinden, sind keine ‚Staaten', sondern bestenfalls zentralisierte Herrschaftsapparate im Sinne der Popitzschen Machttheorie.[23]

Die Ordnung der gewalttätigen Verhandlung – das Beispiel Papua-Neuguinea

Die Ordnung der gewalttätigen Verhandlung teilt viele Erscheinungsformen, welche die neo-despotischen Ordnungen kennzeichnen, die vor allem dem postkolonialen Schwarzafrika sein besonderes Gesicht geben. Die Ordnung der gewalttätigen Verhandlung ist eine kleinbäuerlich bestimmte Ordnung. Kulturelle, ethnische, soziale und politische Vielfalt und die geringe Integration der zahllosen Gemeinschaften und Kulturen in einem gemeinsamen Staatsverband übersteigen bei weitem alle bestehenden Organisationsressourcen des Staates. In Papua-Neuguinea werden manche Gebiete sogar offiziell als *non-governmental areas* eingestuft. Diese stehen fast gänzlich jenseits eines dauerhaften staatlichen Einflusses. Die Bevölkerung dieser Regionen lebt weitgehend außerhalb des Bereiches, für den die staatliche Verwaltung Interesse hat und Ansprüche geltend macht. Weitgehend unbehelligt von Politik und staatlicher Verwaltung, ordnen die Menschen dieser Regionen ihre Angelegenheiten nach eigenständigen Vorstellungen, Bedürfnissen und Traditionen. Die *Nicht-Regierungsgebiete* markieren den äußersten Pol einer differentiellen Struktur zentralherrschaftlicher Machtintegration, deren Kerne die urbanen Zentren sind. ‚Binnen'- und ‚Außenintermediarität'[24] bestimmen das Verwaltungshandeln und den Einsatz despotischen Handelns, das insbesondere spezialisierte Polizeieinheiten praktizieren.[25] Die bürokratisch-direkte Verwaltung konzentriert sich vorrangig auf die Hauptstadt und die städtischen Zentren. Die Lokalverwaltung begnügt sich in den Regionen, die den städtischen Zentren ferner sind, aber den Großteil der Bevölkerung beheimaten, weitgehend mit einer ‚stationären Herrschaft'[26], die in den peripheren Gebieten heutzutage wieder hinter den Integrationsgrad der Macht, den die koloniale Herrschaft erreicht hatte, zurückgefallen ist. Das trifft sogar auf den Verwaltungsapparat selbst zu. Polizeistationen verweigern die Zusammenarbeit mit den örtlichen Gerichten. Polizeibeamte machen sich auf und davon. „District Court Magistrates"[27] schließen eigenmächtig ihr Gerichtsgebäude oder fliehen vor den Drohungen derer, die sie zu richten haben.

Aber die Ordnung der gewalttätigen Verhandlung unterscheidet sich von der neo-despotischen Ordnung durch zwei wesentliche Gegebenheiten. Zum einen setzt sie sich aus Gesellschaften zusammen, die sozial außerordentlich egalitär sind und politisch selbst das Häuptlingstum nur selten und in ganz schwachen Formen ausgebildet haben. Es sind dementsprechend Gesellschaften, die, wie in Papua-Neuguinea, eine ausgeprägte Kultur der gewalttätigen Selbsthilfe entwickelt haben und der reinen Selbsthilfeordnung unter den akephalen Gesellschaften relativ nahekommen. Neben und im Zusammenspiel mit kompensatorisch-konsensuellen Streitregelungsweisen spielt die gewalttätige Selbsthilfe sowohl in profaner als auch in übernatürlicher Form in der Gestalt des ‚Todeszaubers' eine beherrschende Rolle. Der Einsatz von Aktionsmacht in Form von materieller Schädigung, die Blockade von Verbindungswegen, die staatlicherseits als öffentliche Straßen deklariert sind, und die Drohung mit Gewalt gehören zum festen Streitregelungsinventar dieser Gesellschaften.

Zum anderen unterscheidet sich die Ordnung der gewalttätigen Verhandlung von dem größten Teil der gegenwärtigen Staaten der ‚Dritten Welt' dadurch, daß sie auf der Ebene des Zentralstaates ein eigenwilliges, eigenständiges und vergleichsweise funktionierendes parlamentarisches System besitzt. Eindrucksvoll gewährleistet das System der Gewaltenteilung die Unabhängigkeit der Justiz und begrenzt den exekutiven Primat. Die alltägliche Durchsetzung von Sicherheit und Ordnung ist mittels eines rechtsstaatlichen Rechts domestiziert. Im Falle von Papua-Neuguinea fußen die Praktiken und Diskurse des Rechtsstaats auf der britisch-australischen Rechtsordnung und -tradition. Eine bemerkenswert freie Presse sichert eine kritische Öffentlichkeit. Anders als in Lateinamerika gibt es keine Kultur des Ausnahmezustandes, auch wenn in einigen begrenzten Situationen und Regionen, in denen sich gewaltsame Sezessionsbewegungen entwickelt haben[28], auch zum Mittel des Ausnahmezustandes gegriffen wird. Statt dessen gibt es das Zusammenspiel zwischen einer Kultur der gewalttätigen Verhandlung und der Untätigkeit. Es hält die Gewalt gegenwärtig und domestiziert sie. In Papua-Neuguinea betrifft dies drei zentrale Bereiche: die Kriminalität der *raskals*, die ‚Stammeskämpfe' und Landkonflikte.

Zu den folgenschwersten Konfliktbereichen in Papua-Neuguinea zählen die regelmäßig wiederkehrenden Auseinandersetzungen zwischen verschiedenen „Stämmen" oder verschiedenen Klanen innerhalb von „Stämmen", beides „Stammeskämpfe" genannt, die vor allem das zentrale Hochland von Papua-Neuguinea zu einem äußerst konfliktreichen Gebiet machen. Jedes Jahr kommt es zu mehr als hundert tribalen Kämpfen, bei denen meist einige hundert, manchmal mehrere tausend Krieger aufeinandertreffen. Mehr als hundert Menschen kommen jedes Jahr in diesen Auseinandersetzungen um. Die Anlässe für tribale Kämpfe sind so verschieden wie Landstreitigkeiten, Diebstahl, Verkehrsunfälle, Brautpreiszahlungen, Todesfälle, Wettschulden, Gerichtsentscheidungen, die eine der streitenden Parteien nicht hinzunehmen bereit ist. Seit der Unabhängigkeit Papua-Neuguineas im Jahre 1975 gehören besonders Anschuldigungen wegen Korruption und Wahlen zu den Parlamenten und anderen Einrichtungen zu den Gelegenheiten, bei denen mit steter Regelmäßigkeit intensive Auseinandersetzungen ausbrechen. Über die engeren Anlässe hinaus kämpfen die Beteiligten um politischen Einfluß, wirtschaftliche Interessen und die Kontrolle von Boden, der mit dem Vordringen des Marktes und der Verwaltung zu einer wirtschaftlichen Größe unerwarteten Ausmaßes geworden ist. Insbesondere seit Mitte der achtziger Jahre sind die Auseinandersetzungen härter und folgenreicher geworden, weil zunehmend Gewehre in den Kämpfen verwendet werden. Die Ausweisung eines Kampfgebietes als „Feuerzone", mit der die staatlichen Entscheidungsgremien vor einem Betreten der Gebiete warnen und die for-mellen juristischen – aber stets ungenutzten – Möglichkeiten der Polizei, einzuschreiten, erweitern, ist in diesem Sinne wörtlich zu verstehen.

Tribale Kämpfe fallen nicht unter die Regelungen des Strafrechts. Demzufolge befindet die Polizei sich auch ‚im Recht', wenn sie normalerweise abwartet, wie die Kämpfe sich entwickeln. Es bedarf einer gewissen Intensität der Gewalt, bevor die Polizei einschreitet. Diese Intensität wird dann erreicht, wenn es zu einem umfangreicheren Einsatz von Gewehren kommt, die entweder selbst gefertigt sind oder auf dem schwarzen Markt erworben werden. Typischerweise geschieht dies nach langen Verzögerungen, und ebenso charakteristisch ist, daß diese Einsätze der Logik despotischer Verwaltung und paramilitärischen Regeln folgen und selbst wiederum Opfer fordern.[29] Kennzeichnenderweise gehen die Kämpfe nach den Einsätzen der Polizei weiter, wobei die streitenden Parteien sich auf Orte, Zeiten und Taktiken verlegen, die das Eingreifen der Polizei unwirksam machen. Hinzukommt, daß im Falle einer Eskalation des Konflikts die Polizei sich oftmals zurückzieht, „weil sie sieht, daß die Gruppen nicht mehr zu steuern sind", und die Polizei sich unverhüllten Drohungen gegenübersieht.[30] In einer Auseinandersetzung im März 1993 im südlichen Hochland warnten einflußreiche Führer der streitenden Parteien die Polizei ausdrücklich davor, einzuschreiten, weil Polizisten „getötet werden könnten"[31].

Sofern die kriegerischen Auseinandersetzungen nicht dadurch enden, daß die Beteiligten selbst die Kämpfe abbrechen oder eine Verhandlungslösung erreichen, versuchen politisch einflußreiche Persönlichkeiten und die Verantwortlichen in Polizei und Verwaltung, eine Beendigung durch Verhandlungen zu erreichen. Zu diesem Zwecke wurden seit Ende der siebziger Jahre auf Provinzebene Verhandlungsinstitutionen entwickelt, die eine relativ erfolgreiche Vermittlungstätigkeit beanspruchen. In der *Operation Mekim Save* in der Hochlandprovinz *Enga* gehörten dazu Schlichtungsteams aus einem bunten Gemisch von Beamten, Polizisten, Mitgliedern der Provinzregierung, Amtsrichtern, Dorfrichtern und Dorfbürgermeistern. Ausdrücklich knüpfte diese Operation an das traditionelle Streitregelungsverfahren im Falle von intertribalen Kämpfen an, das einem dritten Stamm, üblicherweise einem nichtbeteiligtem Nachbarstamm, gebot, sich als Schlichter in den Konflikt einzuschalten. Die Rolle dieses Dritten fiel nun den Schlichtungsteams zu.[32]

Die Strategie des Abwartens, mäßigen Polizeieinsatzes und der Verhandlung bestimmt auch den politisch-administrativen und polizeilichen Umgang mit Landrechtskonflikten, die mit der Kommerzialisierung des Bodens in Papua-Neuguinea endemisch sind. Neben ‚Landbesitzern', die der Streit um ein Stück Boden oft erst definieren muß, und privaten Unternehmen, sehen sich in solchen Landrechtsauseinandersetzungen häufig Landbesitzer und ‚der Staat' in Gestalt der Zentral- oder Provinzregierungen als Widersacher einander konfrontiert. Der Kampf um Landrechte ist regelmäßig ein Kampf um Ausgleichszahlungen für kommerzielle oder administrative Nutzungen, die ein Stück Boden mit einem Male finanziell hoch interessant machen. Die geforderte Höhe der Kompensationszahlungen ist, wie erwähnt, meist exorbitant. In vielen Fällen ist sie ohne Bezug zum tatsächlichen Marktwert des Bodens – aber um so mehr zum ‚Marktwert' autochthoner Rechte und der politischen Kultur indigenen Landbesitzes. Im Laufe eines Konfliktes um Kompensationsforderungen kommt es üblicherweise zur Blockierung des Zugangs zu dem umstrittenen Gebiet. ‚Landbesitzer' drohen, die Gebäude, die auf dem strittigen Boden stehen, zu zerstören, Pipelines, die durch das Gebiet führen, werden unterbrochen, Telefon- und Telegrafenverbindungen gekappt. Die Verantwortlichen in Verwaltung und Politik antworten auf diese Selbsthilfeaktionen mit großer Zurückhaltung beim Einsatz der Polizei. Das gilt selbst, wenn auch in verringertem Maße, für die Hauptstadt und die wenigen städtischen Zentren. In allen Fällen werden Verhandlungslösungen gesucht. Amtlicherseits wird in diesen Verhandlungen die Legitimität der Forderungen und der Selbsthilfeaktionen normalerweise nicht grundsätzlich in Frage gestellt. Für beide Seiten ist die Verhandlung ein Weg, um die gewaltsame Konfrontation zu vermeiden. Eine gewaltsame Auseinandersetzung ist für jede Seite mit zu vielen Unsicherheiten belastet. Die Verhandlung bietet darüber hinaus den staatlichen Stellen die Möglichkeit, den Reigen von Versprechungen und Untätigkeit in Gang zu halten, das ‚Spiel' der leeren Versprechungen zu ‚spielen'.

Ein beispielhafter, weil alltäglicher und gewöhnlicher Fall, wie er sich an zahllosen anderen Orten und in ähnlicher Weise abspielt, ereignete sich im November 1991 im Einzugsbereich der Hauptstadt Port Moresby. Etwa 400 Landbesitzer der *Koiari* drangen in ein Elektrizitätswerk ein, zwangen das Personal, das Elektrizitätswerk abzuschalten und das Gebäude zu verlassen. Port Moresby war daraufhin ohne Strom. Das Elektrizitätswerk unter ihrer Kontrolle, marschierten einige hundert Koiari vor das Gebäude des nationalen Parlaments und machten dort ihre Kompensationsforderungen bekannt. Sie gründeten sie auch auf den Umfang der Stromlieferungen des Elektrizitätswerks. Die Forderungen beliefen sich auf insgesamt etwa 85 Millionen US-Dollar. Die Polizei schritt ein und zerstreute die Koiari, die sich an der Elektrizitätsstation aufhielten.[33] Anschließend kam es zu Verhandlungen zwischen den Landbesitzern auf der einen und dem zuständigen Minister, Polizeichef und Verwaltungschef der Hauptstadt auf der anderen Seite. Am Abend der Besetzung erklärte der Premierminister von Papua-Neuguinea, daß man geeignete Schritte unternehme, um die Forderungen der Landbesitzer zu behandeln, denn „wir müssen zugeben, daß mit den Sorgen und Beschwerden des Koiari-Volkes in den letzten Jahren und bis heute nicht angemessen umgegangen worden ist“[34]. Der Premierminister beschwor die Koiari, *„Geduld zu haben und keine ungesetzlichen Schritte zu unternehmen“*[35].

Die Vorherrschaft einer kleinbäuerlichen Ökonomie, soziale Gleichheit, eine Kultur der gewaltsamen Selbsthilfe, eine ohnmächtige staatliche Verwaltung, geringe gesamtgesellschaftliche Integration, parlamentarische Demokratie, Verfassungs- und Rechtsstaat haben in ihrem komplexen Zusammenwirken eine ‚Kultur der gewalttätigen Verhandlung‘ und eine politisch-administrative ‚Kultur der Untätigkeit‘ bzw der *Vermeidung* hervorgebracht.[36] In diesen Kulturen ist der staatliche Anspruch auf das Gewaltmonopol oft bis zur Unkenntlichkeit zurückgenommen, die Anwendung von Gewalt zur Lösung von Konflikten institutionalisiert, aber die *Eigendynamik entfesselter Gewalt*, von der Waldmann spricht[37], bleibt begrenzt. Gewalt als Konflikt- und Streitregelungsform ist zugleich veralltäglicht und eingegrenzt.

Die wohlfahrtsstaatliche Ordnung – das Beispiel des westlichen Staates in der zweiten Hälfte des 20. Jahrhunderts

Die wohlfahrtsstaatliche Ordnungsform der Gewalt hat in den sechziger und frühen siebziger Jahren unseres Jahrhunderts wohl ihren Höhepunkt erreicht. Das staatliche Gewaltmonopol erreichte in ihr einen bemerkenswerten Grad an Anerkennung und einen nicht weniger erstaunlichen Grad an Durchsetzung. Zugleich ist die wohlfahrtsstaatliche Ordnung, zumindest in den liberalen Demokratien, durch die Grundsätze des modernen westlichen Verfassungsstaates und des Rechtsstaates in einem hohen Grade domestiziert. Der Integrationsvorgang der Macht hat im großen und ganzen die Stufe erreicht, die Popitz als „Endstufe der Institutionalisierung von Macht“[38] markiert. Aber die wohlfahrtsstaatliche Ordnung kennt eine erhebliche Variationsbreite, was die Durchsetzung des staatlichen Gewaltmonopols anlangt. Die Varianten folgen den radikalen Unterschieden, die vor allem die Gesellschaft und Kultur der USA von den europäischen Nationalstaaten trennen, und Europa als wesentlich pazifizierter und machtmäßig integrierter ausweisen. Sie lassen das Bild von der wohlfahrtsstaatlichen Ordnung vielfältiger und zwiespältiger erscheinen, als die Popitzsche Theorie über die „Veralltäglichung zentrierter Herrschaft"[39] nahelegt. Der ‚begrenzte Wohlfahrtsstaat' der USA ist dafür beispielhaft.

Die Geltung des Gewaltmonopols ist sozialstrukturell unterschiedlich verteilt. Die Sanktionsgeltung des Rechtssystems ist unterschichtlastig. Daran hat sich trotz aller vehementen Kritik in den letzten dreißig Jahren nichts geändert. Stanley Cohen hebt in seinem einflußreichen Buch *Wunschbilder der sozialen Kontrolle* sogar hervor: „Der Zugriff auf die, die es schon immer getroffen hat, verstärkt sich."[40] Die Nichtgeltung des Gewaltmonopols ist ebenfalls sozialstrukturell und vor allem sozial-räumlich bemerkenswert variabel. Das gilt hauptsächlich in Form einer differentiellen Verteilung der Gewalt in öffentlichen Räumen, die, wenn man die Anfänge des Gewaltmonopols vor Augen hat, zum Kernbereich des staatlichen Gewaltmonopols gehören.[41] Die Elendsviertel der metropolitanen Agglomerationen sind ökonomisch, sozial, ethnisch-kulturell und nach der Geltung des Gewaltmonopols segregiert. In manchen Stadtteilen der USA nähert sich die Ordnungsform der Gewalt lateinamerikanischen Verhältnissen. Gewalt und die Drohung mit ihr werden eine veralltäglichte Erfahrung. Sie werden zu „Kristallisationspunkten" von Subkulturen Jugendlicher und Heranwachsender[42] und bestimmen die alltäglichen Lebens- und Interaktionsformen der Menschen – von den kleinen Geschäften, die die Sicherheitsvorkehrungen des Bankwesens übernehmen, bis zu den Interaktionsformen des öffentlichen Raums, in denen auf neue und andere Weise die Vorsicht wiederkehrt, welche die Mitglieder akephaler Gesellschaften in ihren Begegnungen walten lassen. Die Polizei bewegt sich in manchen der segregierten urbanen Räume wie in einem besetzten Land. Sie bedient sich Formen der Durchsetzung staatlicher Herrschaft, die der Ordnung der vervielfältigten Gewalt ziemlich nahekommen. Vor allem kommt es gegenüber bestimmten Bevölkerungs- und Altersgruppen zu einer polizeilichen Privatisierung des legitimen Gewaltmonopols. Die rechtsstaatliche Domestizierung des Gewaltmonopols wird aufgehoben. Systematisch werden illegitime Praktiken angewendet, die von Polizeibrutalität über willkürliche Festnahmen bis zur Korruption in den verschiedensten Varianten und auf den verschiedensten Ebenen reichen.[43] Sie treffen hauptsächlich jugendliche und heranwachsende Afroamerikaner. Mit Ghettobildung und zunehmendem Ausländeranteil in den mitteleuropäischen Großstädten bestimmt die polizeiliche Privatisierung des Gewaltmonopols auch zunehmend das europäische Bild des Gewaltmonopols.[44]

Zur sozial-räumlichen Einschränkung des Gewaltmonopols kommt eine „Strategie des Sanktionsverzichts"[45] hinzu, die wir die ‚opportunistische Einschränkung' des staatlichen Gewaltmonopols nennen. Zusammengefaßt handelt es sich um die Tatsache, daß die Justiz, hauptsächlich in Gestalt von Polizei und Staatsanwaltschaft, das Gewaltmonopol des Staates bewußt – und meist in enger Abstimmung mit den politisch-administrativen Entscheidungsgremien – nicht durchsetzt. Die eine Seite dieser Art des Sanktionsverzichts kehrt in der Struktur der differentiellen Verteilung der Gewalt wieder: Die Elendsviertelbewohner werden sich selbst überlassen. Die Polizei kümmert sich nicht um die veralltäglichte Gewalt der Schlägereien, Raubüberfälle und Körperverletzungen in den segregierten Stadtvierteln der Armut, des Elends, der Drogen und der Kinder und Jugendlichen, die schon früh lernen, mit Schußwaffen umzugehen. Die andere Seite des Sanktionsverzichts ist in den Ordnungen der mehr oder minder proletarischen und bürgerlichen Wohlanständigkeit oder der bürgerlich-urbanen Subkulturen zu entdecken. Unter Androhung von Gewalt blockieren Lastkraftwagenfahrer ungehindert Straßen und Grenzübergänge und erhalten dafür hin und wieder uneingeschränkte politische Unterstützung von hochrangigen Politikern und Regierungsvertretern – ein Verhalten, das in Frankreich fast ‚traditionell' genannt werden kann. Squatters oder andere subkulturelle Bewegungen besetzen Häuser und halbe Straßenzüge und handeln sich dafür Mietverträge ein. Wird in diesen Fällen von Rechtswidrigkeiten das Gewaltmonopol meistens nicht unmittelbar herausgefordert, insofern es sich um Formen mehr oder minder gewaltnahen ‚zivilen Ungehorsams' handelt, haben sich im letzten Jahrzehnt im Bereich der fremdenfeindlichen und rechtsradikalen Gewalt die Fälle gehäuft, in denen Jugendliche und junge Erwachsene unter den Augen der Polizei ungestraft gewalttätig sind und die Untätigkeit der Polizei sogar als Komplizenschaft ver- oder wenigstens mißverstehen können.

Die sozial-räumlichen und opportunistischen Einschränkungen des Gewaltmonopols in der wohlfahrtsstaatlichen Ordnung bleiben jedoch begrenzt. Sie werden weder rechtlich und institutionell noch sozial und kulturell zu dominanten Beziehungsmustern zwischen Staat und gesellschaftlicher Ordnung. Sie bestimmen nicht den Kern und das vorherrschende Erscheinungsbild des Gewaltmonopols. Sie gehören zu den ‚Problemen', aber nicht zu den institutionalisierten und gesamtgesellschaftlich prägenden Konstruktionsgrundsätzen des wohlfahrtsstaatlichen Gewaltmonopols. Das wird erst mit dem Aufkommen der ‚präventiven Sicherheitsordnung' anders. Ihr Aufstieg berührt den institutionellen Kernbereich des staatlichen Gewaltmonopols und die bestimmenden Beziehungen zwischen staatlichem Herrschaftsapparat und den gesellschaftlichen Ordnungen.

Die präventive Sicherheitsordnung oder Das Ende des staatlichen Gewaltmonopols

Das Beispiel von Papua-Neuguinea macht deutlich, daß es längst zu einer Auseinanderentwicklung zwischen der institutionellen und administrativen Wirklichkeit des Staates und seiner Repräsentation auf internationaler Ebene gekommen ist. Im Mittelpunkt dieser Kluft steht das Gewaltmonopol als konstitutives Merkmal des Staates. Repräsentiert die internationale Staatengemeinschaft ihre Mitglieder nach den Blaupausen der Utopie des Staates, die der Kolonialismus universalisiert hat, so machen die Ordnungsformen der Gewalt deutlich, daß der Kern von Staatlichkeit in weiten Bereichen des Globus entweder nie erreicht wurde oder sich in einem Zerfallsprozeß befindet. Inzwischen macht dieser Zerfallsprozeß selbst vor den klassischen okzidentalen Nationalstaaten nicht mehr halt. Teile des einstigen sowjetischen Imperiums zeugen von diesem dramatischen Vorgang. Der „Untergang des Staates“[46] hat jedoch gleichfalls die liberalen westlichen Demokratien erreicht. Hier zerfällt der Staat allerdings in vergleichsweise wenig sichtbarer und anscheinend ganz und gar undramatischer Weise. Die Form, welche die Auflösung des Gewaltmonopols in den westlichen Staaten hat, wird ‚Privatisierung‘ genannt und berührt Polizei, Justiz und Strafvollzug. Es kommt zu einer Ordnung, die ich ‚präventive Sicherheitsordnung‘ nenne. Sie löst die wohlfahrtsstaatliche Ordnung der Gewalt ab. Im Mittelpunkt dieser Entwicklung stehen fünf Vorgänge: das bemerkenswerte Anwachsen der privaten Sicherheitsindustrie und privaten Sicherheitsdienstleistungen, die Privatisierung des Gefängnisses, die Ausbreitung ‚kommunitärer Kontrollordnungen‘, der Aufstieg des präventiven Sicherheitsdiskurses und die Technisierung polizeilichen Handelns.

Sicherheit war schon immer so käuflich wie das Haus in einem bürgerlichen Wohnviertel, die Alarmanlage oder Wachmannschaften. In den letzten drei Jahrzehnten hat sich jedoch in den marktwirtschaftlichen westlichen Staaten ein eigenständiger privatwirtschaftlicher Sicherheitsmarkt etabliert. Er expandiert mehr oder minder kräftig, bietet die vielfältigsten personalen Sicherheitsdienstleistungen und technischen Sicherheitseinrichtungen und befriedigt eine schnell wachsende Nachfrage nach ‚Sicherheit‘. Mit dem Zusammenbruch des „sozialdemokratischen Zeitalters“, wie sich Alain Touraine etwas pathetisch ausdrückt[47], und dem Höhenflug der Privatisierung staatlich-öffentlicher Dienstleistungen hat er den Bereich erfaßt, der zum Kernbereich des staatlichen Gewaltmonopols, die Gewährleistung der öffentlichen Sicherheit und Ordnung und das strafrechtliche Sanktionssystem, gehört.[48] Seit dem Kollaps der ‚Zweiten Welt‘ entwickelt sich darüber hinaus Osteuropa zu einem bevorzugten Expansionsfeld der westeuropäischen Sicherheitsunternehmen.

Der Sicherheitsmarkt ist vielfältig. Auf der Angebotsseite reicht er von Werkschutz, Bewachungs- und Streifendiensten über private Ermittlungsdienste, Werttransportunternehmen bis zu den Betrieben der Sicherheitstechnik.[49] Zu einem besonderen Markt hat sich das Gefängnis entwickelt. Unternehmen wie *Corrections Corporation of America* und *Wackenhut Corrections Corporation* betreiben Gefängnisse in den USA, lateinamerikanischen Ländern, Australien, Südafrika und in Großbritannien. Nachdem zuerst örtliche Haftanstalten und Einrichtungen des Jugendstrafvollzugs privaten Firmen überlassen wurden, werden in jüngster Zeit auch Gefängnisse geringer Sicherheitsstufe für erwachsene Straftäter von der Privatwirtschaft betrieben. In Großbritannien wurden 1992 die ersten Schritte auf dem Weg zur Privatisierung des Gefängniswesens abgeschlossen, als in Nordengland in einem privatwirtschaftlich geführten Untersuchungsgefängnis – wiederum geringer Sicherheitsstufe – die ersten 320 Gefangenen eingesperrt wurden. Zu Beginn der neunziger Jahre plante die britische Regierung, etwa zehn Prozent aller Gefängnisse von privaten Unternehmen führen zu lassen. Holland, Belgien und Deutschland gehen mit der Privatisierung zögerlicher um, aber auch hier sind privat geführte Haftanstalten entstanden und mehr und mehr Aufgaben der Gefängnisverwaltung in private Hände gegeben worden.

Der Sicherheitsmarkt ist oligopolistisch strukturiert. *Corrections Corporation of America* behauptete im Februar 2001 auf ihrer Internetseite *CCA Investor Relations*, mehr als die Hälfte der etwa 120.000 Gefängnisbetten zu verwalten, die zu dieser Zeit in der Hand privater Unternehmen waren. Von England berichtet Michael Voß, daß es im Bereich der Sicherheitsdienstleistungen immerhin die stattliche Zahl von etwa 1.000 einzelnen Unternehmen gibt, aber 75 bis 85 Prozent der Nachfrage von fünf Großunternehmen befriedigt werden. Entsprechendes gilt für Deutschland, wo im Jahre 1986 von nur 35 Betrieben fast eine Milliarde Mark umgesetzt worden ist.[50] Im Gefängnisbereich ist eine andere als eine oligopolistische, wenn nicht gar quasi-monopolistische Anbieterstruktur nicht in Sicht und unwahrscheinlich. In allen Wirtschaftsbereichen, die öffentliche Dienstleistungen anbieten, die für unverzichtbar gehalten werden, bestehen derartig strukturierte Märkte.

An der Schnittstelle zwischen staatlicher und privater Kontrolle liegt die Ausbreitung kommunitärer Kontrollordnungen. In der Form von Privatpolizeien und Wachdiensten, welche die Wagenburgen der Privatheit wohlhabender Bewohner überwachen und sichern, fallen die kommunitären Kontrollformen weitgehend mit der privatwirtschaftlichen Privatisierung von Sicherheit zusammen. Das kommunitäre Element ist auf die demonstrative Abgrenzung nach außen verkürzt. Es fällt mit der Statusgrenze zusammen, welche die Bewohner dieser *Gated communities* der Erfolgreichen zum Rest der Gesellschaft ziehen. Sie geben unmißverständlich ihre Verachtung für ein staatliches Gewaltmonopol zu erkennen, das ihre Sicherheit nicht zu gewährleisten vermag. Nach innen löst sich das kommunitäre Element weitgehend auf. Allgemeine Angelegenheiten werden von der bezahlten Hausverwaltung erledigt, und der Funke des Kommunitären glimmt bestenfalls auf der Nachbarschafts-, Eigentümer- oder Mieterversammlung und in den individuellen Beziehungen der Bewohner zu den Wachmannschaften, die zu vertrauten Personen im alltäglichen Leben werden. Stärker kommen die kommunitären Bestandteile in verschiedenen Formen des *Community policing* zum Tragen. Beispielhaft sind in Deutschland der *Kontaktbereichsbeamte* oder örtliche Vereinigungen von Bürgern nach dem Modell der Freiwilligen Feuerwehr, die in enger Anbindung an die Polizei polizeiliche Aufgaben wie Streifendienste übernehmen.[51] Die reinsten Formen kommunitärer Kontrollordnungen sind Einrichtungen, in denen die Bewohner eines Viertels selbst die Überwachungs- und Kontrollaufgaben in ihrer Nachbarschaft übernehmen. In Deutschland geben sich solche Bewegungen kommunitärer Privatisierung Namen wie *Nachbarn schützen Nachbarn.*

Zum Wachstum des privatwirtschaftlichen Sicherheitsmarktes gesellen sich der Aufstieg des präventiven Sicherheitsdiskurses und die Technisierung polizeilichen Handelns. Mit dem Umbau der wohlfahrtsstaatlichen Ordnung zur präventiven Sicherheitsordnung werden die general- und spezialpräventiven Diskurse von den Diskursen über ‚Bevölkerungskontrolle' und ‚Opfer'-Diskursen abgelöst. Wichtige überkommene Ideen werden bei diesem Diskurswechsel erweitert, ergänzt oder fallengelassen. Dazu gehört, daß in der Bevölkerungskontrolle polizeiliches Handeln nicht mehr auf das Individuum gerichtet ist, und der Täter-Opfer-Gegensatz insgesamt beiseite geschoben wird.[52] An die Stelle des Individuums treten die Bevölkerung insgesamt und spezielle Gruppen von Menschen im besonderen, die nach Kriterien statistisch ermittelter Risiken beobachtet, kontrolliert oder sanktioniert werden. Das Denken im Gegensatz zwischen Täter und Opfer macht dem Denken in den Kategorien von Gelegenheitsstrukturen und Schadensrisiken Platz. Es geht um eine Relationierung von Dingen und Sachverhalten, die Unsicherheiten soweit wie möglich ausschaltet und die Investitionen für Sicherheit und zur Minderung von Risiken optimiert. Es ist unwichtig, welchen Sinn oder moralischen Status die Handlungen von Menschen haben. Es ist vergleichsweise nebensächlich, sich um Absichten, Motive, Sichtweisen und gar Schuld oder Unschuld Gedanken zu machen. Entscheidend sind Verteilung und Wirkungen von Verhaltensweisen, um Wege zu entwickeln, riskante Verhaltensmuster so zu verändern oder zu kanalisieren, daß ‚Sicherheit' erhöht wird. Die Idee der Bestrafung ist an der Vergangenheit orientiert, an der Wiederherstellung der zerbrochenen Ordnung. Die Idee der Generalprävention lebt vom Schrecken der Strafe. Die Idee der Spezialprävention will den ‚Täter' für eine zukünftige soziale ‚Normalität' von Grund auf verändern. Bevölkerungskontrolle ist statt dessen der Versicherungslogik unterworfen. Sie moralisiert nicht jenseits des Nützlichkeitsgrundsatzes, der allerdings den Status einer Religion hat. Sie wägt Kosten und Nutzen ab und kontrolliert um so entschiedener Sicherheitsrisiken – und wenn Kalkulation und Kontrolle bedeuten, ganze Bevölkerungsgruppen wie zum Beispiel schwarze junge Männer der nordamerikanischen Großstädte unter strafjustizielle Aufsicht zu stellen oder einzusperren, gehört dies zur Versicherungslogik der Bevölkerungskontrolle.[53] Sie macht aus der überschaubaren Jugendstrafanstalt, die als Küche der Resozialisierungsalchemie gedacht ist, das Massengefängnis, dessen einziger Zweck ist, „potentiell gefährliche Körper zu lagern“[54]. Die Größen, die in das Risikokalkül der Bevölkerungskontrolle eingehen, sind von den Aufgaben bestimmt, die Chancen für potentielle Straftäter einzuengen und die Risiken der Entdeckung und Bestrafung zu erhöhen. In der phallisch-militaristischen Sprache angelsächsischer Sicherheitsplaner heißt ein wichtiger Teil dieser Aufgabenstellung *target hardening*. Dieses ‚Härten' sind, wie Stanley Cohen zusammenfaßt, eine „situationsbezogene Kriminalitätsprävention“, die „räumliche und zeitliche Verringerung von Kriminalitätschancen“ und eine „Kriminalitätsprävention durch Architektur“[55]. Die präventive Sicherheitsordnung ist eine entindividualisierte Ordnung, eine radikal ‚postbürgerliche' Ordnung. Sie kann von unnachsichtiger Gewalt und Unbarmherzigkeit sein, aber in weiten Bereichen sind weder Moral noch Zwang ihre Sache. Sie bedarf keiner starken moralischen Grundlegung und neigt eher dazu, sich von demonstrativem Zwang zu distanzieren. Sie funktioniert nach der Logik der Geldbuße. Sie erhöht nicht die moralischen, sondern die Opportunitätskosten.[56]

Entindividualisierung und die Relationierung von Dingen und Menschen als ‚Risiken' sind verbunden mit einer Vorstellung von Sicherheit, die jede inhaltlichen Konturen verliert. In der präventiven Sicherheitsordnung ist ‚Sicherheit' so vage und vielfältig wie die Kundenbedürfnisse des Sicherheitsmarktes und das sozio-kulturelle und individuelle Verhältnis zu Sicherheitsrisiken. Sicherheit kann bedeuten, die Kriminalitätsfurcht der Menschen zu verringern, das Vertrauen in die Sicherheitsbehörden zu stärken, die

Straßenbeleuchtung zu verbessern, die Menschen zu veranlassen, ihre Wohnungen und Häuser gründlicher gegen Einbrüche zu sichern. Der Inhalt von ‚Sicherheit' reicht von dem bescheiden-provinziellen und kommunitären Wunsch nach einer ‚ordentlichen' Müllabfuhr und properer Nachbarschaft bis zur umfassenden administrativen Kontrollphantasie über „strukturelle Vorbeugung" von Kriminalität, unter der der einstige Landespolizeidirektor Alfred Stümper von Baden-Württemberg „die Vermeidung oder jedenfalls Reduzierung aller gesetzlichen, politischen, organisatorischen, funktionellen, finanziellen, sozialen, wirtschaftlichen, kulturellen und sonstigen Strukturen verstand, durch die kriminelles Handeln begünstigt, u.U. gefördert, eventuell sogar ausgelöst werden kann"[57].

Die moralische Gleichgültigkeit der Bevölkerungskontrolle bedeutet nicht das Ende der Moral in der präventiven Sicherheitsordnung. Aber Orte, Träger und Form der relevanten moralischen Diskurse ändern sich. In der neuen Ordnung sind die Orte der Moral vorrangig die ‚Opfer'-Diskurse. Opferdiskurse entstehen aus der Verbindung der Angebotsökonomie des Sicherheitsmarktes mit der Unbestimmtheit der Vorstellung von ‚Sicherheit'. ‚Sicherheit' definiert der ‚Kunde', und er bestimmt sie nach den Erfahrungen, aber vor allem den Ängsten des ‚Opfers'. ‚Sicherheit' meint den potentiellen Opferstatus. So gut wie jeder ist ‚Opfer'. Das trifft in einem gewöhnlichen kriminologischen Sinne zu, weil jeder ein potentielles Kriminalitätsopfer ist. Es gilt vor allem in der Summe der Opferdiskurse. In ihr ist ‚Opfer' ein anderes Wort für die Verbindung von zwei Vorstellungen, in denen allgemeine menschliche und historische Erfahrungen mit den Erfahrungen der wohlfahrtsstaatlichen Ordnung zum Ausdruck gebracht werden. ‚Opfer' sind alle, welche das erleiden, was im ‚alteuropäischen' deutschen Sprachgebrauch einmal ‚Schicksalsschläge' hieß und unter wohlfahrtsstaatlichen Verhältnissen zu ‚Lebensrisiken' erweitert worden ist. ‚Opfer' sind aber gleichfalls diejenigen, die, wie Johan Galtung sagen würde, „strukturelle Gewalt" erleiden.[58] Das sind potentiell alle Mitglieder postwohlfahrtsstaatlicher Gesellschaften, weil alle Menschen für sich in Anspruch nehmen können, daß ihre „aktuelle somatische und geistige Verwirklichung geringer ist als ihre potentielle Verwirklichung"[59]. Die Kategorie des ‚Opfers' ist geboren aus einer Verbindung von Erfahrung, Angst und utopischem Versprechen. Sie eint diejenigen, die gelitten haben, mit denen, die Angst haben, Opfer zu werden, und denjenigen, die an das utopische Versprechen in seinen verschiedensten Abwandlungen glauben – von der politischen Ideologie über den verfassungsrechtlichen Anspruch auf ‚Glück' bis zum Wahlversprechen. Zu Recht hat man in diesem Sinne von den USA schon als einer „Nation von Opfern" gesprochen.[60]

Träger der Opferdiskurse sind hauptsächlich die Protagonisten und Mitglieder sozialer, ethnischer und politischer Bewegungen und der politischen Parteien. Sie sind ein buntes Gemisch, institutionalisiert wie demokratische Parteien oder flüchtig wie die aufgebrachte Menge einer Demonstration gegen ‚Kampfhunde'. Ihre ‚Opfer'-Themen scheinen kein ‚Problem' auszulassen, und sie rufen nach der Kriminalisierung des Waffenhandels nicht weniger als nach der Kriminalisierung des Rauchens oder gar des männlichen Geschlechts selbst. Sie sind das Feld eines ‚Sicherheitswettkampfes', dessen Ergebnis ein Kumulationsvorgang von Abweichungs- und Risikodefinitionen ist. Die Form der moralischen Auseinandersetzungen wird bestimmt vom Rhythmus der Wahlkämpfe, dem schnellen Wechsel medial inszenierter ‚Gefahren' und ‚Vorfälle' und dem Auf und Ab „moralischer Kreuzzüge"[61].

Sicherheitsmarkt und Bevölkerungskontrolle treffen sich in der Technisierung polizeilicher Aufgaben. Detlef Nogala hat mit großer Sorgfalt das ganze Inventar der heutigen Sicherheitstechnologie aufgelistet und dessen Bestandteile nach verschiedenen Funktionen geordnet.[62] Es ist das Zeughaus einer Kontrolltechnologie von Detektions-, Identifikations-, Informations-, Organisations- und Kommunikationstechnologien, die die vertrauten ‚Wanzen' des modernen Spionageromans ebenso wie den Abhörlaser, die Videokamera oder Datenbanken umfassen. Die Technisierung entspricht den wirtschaftlichen Interessen der Sicherheitsindustrie sowie den Rationalisierungszielen der Dienstleistungsanbieter und Behörden. Sie gewährleistet den schnellen und effizienten Austausch zwischen den privaten und öffentlichen Organisationen des Sicherheitsbereiches. Sie kann mit den verschiedensten Kontrollzielen verbunden werden und paßt auf diese Weise zur unbestimmten Vorstellung von Sicherheit. Sie ist für die feministische Bewegung gegen Vergewaltigung genauso geeignet wie für die Geschäftsleute eines Einkaufszentrums oder den Bürgerverein, der sich um die Parkanlagen der Nachbarschaft Sorgen macht. Sie ist den Vorstellungen von Risiko, Prävention und Verstetigung der Kontrolle und der relativen moralischen Gleichgültigkeit komplementär, welche die Bevölkerungskontrolle anleiten. Sie ist multifunktional. Sie dient der Produktion nicht weniger als der Kooperation, Kommunikation, Integration und Prävention.

Vom Rechtsstaat zum Risikostrafrecht, vom Gesellschaftsvertrag zum Kaufvertrag

Die Entwicklungen zur präventiven Sicherheitsordnung berühren die Grundfesten der Organisation des Gewaltmonopols in der wohlfahrtsstaatlichen Ordnung und stürzen Grundlagen unseres Verständnisses von Staat, Recht und Gesellschaft um.

Die präventive Sicherheitsordnung zerbricht die prekäre Einheit der Institutionen des staatlichen Gewaltmonopols zugunsten eines Gefüges von staatlich-öffentlichen, privatwirtschaftlichen, parastaatlichen und kommunitären Institutionen der Sicherheitsherrschaft und der Lebensformkontrolle. Dieses Gefüge hat kein Zentrum mehr. Es ist zersplittert und in seinen privatwirtschaftlichen und kommunitären Formen Teil des Alltagslebens selbst. Es ist ein Gefüge von „zunehmend eigenständigen und unabhängigen Regierungen jenseits des Zentrums und außerhalb des öffentlichen Bereichs“[63]. Manche dieser Herrschaftszentren, zum Beispiel Versicherungsgesellschaften, haben Verantwortung für große Teile der Bevölkerung und üben diese mehr oder minder während des ganzen Lebens ihrer Mitglieder aus; als multinationale Unternehmen überschreiten diese Herrschaftszentren nationale Grenzen. Andere üben über riesige Territorien wie industrielle, kommerzielle, Freizeit- und Wohnanlagen die Sicherheitsherrschaft aus, aber in diesen ‚Sicherheitsterritorien‘ kann die Kontrolle über die Individuen kurzfristig wie ein Kaufhausbesuch oder langfristig wie ein Wohn- oder Arbeitsvertrag sein. Wiederum andere, zu denen vorrangig die kommunitären Einrichtungen gehören, qualifizieren sich nicht einmal als ‚Herrschaftszentren‘, weil sie territorial und personell so klein sind, daß ihre Kontrolle nicht den Raum der Nachbarschaft übersteigt. Anders als die staatliche Ordnung kennt die präventive Sicherheitsordnung kaum eine institutionelle ‚Einheit‘. Ihre Einheit liegt in den ‚Vernetzungen‘ kooperativer und kommunikativer Art zwischen den vielfältigen Institutionen der Sicherheit und Lebensformkontrolle und in der Zusammenführung von individualisierbarem Wissen mittels integrierter ‚Datenautobahnen‘. Auch die Formen der sozialen Kontrolle und der Sanktionen sind in diesem Gefüge äußerst vielfältig, und deren Einheit wird ebensowenig institutionell als vielmehr auf dem Weg der Verallgemeinerung der Kontrollstrategien und -technologien und über die vorherrschenden Sicherheitsdiskurse hergestellt.[64]

Aber Einheit ist in der präventiven Sicherheitsordnung definitiv begrenzt. Diese ist eine Ordnung der deutlichen sozialen und kulturellen Ungleichheit, der Segregation und konfliktträchtigen Gegensätze. Diese Merkmale teilt sie mit der Ordnung der vervielfältigten Gewalt. Die präventive

Sicherheitsordnung setzt an die Stelle der Verpflichtung des Staates, für ‚Leib, Leben und Eigentum' der Bürger die Verantwortung zu übernehmen, die Kaufkraft des Käufers auf dem Markt der „Sicherheitsgüter"[65]. Sie reorganisiert den Kernbereich des Hobbesschen Gesellschaftsvertrags. An die Stelle des Primats der Macht tritt der Vorrang des Marktes. Das schließt ein, daß die präventive Sicherheitsordnung die Struktur ökonomischer Ungleichheit in die soziale Ungleichheit der Sicherheit übersetzt. Verfährt die staatliche Ordnung nach dem Grundsatz ‚Gleiche Sicherheit für alle', folgt die präventive Sicherheitsordnung der Richtschnur: ‚Gleiche Sicherheit für alle, die sich Sicherheit leisten können'. Ihre Devise ist: ‚Zahle oder laß Dich ausrauben!' Diejenigen, die nichts zahlen können, haben in der präventiven Sicherheitsordnung das Nachsehen. Diese verfestigt die Unterschiede der Sicherheitsgarantien und Strafverfolgungsintensitäten, die schon in der wohlfahrtsstaatlichen Ordnung zwischen verschiedenen Gruppen und besonders zwischen den beiden Polen der sozialen Vertikalen bestehen. Die präventive Sicherheitsordnung härtet die politische, soziale und ökonomische Hierarchie, indem sie sie mit der Hierarchie der Sicherheitsgarantien verschweißt, die wir schon von den Elendsvierteln der wohlfahrtsstaatlichen Ordnung der Gewalt kennen. Die sozio-ökonomische Ungleichheit schließt die Segregation des öffentlichen Raums ein und verstärkt sie dort, wo sie, wie in den städtischen Agglomerationen, schon heute gegeben ist. Die präventive Sicherheitsordnung ist eine Ordnung der Schlagbäume. Es sind Schlagbäume des Privaten und der Sicherheit, die den Schlagbäumen der sozialen und ethnischen Segregation des urbanen Raums hinzugefügt werden, und die sich wechselseitig stützen.[66]

Die Gewaltkulturen der präventiven Sicherheitsordnung setzen die sozialen und räumlichen Ungleichheiten und Gegensätze fort. In den befriedeten Räumen des Wohlstands und der veralltäglichten Bevölkerungskontrolle finden wir die Kultur des Gewaltverdachts. Es ist eine Kultur von hoher Empfindlichkeit und wacher Aufmerksamkeit für alle Arten dessen, was in dieser Kultur als ‚Gewalt' und ‚Aggressivität' bezeichnet wird. ‚Gewalt' mag mit bestimmten Strukturen des Alltagslebens selbst gleichgesetzt sein. In der Kultur des Gewaltverdachts der Kinderrettungsbewegungen gehört dazu die Familie selbst, in der feministischen Variante sind es die ehelichen oder väterlichen Verhältnisse. Gewalt mag sogar als das wahrgenommen werden, was sie ist, als ein Tun. Aber dieses Tun reicht in der Kultur des Gewaltverdachts von der Kindesmißhandlung über Unmutsäußerungen und Unhöflichkeiten, bestimmte Fernsehgewohnheiten, kindliche und jugendliche Gewaltphantasien bis zur väterlichen Zärtlichkeit und zum Wagemut. Umgekehrt findet sich in den unbefriedeten und sich selbst überlassenen Armutsvierteln der Großstädte das direkte Gegenstück: die Kultur der Gewaltnormalisierung. Hier ist der gewalttätige Umgang mit Streit, Konflikt und ‚Schwierigkeiten' veralltäglicht.[67] Hilflos und leidend nehmen die Menschen die Gewalt hin und verharmlosen sie mittels „Techniken der Neutralisierung"[68]. In manch jugendlicher oder krimineller Teilkultur wird die Gewalt verherrlicht. In den Jugendkulturen und vor allem in den medialen Jugendkulturen des Films, Videos und spezieller Fernsehsendungen siedelt sich die Kultur der Gewaltnormalisierung sogar in den Lebensräumen der Kultur des Gewaltverdachts an.

Zur präventiven Sicherheitsordnung gehört ebenfalls eine Kultur der konfliktträchtigen und gewalttätigen Grenze. Es ist eine Kultur des *No trespassing*. Sie folgt den bewachten Schlagbäumen und den Grenzen des Wohlstands, der Armut und der Marginalisierung. Sie versucht, den ungehinderten Wechsel zwischen den Räumen der segregierten Ordnungen einzuschränken. Sie ist eine wichtige, weil mobilisierungsfähige Ressource für soziale Bewegungen und deren Kriminalitätsdiskurse. Sie verleiht der präventiven Sicherheitsordnung einen Zug zur verallgemeinerten Konfliktbereitschaft, der sich auch die Bewohner der befriedeten Räume des Wohlstands nicht entziehen können. Ein Zug von Konflikt- und Gewaltgegenwärtigkeit dringt in das Netz der sozialen Beziehungen ein – und zumindest die Ahnung vom Schrecken der gewalttätigen Selbsthilfe der akephalen Ordnung kehrt wieder. Bewegungen, welche die Techniken der Selbstverteidigung propagieren, finden großen Zuspruch und ziehen Mitglieder unterschiedlichster Sozialschichten, Altersgruppen und Räume an. Die Diskrepanz zwischen dem Risiko, Opfer einer Straftat zu werden, und einer gesteigerten und verallgemeinerten Kriminalitätsangst ist für die präventive Sicherheitsordnung konstitutiv.[69]

Die Gegensätze der präventiven Sicherheitsordnung enthalten ein Paradoxon. Die präventive Sicherheitsordnung ist eine Ordnung, mit der die hierarchische Ordnung des Staates der horizontalen Ordnung von Herrschaftszentren weicht. Zugleich ist sie jedoch eine Ordnung des ‚harten Staates'. Entsprechend der Adam Smithschen Einsicht, daß dem Staat diejenigen Aufgaben und Dienstleistungen vorbehalten sind, die „ihrer ganzen Natur nach niemals einen Ertrag abwerfen, der hoch genug für eine oder mehrere Privatpersonen sein könnte, um die anfallenden Kosten zu decken, weshalb man nicht von ihnen erwarten kann, daß sie diese Aufgabe übernehmen"[70], und gemäß den traditionellen Aufgaben und rechtlichen und institutionellen Gegebenheiten hat die privatwirtschaftliche Sicherheitsherrschaft – zumindest anfänglich – ihr Schwergewicht in den Bereichen der rationalisierten und technisierten Bevölkerungskontrolle und der leichten Kriminalität. Das gilt selbst für die privaten Gefängnisse.[71] Dieses Aufgabenprofil privater Sicherheitsunternehmen bedeutet für das staatliche Herrschaftszentrum, daß das relative Gewicht ‚harter' und gewalttätiger Kontrollweisen deutlich zunimmt. Es ist Sache des staatlichen Herrschaftszentrums, die ‚schwere Kriminalität' zu ‚bekämpfen' und die Verwaltung von Gefängnissen hoher Sicherheitsstufen in der Hand zu behalten. Im privatwirtschaftlichen Bereich kehrt sozusagen der englische *bobby* wieder. Da und dort werden gar Reste der festrednerreichen Tradition der ‚Humanisierung des Strafvollzugs' gepflegt. Staatliche Strafverfolgung und -vollzug sind statt dessen von gewalttätigen und klandestinen Handlungsmustern geprägt. Für den ‚Staat' stehen die schwerbewaffnete Sondereinheit, der polizeiliche Scharfschütze, der V-Mann, die Tarnuniform, das Hochsicherheitsgefängnis, *death row*[72] und die Todesstrafe. Die staatlichen Sicherheitsbehörden sind die Institutionen der unnachgiebigen ‚Härte', ihre Methoden werden ‚vergeheimdienstlicht' und militarisiert. Sie haben den ‚Drogenkrieg' zu führen, den ‚Terrorismus' zu ‚bekämpfen', Geiselnahmen zu beenden, ‚Amokläufern' Einhalt zu gebieten und dafür zu sorgen, daß die wiedergekehrten ‚Monster' in Gestalt von Serien-, Kindes- und Frauenmördern hinter unüberwindbaren Mauern verwahrt oder zu Tode gebracht werden.[73] Vor dem Hintergrund der demokratischen und rechtsstaatlichen Traditionen von Strafverfolgung und -vollzug erleichtert diese ‚Arbeitsteilung' der staatlichen und privaten Herrschaftszentren das Vordringen der privaten Sicherheitsherrschaft und die ‚Verhärtung' der staatlichen Rechts- und Kriminalpolitik. Kommt die privatisierte Bevölkerungskontrolle unaufdringlich und gleichsam ‚kundenfreundlich', legitimieren sich die klandestinen und militarisierten Strategien der Strafverfolgung mit einer ‚organisierten Kriminalität' und einem kriminellen Gefahrenpotential, die scheinbar keinen Ausweg lassen, als den überkommenen Rechtsstaat mit ‚neuem Realismus' zu betrachten.[74]

Die präventive Sicherheitsordnung stürzt zahlreiche Vorstellungen um, die der westliche Verfassungsstaat spätestens seit den bürgerlichen Revolutionen des 18. und 19. Jahrhunderts entwickelt hat. Ich beschränke mich auf drei Vorstellungen: die Ideen des freiheitlichen Strafrechts, des gesellschaftlichen Konsenses und eines Staates, der für die Sicherheit aller Bürger verantwortlich ist.

Zu den einzigartigen Erfindungen der westlichen Staatsentwicklung gehört die Verbindung zwischen Gewaltmonopol und Rechtsstaat mit individuellen Grundrechten. Die präventive Sicherheitsordnung zerreißt diese Verbindung. Sie verkürzt das rechtsstaatliche Strafrecht und seine Institutionen um ihren freiheitssichernden Zweck, deren Kern die individuellen Grundrechte sind. Wie Wolfgang Naucke verzweifelt schreibt: „Kommt nun,

Aus der
Idee kann
ohne
Tat
gar nichts
werden.
HOTEL du THEATRE
Betten, die die Welt bedeuten

wie es tatsächlich geschieht, der Zweck des Strafrechts, die Freiheitsgarantie, aus dem Blick, so ist das Strafen nur noch Mittel zum (nun beliebigen) Zweck, zur Vorteilssicherung […], zur Erhöhung der inneren Sicherheit, zur Risikoverminderung, zur Daseinsvorsorge […]"[75] Es entsteht ein „Risikostrafrecht", dem die Grundsätze des Rechtsstaats abhanden gekommen sind. Das Risikostrafrecht ist ein „Feindstrafrecht"[76].

Das Risikostrafrecht bricht mit der politischen Philosophie des klassischen rechtsstaatlichen Strafrechts. Diese Rechtsstaatsphilosophie ist eine Philosophie des bürgerrechtlichen Schutzes. Sie ist eine Philosophie der Machtbegrenzung, der Zähmung des Leviathan. Sie ist von dem ungeheuren Machtungleichgewicht bestimmt, das zwischen dem *sterblichen Gott* und dem bürgerlichen Individuum in seiner individuellen Zerbrechlichkeit und Ohnmacht besteht. Das klassische Strafrecht ist ein Strafrecht der bürgerlichen Freiheit. Das Risikostrafrecht ist statt dessen ein Strafrecht zur Daseinsfürsorge, für die Gestaltung von Lebensverhältnissen nach den unbestimmten und wechselnden Vorstellungen von ‚Sicherheit'. Es wehrt nicht Verfolgungs- und Strafansprüche des Staates ab, sondern beansprucht die Machtpotentiale der Herrschaftszentren und des staatlichen im besonderen, um Sicherheitsansprüche unterschiedlichster Art durchzusetzen und den ‚Feind' dieser Ansprüche zu bekämpfen – vom Geiselnehmer bis zum Zigarettenhersteller. Das Risikostrafrecht ist ein Werkzeug, um Schutz vor Lebensrisiken zu bieten. Es ist ein Strafrecht der Daseinssicherung.[77]

Als Instrument der Daseinsvorsorge folgt das Risikostrafrecht durchsetzungsfähigen Partikularinteressen. Es ist ein Strafrecht partikularer Interessen. Treffend schreibt Frehsee: „Privatisierung und Nachfrageorientierung haben zur Folge, daß sich Sicherheits- und Ordnungsgebote immer weniger nach einer amtlichen, demokratisch legitimierten Einschätzung der Bedürfnisse des Gemeinwohls bestimmen, sondern immer mehr nach Partikularinteressen durchsetzungsfähiger und nachfragemächtiger Teilgruppen der Bevölkerung."[78] Neben den „Teilgruppen", die den durchsetzungsmächtigen Pluralismus demokratischer Gesellschaften repräsentieren, sollten in diesem Zusammenhang allerdings die Strafrechtsprofessionen selbst nicht vergessen werden, allen voran die Polizei. Für die Polizei wurden mit fast jeder ‚Reform' überkommene rechtsstaatliche Grenzen aufgehoben. Das Ermittlungsverfahren ist faktisch schon längst ein polizeiliches und kein staatsanwaltliches mehr und hat das gerichtliche Hauptverfahren als Normalform der Erledigung strafrechtlicher Sanktionierung abgelöst. Hinzu kommen einerseits ein breites Spektrum ‚gesellschaftlich relevanter Gruppen', wie es in der öffentlich-rechtlichen Kultur Deutschlands heißt, die sich vor allem in der kommunalen Kriminalprävention zusammenfinden und an die Stelle eines gemeinwohlorientierten Universalismus einen kommunitären Partikularismus setzen, und andererseits jene Gruppen, die ökonomisch oder sozial an der Privatisierung des Strafrechtssystems teilhaben und sie vorantreiben. Befördern die einen insbesondere die Verpolizeilichung kommunaler Ordnungs- und sozialer Probleme, sind die anderen die Hauptantriebskräfte für die Technisierung öffentlicher Kontrolle, flächendeckende Verallgemeinerung des Kriminalitätsverdachts und die Vervielfachung von parastaatlichen Kontrollagenturen.

Ohne bürgerrechtliche Philosophie, bestimmt von durchsetzungs- und mehrheitsfähigen Partikularinteressen und gerichtet gegen eine Vielfalt von Lebensrisiken geht es im *Risikostrafrecht* nicht mehr um einen klar bestimmten und deshalb hochformalisierten Rechtsgüterschutz. Das Risikostrafrecht macht vor nichts und niemandem mehr halt. Das Risikostrafrecht ist nicht mehr *ultima ratio*, sondern dient einer wachsenden Straflust. Der Begriff des Rechtsgutes, einst wichtiges Instrument zur Begrenzung des Strafrechts, verstärkt die Strafbedürfnisse: Der risikostrafrechtliche Begriff des Rechtsgutes stemmt sich nicht gegen die Tendenz, alles zum Straftatbestand zu erklären, was als Rechtsgut geltend gemacht wird. Die Zahl der materiellen Straftatbestände wird fleißig vermehrt, die Strafdrohung stetig erhöht, die Voraussetzungen für eine Verurteilung werden vereinfacht. Unverzichtbare geltende Grundsätze des klassischen Straf- und Strafverfahrensrechts werden im Risikostrafrecht abgeschafft. Die Unschuldsvermutung weicht dem Grundsatz, daß der in Verdacht geratene Bürger von sich aus aktiv werden muß, um seine Unschuld unter Beweis zu stellen. Die Beweislastumkehr triumphiert. Grundsätze der Hauptverhandlung wie Mündlichkeit, Öffentlichkeit und Unmittelbarkeit der Hauptverhandlung werden durch die Zulassung geheimer Zeugen und mittelbarer Beweise eingeschränkt oder aufgehoben – umgekehrt macht das Fernsehen die Hauptverhandlung zum Massenspektakel. Neue und verschärfte Ermittlungsmethoden werden eingerichtet. Als Instrument der Bevölkerungskontrolle werden Raster-, Schleier-, Schleppnetzfahndung oder Massengenomanalysen veralltäglicht und bestätigen die Abschaffung der Unschuldsvermutung. Im Ermittlungsverfahren findet eine rastlose Aufrüstung bei den Rechten der Verfolgungseinrichtungen auf Information und Eingriffe statt, die von einem Vordringen in vorher geschützte Privat- und Persönlichkeitssphären begleitet sind. Zum Beispiel ist mit Artikel 10 I Nr.2-5 des Europol-Übereinkommens inzwischen schlichtweg jedermann polizeiliches Objekt.[79] Das Risikostrafrecht ist in einem radikalen Sinne ein postbürgerliches Strafrecht. Dem Foucaultschen Diktum über die Abschaffung des bürgerlichen Subjekts folgend[80], hat im Risikostrafrecht das Individuum, die Person keinen Platz mehr.

Die Freiheitssicherung des Bürgers hat in der präventiven Sicherheitsordnung keine Verteidiger. In der privatwirtschaftlich organisierten Kriminalitäts- und Lebensformkontrolle ist Freiheitssicherung zur Grenznutzenrechnung verkürzt. Was der ‚Schlendrian' für die despotische Ordnung ist[81], ist in der präventiven Sicherheitsordnung die Gewinnrechnung des Unternehmers. Die Kontrollstrategien des ‚Sicherheitsunternehmers' finden dort ihre Grenzen, wo Aufwand und Ertrag in der betriebswirtschaftlichen Rechnung in keinem Verhältnis mehr zueinander stehen.[82] Nichts anderes gilt für die Bevölkerungskontrolle. Ihr Prinzip ist, an die Stelle der Domestikation des staatlichen Gewaltmonopols durch ein strenges materielles und prozessuales Strafrecht und durch hohe Zugangshindernisse vor dem Raum des Privaten die veralltäglichte Kontrolle der Normadressaten zu setzen. Im präventiven Sicherheitsdiskurs, wie Naucke betont, sind der Zweck der Freiheitssicherung und insbesondere die individuellen Freiheitsrechte nicht enthalten. Die beispielhaften verfahrensrechtlichen Figuren sind ‚Lauschangriff', verdachtsunabhängige Großkontrollen, *finaler Rettungsschuß* oder der Ausschluß der Öffentlichkeit bei der Zeugeneinvernahme von V-Leuten.

Funktional und legitimatorisch kommt eine besondere Rolle beim Abbau von Rechtsstaatlichkeit der Internationalisierung von Kriminalität und Kriminalitätsbekämpfung zu, welche nicht eine Eigenheit der präventiven Sicherheitsordnung sind, jedoch im Vordergrund des ‚harten' staatlichen Herrschaftszentrums stehen und zu den wichtigsten legitimatorischen Diskursen gegen die Grundsätze der Rechtsstaatlichkeit gehören. Internationalem Terrorismus, illegalem Waffen- und Drogenhandel, Prostitution, Menschenhandel, Geldwäsche und Steuerhinterziehung entspricht eine Kriminalitätsbekämpfung, die sich ebenfalls nicht mehr um nationale Grenzen schert, aber deshalb von Verfolgungsformen bestimmt ist, die den Modellen der Spionage und der Subversion folgen, die schon stets den Umgang mit ‚Feinden' jenseits der eigenen Grenzen und im ‚Untergrund' bestimmt haben.[83] Zusätzlich verschärft sich die rechtsstaatliche Problematik durch eine der folgenreichsten zeitgenössischen Entwicklungen: die Verbindung zwischen dem zukunftsträchtigen *small war* und der organisierten Kriminalität. *Small war* und organisierte Kriminalität sind zwei Seiten ein und derselben Münze. Bewaffnete Bewegungen sind eine Seite der politischen Dimension organisierter Kriminalität, die organisierte Kriminalität ist eine grundlegende Seite der ökonomischen Dimension politischer Gewalt. Bewaffnete Bewegungen und organisierte Kriminalität sind ‚wahlverwandt', man kann auch sagen, wie für einander geschaffen. Bewaffnete Bewegungen und organisierte Kriminalität leben heute beide von ‚Ökonomien der Distanz', wie ich die wirtschaftlichen Ordnungen mittels internationaler Beziehungsnetze nennen möchte. Beide operieren in wichtigen Bereichen nach der Schutzgeldlogik. Beide handeln mit Gütern wie Drogen und Waffen, bei denen die Gewinnspannen enorm sind. Benötigt die organisierte Kriminalität den Anbau und Handel mit Drogen, muß die bewaffnete Bewegung den ungehinderten Fluß an Waffen sicherstellen.[84] Wenn über die Kriegsökonomien die Trennlinie zwischen politischer Gewalt und organisierter Kriminalität immer mehr verblaßt, und die ‚illegale' politische Bewegung immer mehr zu einer illegalen wirtschaftlichen Unternehmung wird, dann gerät der Rechtsstaat in den Sog eines neuartigen ‚Kriegsrechts', in dem die Verfolgung von Kriminalität und das Führen des modernen Krieges zusammenfallen. Die Verschmelzung von Krieg und Kriminalität beinhaltet die Vereinigung von Kriegsführung und Kriminalitätsbekämpfung. Historisch läßt sich dieser Zusammenhang deutlich an der Terrorismusgesetzgebung erkennen, die zuerst auf die Drogenbekämpfung ausgeweitet und schließlich zum nachrichtendienstlichen und militarisierten Gesicht der staatlichen Strafverfolgung beitrug.

Die präventive Sicherheitsordnung kündigt die Idee von der Einheit der gesellschaftlichen Ordnung und der ungeteilten Mitgliedschaft auf. Sie berührt die konsensuelle Grundlage sozialer Ordnung, das, was Durkheim das „Kollektivbewußtsein" genannt hat.[85] Im klassischen westlichen Verfassungsstaat besteht ein enger Zusammenhang zwischen Gewaltmonopol und Wertkonsens, zwischen monopolisierter Macht und der Idee von der Einheit einer Normativität, in der sich die Mitglieder der Gesellschaft über alle Unterschiede hinweg ihrer gemeinsamen Verbundenheit und Abhängigkeit versichern. Der Kern dieser Versicherung ist die Verpflichtung, die Gewalt aus dem gesellschaftlichen Verkehr zu verbannen. Entgegen den Durkheimschen Dikta war und ist diese Einheit immer sehr brüchig, in vielerlei Hinsicht Fiktion. Aber sie ist eine hilfreiche Fiktion. Sie hält den Anspruch auf ungeteilte Mitgliedschaft aufrecht. Unter den Bedingungen von funktionierenden Systemen der Machtkontrolle, der Ordnung der Gewichte und Gegengewichte hält sie zur Verständigung zwischen den konfliktreichen Zielen, Werten, Interessen und Weltanschauungen an. Die präventive Sicherheitsordnung kennt diese Einheit auf der gesamtgesellschaftlichen Ebene nicht. Sie ist eine Ordnung der bewaffneten Wagenburgen, der ‚Klassengegensätze', der Schlagbäume, des Ausschlusses und der Marginalisierung. Mit der präventiven Sicherheitsordnung kehren vielleicht Wirklichkeiten und Ideen wieder, die am Anfang der bürgerlich-industriellen Gesellschaft gestanden haben. Als die ‚gefährlichen Klassen' wurden die Armen der großstädtischen Elendsviertel und die jugendlichen Altersgruppen in der Kultur der Gewaltnormalisierung damals gleichsam einer anderen ‚Rasse' zugeordnet und aus der normativen Einheit ausgeschlossen, ihre Lebensräume wurden dem ‚Dschungel der Großstadt' überantwortet.

In der präventiven Sicherheitsordnung wird der Kern des neuzeitlichen Gesellschaftsvertrages, den die politischen Philosophen und Verfassungsrechtler seit Hobbes diskutiert haben, neu geordnet. Seit Hobbes rechtfertigt sich das Gewaltmonopol dadurch, daß dem Staat die Verantwortung zukommt, für alle Bürger die gleichen Sicherheitsgarantien zu geben und sie zu gewährleisten. Die präventive Sicherheitsordnung privatisiert diese Verantwortung und weist sie den privatwirtschaftlichen, parastaatlichen und kommunitären Institutionen der Sicherheitsherrschaft und der Lebensformkontrolle zu. Die klassische Sicherheitsverantwortung des Staates wird segmentiert und entpolitisiert. Sie wird an Mitgliedschaften in Sicherheitsordnungen gebunden, die der Markt und die kommunitären Sicherheitsbewegungen anbieten. Paradoxerweise bedeutet diese Neuordnung von Verantwortung aber nicht das definitive Ende, sondern einen eigenartigen Triumph des politischen Philosophen des Leviathan. Die präventive Sicherheitsordnung setzt an die Stelle der politischen Ordnung des Hobbesschen Gesellschaftsvertrages eine gesellschaftliche Ordnung der vervielfältigten Hobbesschen Verträge.[86] Immer dann, wenn eine Person eine besondere Dienstleistung in Anspruch nimmt, geht sie einen Vertrag ein, in dem sie im Austausch gegen Sicherheit und Ordnung auf mehr oder minder umfangreiche Rechte gegenüber dem Dienstleistungsunternehmen verzichtet. Manche dieser Rechte galten im klassischen bürgerlichen Rechtsstaat noch als unveräußerlich. Zum Beispiel überprüfen Kreditunternehmen Bankauszüge, Fluggesellschaften durchsuchen das Gepäck und machen Körperkontrollen, an den Zugängen zu Wohnvierteln wird der Ein- und Ausgang registriert, in Kaufhäusern überwachen Kameras das ganze Geschehen, Lebensversicherungen überprüfen die Krankheitsgeschichte ihrer potentiellen Kunden. Der Hobbessche Gesellschaftsvertrag ist auf dem Markt der präventiven Sicherheitsordnung zum Flugticket, Kauf- und Mietvertrag geworden.

Schlußbetrachtung

Die wirksame Durchsetzung des staatlichen Gewaltmonopols ist in vielen Teilen der Welt eine Fiktion. Die agrarischen Ordnungen des Neo-Despotismus oder der gewalttätigen Verhandlung sind nur zwei Ausdrucksformen dieses Sachverhalts. In der wohlfahrtsstaatlichen Ordnung ist das staatliche Gewaltmonopol in den segregierten urbanen Räumen der Armut, rassisch-ethnischen Diskrimierung und Unterprivilegierung augenfällig prekär. Unter den Eliasschen Gesichtspunkten einer zweiten Stufe des Pazifizierungsprozesses, auf die nach der innerstaatlichen Befriedung die globale, zwischenstaatliche Pazifizierung folgt[87], vermag dieser fiktionale Charakter des Gewaltmonopols zu einer gefährlichen Illusion zu werden – gerade weil die Überlegung richtig ist, daß der Weltfrieden ohne ein hohes Maß innerstaatlicher Pazifizierung eine Chimäre ist.

Es gehört sicherlich zu den Eigenheiten der europäischen Staatsentwicklung, daß sie in der wohlfahrtsstaatlichen Ordnung eine bemerkenswerte Durchsetzung des staatlichen Gewaltmonopols, die weitgehende rechtsstaatliche Einhegung dieses Monopols und damit eine beachtliche Sicherheitsleistung zu Wege gebracht hat. Es ist eine Ordnung, die durch hohe Entmachtung, hohe Entlastung und hohe Instanzenorientierung gekennzeichnet ist. Aber es hat den Anschein, daß mit der präventiven Sicherheitsordnung, die sich in ersten Umrissen abzeichnet, diese Entwicklung an ihr Ende gekommen ist und wir einem neuen Typ von gesamtgesellschaftlicher Ordnung der Gewalt entgegengehen.

In der Form der präventiven Sicherheitsordnung ist dieser neue Typ von Ordnung die Wiederkehr eines Stücks historischer ‚Normalität': Der neuzeitliche Prozeß einer außergewöhnlichen Machtzentrierung bricht ab, und gesellschaftliche Ordnungen eignen sich wieder die Herrschaftsaufgaben des politischen Zentrums an. Das ist allerdings nicht die Rückkehr zur Ordnung der gewaltsamen Selbsthilfe. Aber es bedeutet, daß in den westlichen Gesellschaften die Unterschiede in der Erfahrung von Gewalt und der Furcht vor ihr deutlicher, im Vergleich der Pole kraß werden. Hohe Entmachtung, hohe Entlastung und hohe Instanzenorientierung in den Räumen und Institutionen der Sicherheitsoligopole stehen geringe Entmachtung, hohe Belastung und geringe Instanzenorientierung in den Kulturen der Gewaltnormalisierung und an den Grenzen der Strukturen der Segregation und Ungleichheit gegenüber. Die Merkmale der „Endstufe" der Machtintegration, von der Heinrich Popitz spricht, werden segmentiert.[88] Gewalt und Furcht vor Gewalt werden voraussichtlich wieder stärker das Bewußtsein der Angehörigen westlicher Gesellschaften und die gesellschaftlichen und politischen Konflikte dieser Gesellschaften prägen. Das sind noch keine „Aussichten auf den Bürgerkrieg", auf die Hans Magnus Enzensberger in seinem zornigen Essay über die weltweite Entfesselung der Gewalt blickt[89], und es ist nicht die Rückkehr des Hobbesschen Naturzustandes. Aber im leichtfertigen ideologischen Umgang mit den phantastischen Träumen von einer

Marktgesellschaft und mit der Privatisierung des Kerns von moderner Staatlichkeit, des Gewaltmonopols im besonderen wird buchstäblich ein ‚Spiel mit dem Feuer' getrieben. Die brennenden Autos, die Plünderungen von Geschäften und die Wut der Jugendlichen in den heruntergekommenen Trabantensiedlungen Nordamerikas und Westeuropas sind seine Zeichen.[90] Die präventive Sicherheitsordnung bringt die Bürger der postwohlfahrtsstaatlichen westlichen Demokratien den Verhältnissen in der sogenannten ‚Dritten Welt' vielleicht näher, als ihnen lieb ist.

Anmerkungen

1 Creveld (1999)
2 Creveld (1999)
3 Popitz (1999)
4 Sahlins (1978b)
5 Mauss (1978: 12 ff)
6 Den Begriff der ‚Domestikation' gebrauche ich hier im Sinne von Richard Thurnwald (1934: 15, 88)
7 Zu den anderen Typen, s. die Literaturangaben zu Trutz von Trotha in den Textnachweisen auf Seite 222
8 Popitz (1999: 44)
9 Popitz (1999: 43 ff)
10 Siehe auch Popitz (2000: 82 ff), von Matt (1994)
11 Sahlins (1978b: 182)
12 Mann (1990, Bd.1: 24 ff)
13 Brunner (1973)
14 Ebd., S. 440
15 Busch et al (1988: 47/49)
16 Ebd., S. 49
17 Spittler (1980a); vgl. auch Trotha (1986: 1 ff; 1982: 11 ff)
18 Popitz (1999: 259 f)
19 Vgl. Trotha (1986: 54 ff)
20 Vgl. Colson (1974: 37)
21 Trotha (1982: 41 ff)
22 Popitz (1999: 260)
23 Ebd., S. 255 ff
24 Vgl. Trotha (1994a: 15, 162, 278 ff, 336, 342, 353 ff, 367, 445 ff)
25 In Papua-Neuguinea ist das despotische Verwaltungshandeln insbesondere eine Sache der gefürchteten *Mobile Riot Squad* – wobei man bei ihrem Namen weniger auf das Substantiv *riot* als auf das Adjektiv *mobile* schauen muß, wenn man die Adressaten ihres Handelns im Auge hat. Zu ihrem despotischen Verwaltungshandeln gehört zum Beispiel, daß sie bei der Suche und Ergreifung von sogenannten *raskals* ganze Dörfer einäschert – so widerfuhr es im März 1992 beispielsweise einem Dorf nahe *Popondetta*, der Hauptstadt der *Oro Province*.

26 Vgl. Trotha (1994a: 58 ff, 112 ff)

27 *District Court Magistrates* sind immerhin die höchsten Richter unterhalb der Gruppe der Richter des *National Court*, dessen Sitz in der Hauptstadt Port Moresby ist.

28 In Papua-Neuguinea ist der blutige Sezessionskonflikt um Bougainville in der Provinz *North Solomons* zwischen 1975 und 1998 zu nennen. Er hat allein von November 1988 bis Januar 1998 mindestens 12.000, möglicherweise jedoch etwa 20.000 Menschen das Leben gekostet (vgl. Regan 1999; Stateman's Yearbook 2000: 1251).

29 Vgl. Strathern (1993: 204), Mapusia (1986)

30 Kolma (1993)

31 Ebd.

32 Vgl. Mapusia (1986: 66 f)

33 Ngaffkin (1991)

34 Ebd.

35 Ebd.

36 Brunton (1986: 37)

37 Waldmann (1995)

38 Popitz (1999: 260)

39 Ebd., S. 259. Popitz kommt es nicht auf die Vielzahl der empirischen Abwandlungen, sondern auf die grundlegenden Kennzeichen einer veralltäglichten zentrierten Herrschaft an. Folglich schreibt er (ebd., S. 260; Hervorh. TT): „Im PRINZIP [...] ist mit der Durchsetzung von zentraler Herrschaft im Alltag, wie wir sie heute kennen, eine Endstufe der Institutionalisierung von Macht erreicht.“

40 Cohen (1987: 50 ff)

41 Vgl. Trotha (1994a: 65 f)

42 Miller (1968); vgl Trotha (1974: 31 ff)

43 Vgl. Skolnick / Fyfe (1993)

44 Vgl. Dubet / Lapeyronnie (1994: 141 ff, 165 ff)

45 Spittler (1967: 106 ff)

46 Creveld (1999)

47 Touraine (1994)

48 Zum folgenden vgl. Robert (1999: 145 ff), Beyens / Snaken (1996), Neue Kriminalpolitik (1995)

49 Nach der Umsatzsteuerstatistik der Bundesrepublik Deutschland gab es im Jahre 1960 332 Betriebe, die Fahrzeug-, Grundstücks- und Gebäudebewachung anboten und einen Jahresumsatz von zusammen 109 Millionen Mark hatten. Knapp dreißig Jahre später war die Zahl dieser Betriebe auf 798 angewachsen. Sie erwirtschafteten zu diesem Zeitpunkt einen Jahresumsatz von zusammen 2,05 Milliarden Mark (Voß 1993: 83).

50 Vgl. Voß (1993: 83)

51 Vgl. Göschl / Lustig (1994), Feltes (1990)

52 Vgl. zum folgenden Shearing (1997: 266 ff), Feeley / Simon (1994)

53 Aufgrund geographisch beschränkter Einzelfallstudien zählten in den 1990er Jahren Kalifornien, Baltimore im Bundesstaat Maryland und Washington, D.C., zu den am meisten erwähnten Beispielen für diese ‚Politik der Einsperrung‘. In diesen drei Regionen standen zwischen 40 und 56 Prozent aller Schwarzen zwischen 18 und 35 Jahren unter irgendeiner Form strafjustizieller Kontrolle (vgl. Weitekamp 1998; Wacquant 1997: 19 ff).

54 Shearing, ebd., S. 270

55 Cohen (1993: 221)

56 Das Menschenbild der Bevölkerungskontrolle entspricht der Ökonomisierung aller sozialen Beziehungen im Modell der postindustriellen Marktgesellschaft, in der der wohlfahrtsstaatliche Kampf um Gleichheit dem marktgesellschaftlichen Kampf um den Status des ‚Humankapitals' gewichen ist.

57 Zitiert nach Nogala (1989: 30)

58 Siehe Galtung (1975)

59 Ebd.,. S. 9

60 Sykes (1992). Die liberale amerikanische Ideologie mit ihrer äußersten Individualisierung gesellschaftlichen Erfolgs und Mißerfolgs zieht allerdings stets relativ enge Grenzen für den Einsatz der Opferkategorie – sie ist deshalb vorrangig im indianischen und schwarzen Nordamerika verankert, in den Kulturen der Vergessenen, Marginalisierten und scheinbar definitiv Ausgegrenzten (zur Opferkultur des schwarzen Nordamerikas vgl. McWhorter 2000). Die wohlfahrtsstaatlichen Kulturen Europas und insbesondere Deutschlands neigen stattdessen eher dazu, sozialen Mißerfolg oder ‚Benachteiligungen', welcher Art auch immer, zu ‚sozialisieren'. Der amerikanischen Kultur der ‚individuellen Schuld' und des ‚Versuch's noch einmal' steht die europäische ‚Klage'- und ‚Anklage'-Kultur gegenüber.

61 Zum Begriff des *moralischen Kreuzzuges*, vgl. Treiber (1984), Gusfield (1963)

62 Nogala (1992; 1989: 47 ff)

63 Shearing (1995: 72)

64 South (1995: 135)

65 Narr (1992: 11)

66 Ich gehe hier auf die folgenreiche Erscheinung nicht ein, daß die präventive Sicherheitsordnung einen neuen Typ von Raum enthält, den ich ‚paraprivat' nenne, und der zum Beispiel für die großen Einkaufs- oder Freizeitzentren charakteristisch ist. Der paraprivate Raum besteht einerseits auf einer neuen Grenzziehung, indem er einen einst öffentlichen in einen quasi-privaten Raum umwandelt. Andererseits werden innerhalb dieses Raumes die Grenzen zwischen öffentlichem und privatem Raum, öffentlichem und privatem Recht unklar (vgl. Voß 1993: 89 ff).

67 Zum Begriff der ‚Schwierigkeiten', s. Miller (1968: 342 ff)

68 Sykes/Matza (1968)

69 Vgl. Reuband (1992)

70 Zitiert n. Recktenwald (1989: 151)

71 Die Privatisierung der Gefängnisse setzt überall mit der privatwirtschaftlichen Übernahme von Arrest-, Jugendstraf- oder Justizvollzugsanstalten geringer Sicherheitsstufe ein. Selbst die amerikanischen Gefängnisunternehmer haben sich erst nach einigen Jahren Erfahrung daran gewagt, sogenannte *maximum security*-Gefängnisse des Erwachsenenstrafvollzugs zu übernehmen (Beyens/Snacken 1996: 242).

72 So heißen die Trakte amerikanischer Gefängnisse, in denen die Häftlinge, die zum Tode verurteilt sind, untergebracht sind.

73 Zur Rückkehr des ‚Monsters', vgl. Simon (1997: 293 ff)

74 Zur Auseinandersetzung um den ‚Neuen Realismus', vgl. Walton/Young (1998)

75 Naucke (1993: 154)

76 Frehsee (1999: 16 f, 20)

77 In diesem Zusammenhang ist es aufschlußreich, den Wandel der Debatte um die Menschenrechte zu verfolgen: Auch hier werden sukzessive Schutzrechte um wohlfahrtsstaatliche Anspruchsrechte (Recht auf Bildung, Arbeit, Kleidung, Wohnung, Erholung, Freizeit, saubere Umwelt und so weiter) erweitert.

78 Ebd., S. 17
79 Nach diesem Artikel des Europol-Übereinkommens dürfen die polizeilichen Ermittlungen sich auf Personen erstrecken, die bei einer künftigen Strafverfolgung als Zeugen in Betracht kommen, Opfer einer Straftat werden oder einfach Informationen liefern können.
80 In der Abhandlung *Die Ordnung der Dinge* ist die Idee von der Abschaffung des Bürgers zur These vom Verschwinden des Menschen radikalisiert (vgl. Foucault 1974: 462).
81 Vgl. Trotha (1994a: 411 ff)
82 Nicht anders als im Despotismus kann die ‚Freiheit', die die Grenznutzenrechnung garantiert, beträchtlich sein. Aber es ist nicht die rechtlich garantierte Freiheit der freiheitlichen Verfassungsordnung.
83 In diesem Zusammenhang ist die Beobachtung von Frehsee (1999: 17) aufschlußreich, daß die Entwicklung des Risikostrafrechts durch den europäischen Einigungsprozeß „einen beträchtlichen Anschub erfahren" hat.
84 Zum Ganzen siehe Jean/Rufin (1999); s. auch Trotha (1999b)
85 Zum Begriff „Kollektivbewußtsein" bei Durkheim vgl. unter vielen Lukes (1973: 4 ff)
86 Diese Beobachtung verdanke ich einem Vortrag von Clifford Shearing, der unter dem Titel *Reinventing Policing* veröffentlicht ist (siehe Shearing 1995), in seiner schriftlichen Fassung diese Beobachtung jedoch nicht enthält.
87 Vgl. Elias (1985: 80 ff)
88 Popitz (1999: 260)
89 Enzensberger (1994)
90 Vgl. Dubet (1997: 224 ff)

Literatur

Beyens, Kristel, Sonja Snaken (1996): „Prison Privatization. An International Perspective". In: *Prison 2000. An International Perspective on the Current State and Future of Imprisonment*, hg. v. Roger Matthews, Peter Francis, S. 240-265. London / New York: Macmillan/ St. Martin's Press

Brunner, Otto (1973): *Land und Herrschaft. Grundfragen der territorialen Verfassungsgeschichte Österreichs im Mittelalter.* Darmstadt: Wissenschaftliche Buchgesellschaft (zuerst 1939)

Brunton, Brian (1986): „Crime, Politics and Economics". In: *Law and Order in a Changing Society*, hg. v. Louise Morauta, S. 30-40. Canberra: Department of Political and Social Change / Research School of Pacific Studies, Australian National University

Busch, Heiner, Albrecht Funk, Udo Kauss, Wolf-Dieter Narr, Falco Werkentin (1988): *Die Polizei in der Bundesrepublik.* Frankfurt/M., New York: Campus (zuerst 1985)

Cohen, Stanley (1987): *Visions of Social Control. Crime, Punishment and Classification.* Cambridge/Oxford: Polity Press/Basil Blackwell (zuerst 1985)

Cohen, Stanley (1993): „Soziale Kontrolle und die Politik der Rekonstruktion". In: *Strafrecht, soziale Kontrolle, soziale Disziplinierung, Jahrbuch für Rechtssoziologie und Rechtstheorie*, Bd. 15, hg. v. Detlev Frehsee, Gabi Löschper, Karl F. Schumann, S. 209-237. Opladen: Westdeutscher Verlag

Colson, Elizabeth (1974): *Tradition and Contract. The Problem of Order.* Chicago: Aldine

Creveld, Martin van (1999): *Aufstieg und Untergang des Staates.* München: Gerling Akademie Verlag (engl. zuerst 1999)

Dubet, François (1997): „Die Logik der Jugendgewalt. Das Beispiel der französischen Vorstädte". In: *Soziologie der Gewalt*, Sonderheft Nr. 37 der Kölner Zeitschrift für Soziologie und Sozialpsychologie, hg. v. Trutz von Trotha, S. 220-234. Opladen, Wiesbaden: Westdeutscher Verlag

Dubet, François, Didier Lapeyronnie (1994): *Im Aus der Vorstädte. Der Zerfall der demokratischen Gesellschaft*. Stuttgart: Klett-Cotta (franz. zuerst 1992)

Elias, Norbert (1985): *Humana conditio. Beobachtungen zur Entwicklung der Menschheit am 40. Jahrestag eines Kriegsendes* (8. Mai 1985). Frankfurt/M.: Suhrkamp

Enzensberger, Hans Magnus (1994): *Aussichten auf den Bürgerkrieg*. Frankfurt / M.: Suhrkamp (zuerst 1993)

Feeley, Malcolm, Jonathan Simon (1994): „Actuarial Justice: the Emerging New Criminal Law". In: *The Futures of Criminology*, hg. v. David Nelken, S. 173-201. London u.a.: Sage

Feltes, Thomas (1990): „Polizei, Bürger und Gemeinwesen". In: *Neue Kriminalpolitik* 2, Heft 4: 32-39

Frehsee, Detlev (1999): „Verschwindet der Rechtsstaat?" In: *Neue Kriminalpolitik* 11, Heft 1: 16-21

Foucault, Michel (1974): *Die Ordnung der Dinge. Eine Archäologie der Humanwissenschaften*. Frankfurt/M.: Suhrkamp (franz. zuerst 1966)

Galtung, Johan (1975): *Strukturelle Gewalt. Beiträge zur Friedens- und Konfliktforschung*, Bd. 1. Reinbek: Rowohlt

Göschl, Alexandra, Sylvia Lustig, 1994: „Die bayrische Sicherheitswacht – ein Modell zur Wahrung des staatlichen Gewaltmonopols?" In: *Allgemeine Verunsicherung und Politik der Inneren Sicherheit. Arbeitsgruppe „Soziologie der Politik" der Deutschen Gesellschaft für Soziologie*, Dokumentation Nr. 6, hg. v. Stefan Hornbostel, S. 143-151. Jena: Friedrich-Schiller-Universität

Gusfield, Joseph R. (1963): *Symbolic Crusade. Status Politics and the American Temperence Movement*. Urbana, Ill.: University of Illinois Press

Jean, François, Jean-Christophe Rufin (Hg.) (1999): *Ökonomie der Bürgerkriege*. Hamburg: Hamburger Edition (franz. zuerst 1996)

Kolma, Caspar (1993): „Tribal War Leaves for Dead in the Highlands". In: *Papua New Guinea Post-Courier*, 26. März 1993: 5

Lukes, Steven (1973): *Emile Durkheim. His Life and Work: A Historical and Critical Study*. London usw.: Penguin

Mann, Michael (1990): *Geschichte der Macht*, 2 Bde. Frankfurt/M., New York: Campus

Mapusia, Mike (1986): „Police Policy towards Tribal Fighting in the Highlands". In: *Law and Order in a Changing Society*, hg. v. Louise Morauta, S. 57-69. Canberra: Department of Political and Social Change / Research School of Pacific Studies, Australian University

Mauss, Marcel (1978): „Die Gabe. Form und Funktion des Austauschs in archaischen Gesellschaften". In: ders., *Soziologie und Anthropologie, Bd. 2: Gabentausch, Soziologie und Psychologie, Todesvorstellung, Körpertechniken, Begriff der Person*, S. 9-144. Frankfurt/M. u.a.: Ullstein (franz. zuerst 1923/1924)

Miller, Walter B. (1968): „Die Kultur der Unterschicht als ein Entstehungsmilieu für Bandendelinquenz". In: *Kriminalsoziologie*, hg. v. Fritz Sack, René König, S. 343-351. Frankfurt/M.: Akademische Verlagsgesellschaft (amerik. zuerst 1958)

McWhorter, John H. (2000): *Losing the Race. Self-Sabotage in Black America*. New York: Free Press

Ngaffkin, Cletus (1991): „Port Moresby blacked out as Rouna is forced to shut down". In: *Papua New Guinea Post Courier*, 21. November 1991: 1

Narr, Wolf-Dieter (1992): „Der Markt der Sicherheit, das Gewaltmonopol des Staates und die Bürgerrechte“. In: *Bürgerrechte und Polizei / CILIP*, Heft 3: 6-13

Naucke, Wolfgang (1993): „Schwerpunktverlagerungen im Strafrecht“. In: *Kritische Vierteljahresschrift für Gesetzgebung und Rechtswissenschaft* 76: 135-162

Neue Kriminalpolitik. Forum für Praxis, Politik und Wissenschaft (1995), Jahrgang 7, Heft 2 mit dem Schwerpunkt „Firma: Gefängnis. Sozial? Rationell? Profitabel?“ Baden-Baden: Nomos

Nogala, Detlef (1989): *Polizei, avancierte Technik und soziale Kontrolle. Funktion und Ideologie technikbesetzter Kontrollstrategien im Prozeß der Rationalisierung von Herrschaft.* Pfaffenweiler: Centaurus

Nogala, Detlef (1992): „Sicherheit als Ware und Dienstleistung – zur Entwicklung einer zukunftsträchtigen Industrie“. In: *Bürgerrechte und Polizei / CILIP*, Heft 3: 18-22

Popitz, Heinrich (1999): *Phänomene der Macht.* Tübingen: Mohr (zuerst 1992/1986)

Popitz, Heinrich (2000): *Wege der Kreativität.* Tübingen: Mohr (zuerst 1997)

Recktenwald, Horst Claus (1989): „Adam Smith (1723-1790)“. In: *Klassiker des ökonomischen Denkens, Bd. 1: Von Plato bis John Stuart Mill,* hg. v. Joachim Starbatty, S. 134-155. München: Beck

Regan, Anthony (1999): „Bougainville: The Peace Process and Beyond. Submission to the Foreign Affairs Sub-Committee of the Joint Standing Committee on Foreign Affairs, Defence and Trade Inquiry“, in: http://rspas.anu.edu.au/melanesia/ajregan2.htm

Reuband, Karl-Heinz (1992): „Objektive und subjektive Bedrohung durch Kriminalität. Ein Vergleich der Kriminalitätsfurcht in der Bundesrepublik Deutschland und in den USA, 1965-1990“. In: *Kölner Zeitschrift für Soziologie und Sozialpsychologie* 44: 341-351

Robert, Philippe (1999): *Le Citoyen, le Crime et l'Etat.* Genf: Librairie Droz

Sahlins, Marshall (1978b): „The Spirit of the Gift“. In: ders., *Stone Age Economics*, S. 149-183. London: Tavistock (zuerst 1968/1969)

Shearing, Clifford (1995): „Reinventing Policing: Policing as Governance“. In: *Privatisierung staatlicher Kontrolle: Befunde, Konzepte, Tendenzen,* hg. v. Fritz Sack, Michael Voß, Detlev Frehsee, Albrecht Funk, Herbert Reinke, S. 70-87. Baden-Baden: Nomos

Shearing, Clifford (1997): „Gewalt und die neue Kunst des Regierens und Herrschens. Privatisierung und ihre Implikationen“. In: *Soziologie der Gewalt*, Sonderheft 37 der Kölner *Zeitschrift für Soziologie und Sozialpsychologie*, hg. v. Trutz von Trotha, S. 263-278. Opladen, Wiesbaden: Westdeutscher Verlag

Simon, Jonathan (1997): „Gewalt, Rache und Risiko. Die Todesstrafe im neoliberalen Staat“. In: *Soziologie der Gewalt*, Sonderheft Nr. 37 der Kölner *Zeitschrift für Soziologie und Sozialpsychologie*, hg. v. Trutz von Trotha, S. 279-301. Opladen, Wiesbaden: Westdeutscher Verlag

Skolnick, Jerome H., James J. Fyfe (1993): *Above the Law. Police and the Excessive Use of Force*. New York u.a.: Free Press

South, Nigel (1995): „Privatization, Private Policing and the Administration of Sanctions: Historical Remarks and Contemporary Observations“. In: *Privatisierung staatlicher Kontrolle: Befunde, Konzepte, Tendenzen*, hg. v. Fritz Sack, Michael Voß, Detlev Frehsee, Albrecht Funk, Herbert Reinke, S. 130-138. Baden-Baden: Nomos

Spittler, Gerd (1967): *Norm und Sanktion. Untersuchungen zum Sanktionsmechanismus*. Olten, Freiburg: Walter

Spittler, Gerd (1980a): „Streitregelung im Schatten des Leviathan. Eine Darstellung und Kritik rechtsethnologischer Untersuchungen“. In: *Zeitschrift für Rechtssoziologie* 1: 4-32

Stateman's Yearbook (2000). *The Stateman's Yearbook. The Politics, Cultures and Economies of the World,* hg. v. Barry Turner, S. 1251-1256. London: MacMillan

Strathern, Andrew (1993): *Voices of Conflict.* Pittsburgh: Department of Anthropology, University of Pittsburgh (Ethnology Monographs No. 14)

Sykes, Charles J. (1992): *A Nation of Victims. The Decay of the American Character.* New York: St.Martin's Press

Sykes, Gresham M., David Matza (1968): „Techniken der Neutralisierung: Eine Theorie der Delinquenz". In: *Kriminalsoziologie*, hg. v. Fritz Sack, René König, S. 360-371. Frankfurt/M.: Akademische Verlagsgesellschaft (amerik. zuerst 1957)

Thurnwald, Richard (1934): *Die menschliche Gesellschaft in ihren ethno-soziologischen Grundlagen, Bd. 5: Werden, Wandel und Gestaltung des Rechtes im Lichte der Völkerforschung.* Berlin, Leipzig: de Gruyter

Touraine, Alain (1994): „Der Staat zerbricht". In: *Die Woche*, 7. April 1994: 23

Treiber, Hubert (1984): „Die gesellschaftliche Auseinandersetzung mit dem Terrorismus: Die Inszenierung ‚symbolischer Kreuzzüge' zur Darstellung von Bedrohungen der normativen Ordnung von Gesellschaft und Staat". In: *Protest und Reaktion. Analysen zum Terrorismus* 4/2, hg. v. Fritz Sack, Heinz Steinert, S. 320-363. Opladen: Westdeutscher Verlag

Trotha, Trutz von (1974a): *Jugendliche Bandendelinquenz. Über Vergesellschaftungsbedingungen von Jugendlichen in den Elendsvierteln der Großstädte.* Stuttgart: Enke

Trotha, Trutz von (1982): *Recht und Kriminalität. Auf der Suche nach Bausteinen für eine rechtssoziologische Theorie des abweichenden Verhaltens und der sozialen Kontrolle.* Tübingen

Trotha, Trutz von (1986): *Distanz und Nähe. Über Politik, Recht und Gesellschaft zwischen Selbsthilfe und Gewaltmonopol.* Tübingen

Trotha, Trutz von (1994a): *Koloniale Herrschaft. Zur soziologischen Theorie der Staatsentstehung am Beispiel des „Schutzgebietes Togo".* Tübingen

Trotha, Trutz von (1999b): „Unternehmen Bürgerkrieg". In: *Politische Vierteljahresschrift* 40: 654-665

Voß, Michael (1993): „Privatisierung öffentlicher Sicherheit". In: *Strafrecht, soziale Kontrolle, soziale Disziplinierung, Jahrbuch für Rechtssoziologie und Rechtstheorie*, Bd. 15, hg.v. Detlev Frehsee, Gabi Löschper, Karl F. Schumann, S. 81-102. Opladen: Westdeutscher Verlag

Wacquant, Loïc J.D. (1997): „Vom wohltätigen Staat zum strafenden Staat. Über den politischen Umgang mit dem Elend in Amerika". In: *Neue Kriminalpolitik* 9, Heft 2: 16-23

Waldmann, Peter (1995): „Gesellschaften im Bürgerkrieg. Zur Eigendynamik entfesselter Gewalt". In: *Zeitschrift für Politik* 42: 343-368

Walton, Paul, Jock Young (Hg.) (1998): *The New Criminology Revisited.* Basingstoke : Macmillan

Weitekamp, Elmar G. M. (1998): „And the Band Played On oder Wahnsinn und kein Ende: Amerikanische Strafrechtspolitik". In: *New Yorker „Zero-Tolerance"-Politik, Jahrbuch für Rechts- und Kriminalsoziologie* '98, hg. v. Helmut Ortner, Arno Pilgram, Heinz Steinert, S. 67-86. Baden-Baden: Nomos

Auf welche Konflikte müssen wir uns einstellen?

Ein Gespräch mit dem Literatur- und Medienwissenschaftler Niels Werber

In zwei Aufsätzen[1] haben Sie sich mit Stadt und Stadtgesellschaft auseinandergesetzt. Ihre Überlegungen laufen darauf hinaus, daß sich die Weltgesellschaft[2] teilt: in die „Besatzungen" von Archipelen des Reichtums und der Macht auf der einen Seite und Territorien des Elends auf der anderen. Sind Alternativen zu einer solchen Perspektive noch realistisch? Hört, wie Carlos Castoriadis vermutete, die Gesellschaft auf, sich selbst in Frage zu stellen in einer „Zeit ohne historische Dimension", die alle kritische Theorie und Praxis „von nun an [als] so fragmentiert, dereguliert, selbstreferentiell, singulär und episodisch wie das postmoderne Leben selbst"[3] betrachtet? Werden, wie Zygmunt Bauman prognostiziert, die vermögenden Klassen mit dem Cyber Space des World Wide Web „exterritorial und unerreichbar für Menschen, die ihnen im physischen Raum nahe sind"? Oder stimmt die ganze Fragestellung nicht? Im Anschluß an die Überlegungen, die Jeremy Rifkin in seinem jüngsten Buch Access *anstellt, könnte man ja fragen, ob nicht längst Tendenzen zu anderen Formen der gesellschaftlichen Organisation zu beobachten sind, ob die Selbsteinschließung des Reichtums und dessen Bindung an dingliches Eigentum nicht letztlich für einen Realitätszugang steht, den die Realität längst zu überschreiten begonnen hat.*

Niels Werber: Was wäre denn die Alternative bei Rifkin? Eine Ökonomie der Gabe?

Rifkin sagt, daß es mehr und mehr nicht um den Besitz gehe, sondern um Zugang – zu den Möglichkeiten der Kommunikation, zu den jeweiligen Lebensstilen und so weiter. Um soziale und ökonomische Privilegien, die Bindungen an bestimmte Orte, an ein bestimmtes, dinglich ausgedrücktes Eigentum aufzulösen beginnen.

Ich würde allerdings auch beim Stichwort Access an Inklusion und Exklusion denken. Im Bereich der Internetökonomie und des Cyberspace kennt man ja die Nutzungsprivilegien, die verteilt werden, das sind nicht keine, sondern nur andere Hierarchien. Man kann kaum sagen, es gebe jetzt einen grundlegenden Wandel zu einer Ökonomie des Zugangs, bei der sich die etablierten ökonomischen und sozialen Unterschiede auflösen. Eher ist ja wohl zu vermuten, daß auf der Ebene des Zugangs, wenn es sich denn hier wirklich um eine neu organisierte Ökonomie handeln sollte, die soziale und ökonomische Teilung der Welt sich fortsetzt. Vor dem Hintergrund des im Zuge der Globalisierung in die Sichtbarkeit tretenden Zusammenhangs zwischen Archipelbildung und Ghettoisierung, zwischen *Gated communities* und Elendsbezirken, Selbsteinschließung und Exklusion entscheidet der Zugang zu den Mitteln der Kommunikation darüber, wer drin ist und wer draußen. Daher muß man sofort eine Frage anschließen: Wer hat heute Zugang zu den Netzen? Zu all den Angeboten, wie Rifkin sie beschreibt? Access ist ja an eine ganze Reihe von Voraussetzungen gebunden, etwa an ein bestimmtes Maß an technischem Wissen und Equipment, über das man verfügen muß, um Zugang zu den weltweiten Kanälen zu haben. Es gibt inzwischen eine, so weit ich weiß in London angesiedelte, Soziologie des *Internet traffic* die sich mit der Vernetzung der Welt beschäftigt und fragt: Wie hoch ist der Prozentsatz der Internetbenutzer an der Bevölkerung eines Landes? Wo stehen die Route Servers? und so weiter. Die dort erarbeiteten Karten zeigen, daß Afrika auch in dieser Hinsicht der „schwarze“ oder „leere“ Kontinent ist: zwei, drei Server, die von ausländischen Firmen betrieben und gewartet werden, die Hauptströme laufen auch in dieser Beziehung an Afrika vorbei, der Nord-Süd-Konflikt zeigt sich auch auf der Ebene der neuen Technologien und der „neuen Ökonomie“ in seiner ganzen Schärfe.

An welchen Symptomen zeigt sich die Spaltung der Welt, die soziale und auch sozialräumliche Polarisierung, am deutlichsten?

Ich würde nicht von Symptomen, sondern eher von einem Syndrom sprechen, das vor allem im Westen zu beobachten ist: technische Evolution, Denkströmungen wie etwa der Kommunitarismus, New Economy, die Deregulierung, der Abbau des Nationalstaats, die Übernahme von ehemals souveränen Bereichen des Staates durch große Konzerne, die planmäßige Entwicklung von Gated communities durch große Firmen und so weiter – erst das Zusammenwirken all dieser Entwicklungen fördert derzeit den Eindruck der Unumkehrbarkeit und provoziert die Frage: Wer sollte diesen Prozeß aufhalten?

Als man in Europa die Positionen des Kommunitarismus zu diskutieren begann, war aus der Lektüre der Texte diverser Autoren zunächst nicht zu schließen, daß sich das Votum für die Verteidigung bürgergesellschaftlicher Tugenden so gut mit Praktiken der Zitadellenbildung vertragen würde. Smart Communities, sagen Sie, verbänden „die Grenzsicherung der guarded communities mit dem kommunikationstechnischen Anschluß an die Globalisierung". In den „Hochsicherheits- und High-Tech-Städten" verschränkten sich „die Bedürfnisse der Bürger nach physischer Sicherheit mit den ökonomischen Notwendigkeiten globaler Kommunikation". Die „Aufhebung aller Grenzen, die mit der Telematik einhergehende Trennung von Arbeit und Arbeitsplatz" werde „von kommunitaristischen Maßnahmen flankiert". Die „telekommunikative Einbindung der Arbeitsplätze in temporäre, flexible Teams" werde „aufgefangen vom hochinklusiven Kommunitarismus der lokalen Neighborhoods". Unterstellen Sie dem Kommunitarismus einen „Klassencharakter", der sich in den Schriften seiner Autoren nur nicht offen zeigt?

Wen eigentlich will die Stadt?

Im Kern steht hinter all dem die Beobachtung, daß Gemeinschaften, wenn sie funktionieren sollen, eine bestimmte Größe nicht überschreiten dürften. Das konventionellste Beispiel wäre die Familie, der Kommunitarismus vertritt ja auch die guten alten *family values*. Der von ihm favorisierte Typ von Gemeinschaft ist immer überschaubar: Nachbarschaft, Universität, Sportverein, alles Gemeinschaften, in denen man sich mehr oder weniger gut kennt, gemeinsame Werte vertritt, man ist gemeinsam sozialisiert worden, es gibt eine nicht problematisierte Kohäsion zwischen den Mitgliedern. Wenn man diese Basis des kommunitaristischen Denkens zur Kenntnis nimmt, findet man ohne weiteres und gleichsam als „logische" Entsprechung die Bezugspunkte zur Tendenz der Selbstabschottung von Neighborhoods. Auf der einen Seite das gesellige Leben, Parties, Sporttermine und so weiter, auf der anderen Exklusion – Sicherheit ist ja eines der wichtigsten Themen, das gemeinsame Interesse an der Abschottung gegen Irritationen jeglicher Art: *Neighborhood watch programs* und gemeinsam finanzierte Sicherheitsdienste, das paßt alles sehr gut zusammen. Selbst wenn man die Werte solcher Gemeinschaften nicht gerade „leben" muß, aber vielleicht nicht ganz schlecht findet, muß man doch immer auch sehen, daß Inklusion nicht nur potentiell und irgendwann, sondern real und jetzt in Exklusion umschlägt. Außerhalb der physischen und elektronischen Mauern, befürchtet man, lauere jederzeit der potentielle Feind. Was außerhalb der Enklave liegt, gilt als fremd und bedrohlich: Drogensüchtige, Obdachlose, Bettler und andere. Dieses Szenario einer drohenden Invasion der Neighborhoods erscheint dann als folgenreiche Angst vor der Barbarisierung der eigenen Wohnviertel. Es schweißt die Bewohner solcher „Stadtstaaten“ zu homogenen Communities zusammen – eine Praxis, die sich wie selbstverständlich mit dem kommunitaristischen Denken verträgt.

Durch Selbstabschließung reduziert sich Gesellschaft zu Gemeinschaften auf der Basis ähnlicher beziehungsweise identischer Interessen oder Optionen. Die Stadt aber ist ein – immer auch Unsicherheit stiftendes und oft bedrohliches – hoch differenziertes Universum. Wollen oder brauchen diejenigen, die sich selbst einschließen, die Stadt überhaupt noch als Lebensort? Sind die neuen „Zitadellen“ angesichts der realen oder behaupteten Risiken und Gefahren der heutigen Städte nicht Ausdruck derselben Großstadtfeindschaft, wie man sie aus literarischen Zeugnissen und politischen Pamphleten des neunzehnten Jahrhunderts kennt?

Ich glaube, daß die Stadt nach wie vor für attraktiv gehalten wird. Aber umgekehrt muß man ja wohl fragen: Wen eigentlich will die Stadt? Wollen denn diejenigen die Stadt, die – wie etwa die Bahn AG oder die Eigentümer des Potsdamer Platzes – bestimmte, ehemals öffentliche Räume, von denen man ja zunächst den Eindruck haben könnte, daß es sich angesichts der riesigen Einkaufsgebiete um veritable Teile der Stadt handelt, per Hausrecht kontrollieren? Wollen diejenigen die Stadt, die bestimmte Gruppen von den von ihnen kontrollierten Arealen jederzeit fernhalten können mit Praktiken, wie Mike Davis sie beschreibt?

Beispielsweise durch den Entzug von Trinkwasser im öffentlichen Raum, oder indem man öffentliche Toiletten schließt, Bänke demontiert und so weiter.

Genau. Man schließt die Stadt für diejenigen, die nicht bezahlen können, mit organisatorischen Mitteln, mit Security Services, man beschränkt den Zugang zu diesem oder jenem Bereich über architektonische beziehungsweise ästhetische Codes. All diese Maßnahmen berechtigen ja wirklich zu der Frage: Wen eigentlich will die Stadt? Wem möchte sie welchen Typus von Urbanität bieten? Im Kölner Hauptbahnhof kostet es zwei Mark, auf eine allerdings fast luxuriöse Toilette zu gehen – wenn es dann noch Weisungen gibt, öffentliches Wasserabschlagen als Vandalismus zu bestrafen, dann erzielt man einen wirksamen Exklusionseffekt.

Wer wäre denn in Ihrer Frage „Wen eigentlich will die Stadt?"das „Kollektivsubjekt" Stadt? Wer spricht als Stadt? Für wen? Und an wen richtete sich die Frage?

Da handelt es sich um ein emergentes Phänomen. Christoph Schlingensief hat in einer Aktion in Berlin zu zeigen versucht, wer mitmachen darf und wer nicht, indem er mit einer Gruppe von Arbeitslosen und Obdachlosen im KaDeWe einkaufen gehen wollte. Wie erwartet, gab es zunächst Schwierigkeiten mit dem Sicherheitsdienst des Warenhauses, und danach mit der Polizei. Die Leute wollten übrigens wirklich einkaufen, nicht klauen. Jedenfalls bewies die Aktion, daß Einkaufen gar nicht so einfach sein kann, daß nicht jeder als Kunde vorgesehen und schon gar nicht willkommen ist. In bezug auf die Stadt als ganze kommt es also sehr darauf an, wer Zugriff auf die einst öffentlichen Räume hat.

Keine Stadt der westlichen Welt ist momentan so gefährlich, als daß sich die flächendeckende Installation von Überwachungskameras mit Sicherheitsargumenten legitimieren ließe. Könnte man die entsprechenden Maßnahmen als Teil einer präventiven Strategie ansehen, mit der sich der Staat, allen Verlautbarungen zum Trotz, auf soziale Auseinandersetzungen vorbereitet? Öffentlich ist nur vom Kampf gegen die organisierte Kriminalität die Rede. In Wirklichkeit, scheint es, bereitet man sich auf einen sozialen Krieg vor. Muß damit gerechnet werden?

In Frankreich wird diese Debatte geführt, etwa von Robert Castel. Die Verhältnisse etwa in den Banlieues von Paris scheinen ja in der Tat hochexplosiv zu sein.[4] Natürlich machen Menschen – mit schlechter oder überhaupt fehlender Ausbildung, ohne Job, ohne irgend eine Form von verläßlichem Einkommen, ethnisch diskriminiert und so weiter – genau das, was man für's Überleben braucht und was man im übrigen auch von ihnen erwartet: Ihre Marginalisierung schlägt um in Kleinkriminalität, Vandalismus und so weiter, ein perfider Zirkel von äußeren Zwängen und der „Bestätigung" von Vorurteilen. Handelt es sich da um Phantombilder, die die Disziplinargesellschaft im Sinne von Deleuze und Guattari zu ihrer Legitimation benutzt, um die Überwachungs- und Kontrollpraktiken auszudehnen – oder nicht ganz eindeutig doch um reale Probleme, darum, daß es immer mehr Menschen gibt, die in Gesellschaften unseres Typus keine Chance mehr haben und ihr

Überleben jenseits aller Normen zu organisieren versuchen? Ich sehe keinen Grund, daran zu zweifeln, daß es sich hier um Tatsachen handelt. Man muß eine Stadt, die diesen Menschen keinen Raum gibt, wirklich als „revanchistische Stadt"[5] bezeichnen. Revanche im Wortsinn verstanden: Die Stadt rächt sich für die „Zumutung", die sie darin sieht, daß Menschen, die sie an ihrem Wohlstand nicht teilhaben läßt, sich nicht stillstellen lassen, sondern die Stadt im wahrsten Sinne des Wortes angreifen. Auf Dauer werden diese Menschen sich allerdings kaum damit begnügen, in Bezirken zu überleben zu versuchen, die die Stadt sich selbst überläßt, so wie in zahlreichen amerikanischen Städten, wo die Polizei bestimmte Straßenzüge oder ganze Bezirke nur aus gepanzerten Fahrzeugen kennt.

Kämen wir dem Problem näher, wenn wir diese Beobachtungen, die ja in unseren Städten bislang Grenzfälle bezeichnen, auf uns selbst bezögen? Wenn wir uns fragten, wie wir reagieren würden, wenn unsere eigenen Lebensbedürfnisse von der sozialen und ökonomischen Degradation unseres Wohnorts betroffen wären?

In der Tat müßten wir uns fragen, ob wir nicht selber lieber in einem gepflegten, gut versorgten und sicheren Stadtteil leben möchten und mit liberalen Leuten wohnen wollen als unter mehr oder weniger desolaten Bedingungen.

Realität und Recht

Ob Menschen, denen am gesellschaftlichen Wohlstand teilzunehmen versagt ist – denken Sie an die vergleichsweise große Zahl illegal Beschäftigter etwa, oder an Menschen ohne sicheren Aufenthaltsstatus –, irgendwann wirklich in die Offensive gehen werden? Die Autoren des von der Bundesregierung beauftragten Programms „Soziale Stadt" bezweifeln sehr, daß sich ein „offensives Wir-Bewußtsein" in Stadtbezirken entwickeln könne, deren Bewohner unter „gebietlichen Substandard" leben. Wir müssen wohl zur Kenntnis nehmen, daß in solchen Quartieren strukturelle Veränderungen vor sich gehen, auf die man kaum allein nach konventionellen Ordnungsvorstellungen reagieren kann.

Wenn man in diese Veränderungen nicht eingreift, wenn man diese Entwicklung sich sozusagen ereignen läßt, könnten weitere Marginalisierungsprozesse eingeleitet oder beschleunigt werden. Marginalisierung in dem Sinne, daß man bestimmte Räume der Stadt rechtlich aufgibt, daß der Staat aus „Toleranz" gegenüber kulturellen Alteritäten, gegenüber anderen Formen der Ökonomie darauf verzichtet, auf solchen Territorien jederzeit für die Beachtung beziehungsweise Durchsetzung der geltenden rechtlichen Standards einzutreten, wobei es ja im wesentlichen um eigentums- und vertragsrechtliche Fragen geht. Im Prinzip liefe das darauf hinaus, daß der Staat die Ghettoisierung bestimmter Räume der Stadt zuließe. Solche aufgegebenen Ghettos wären das Spiegelbild der Gated communities, in denen der Staat ja auch kaum etwas verloren hat.

Wenn Sie von Toleranz sprechen, denken Sie an das Akzeptieren offensichtlich unumkehrbarer Entwicklungen oder an aufgeschobene Drohungen des Staatsapparats?

Das sind ja nur zwei Sichtweisen auf ein und denselben Sachverhalt. Wenn der Staat auf der Durchsetzung des Rechts besteht, muß er sich den Vorwurf gefallen lassen, letztlich in der Tradition der Kolonialmacht den Geltungsbereich anderer Lebensformen und Kulturen gewaltsam zu beschränken, sein ordnungspolitisches Instrumentarium einzusetzen, um zu zeigen, wer Herr im Hause ist. Tut er das nicht, dann kann man ihm vorwerfen, daß er Ghettobildungen zulasse, weil es ihm gleichgültig sei, wie soziale oder kulturelle Randgruppen „ihre" Dinge regeln. Ein Dilemma im Wortsinne. Was auch immer man macht, man macht es falsch.

Genau diese Debatte wird aber nicht geführt. Von Integration redet, soweit ich sehe, fast niemand mehr, nicht zuletzt weil die, die davon einmal sprachen, in ihrer Mehrheit kaum bereit gewesen wären, in sozial und ethnisch gemischten Stadtquartieren wohnen zu bleiben oder zu ziehen.

Letztmals war seitens der CDU davon die Rede mit jenem unseligen Stichwort „Leitkultur".

Die Rede von der „deutschen Leitkultur" hatte von Anfang an einen drohenden, nach der politischen Rechten hin argumentierenden Unterton: Integration zu unseren Bedingungen. Für aufschlußreich an der Tatsache, daß der Begriff Integration auch in sozialwissenschaftlichen Debatten über Stadt kaum mehr vorzukommen scheint, halte ich, daß für die reale Praxis der Ghettobildung, für die Praxis des Ausschlusses von starken Minoritäten, zu denen ja nicht allein Migranten vor allem aus Ländern Südosteuropas zählen, sondern Menschen, die unter Tarnsprachenbegriffen wie „einkom-

mensschwach" rubriziert werden – Gelegenheitsarbeiter, illegal Beschäftigte, Langzeitarbeitslose, diejenigen also, denen die Gesellschaft signalisiert, daß sie sie je länger desto weniger braucht –, die rechten Worte sich nicht einstellen wollen. Daß man aber Begriffe meidet, mit denen die Tatsachen eigentlich bezeichnet werden müßten. Das Wort Ghetto etwa. Begriffe wie Ausgrenzung oder Exklusion, die reale soziale und sozialräumliche Polarisierung, die wirklichen Grenzziehungen, der Verfall von Straßenzügen oder Teilen ganzer Quartiere kommen in der offiziellen politischen Sprache nicht vor. Auch über die Überlebensprobleme der illegal unter uns Lebenden redet man nicht. All diese Themen sind zwar hochbrisant, aber unter denen, die darüber befinden, worüber in der Öffentlichkeit gesprochen werden soll, nicht prominent genug, beziehungsweise „gefährlich" in dem Sinne, daß sie real existierende Gefahren für die Stadt und die Stadtgesellschaft als ganze bewußt machen könnten. Noch einmal nachgefragt: Läßt sich verdrängen, daß sich mit allen diesen Veränderungen Vorformen eines sozialen Kriegs entwickeln könnten? Muß man nicht annehmen, daß die Staatsapparate sich längst darauf eingerichtet haben, daß Kriege geführt werden könnten?

Enzensbergers Vermutung …

Diese Dimension der Aussichten auf den Bürgerkrieg *diskutiert er in seinem Buch nicht.*

Exklusion, Exklusivität

Wenn man die Lage zu analysieren versucht, zeichnet sich zweierlei ab: Die erste Bewegung ist das Aufgeben bestimmter Teile des Raumes der Stadt, Bereiche, aus denen sich der Staat mit all seinen Einrichtungen zurückzieht, Bezirke, die irgendwann nicht mehr betreten werden, ausgesonderte Gebiete mit Menschen ohne Adressen: Exklusionszonen. Die zweite Bewegung spiegelt die erste strukturell, nur führt sie nicht zu Zonen der Exklusion, sondern zu *exklusiven* Zonen, zu *Gated communities*. In beiden Fällen haben wir es mit einer neuen Form von Privatisierung zu tun. In den Ghettos in einem ganz negativen Sinne – so, daß die *res publica* dort keine Chance mehr hat, weil ihr alle organisatorischen Voraussetzungen fehlen wie Ruhe, Sicherheit und Ordnung. Was dann auf den Straßen und Plätzen dort stattfindet, ist nicht Öffentlichkeit, sondern eher Obdachlosigkeit. Was dem einzelnen hier passiert, bleibt ohne Folgen – denken Sie nur an die Straßenkinder in südamerikanischen Großstädten, die erschossen, vergewaltigt oder als Organspender verwertet werden, ohne daß die Täter Strafverfolgung riskieren. Auf der anderen Seite gibt es die Privatisierung als Aneignung von Räumen und Rechten, die zuvor in öffentlicher Hand waren. Die Siedlung *Celebration* bei Orlando etwa ist ein *County*, das Disney gehört. Disney kann hier Steuern erheben, Polizeifunktionen ausüben und so weiter. Vor diesem Hintergrund könnte man fragen, auf welche Entwicklung, auf welche Konflikte müssen wir uns einstellen? Ich glaube, daß sich der Staat über die Konsequenzen überhaupt nicht im klaren und auf mögliche Konflikte nicht vorbereitet ist. Eine Idee des Nationalstaats ist ja die eines lückenlos überschaubaren und kontrollierbaren Territoriums. Wenn die Privatisierung von Räumen, die bislang Teil des öffentlich kontrollierten Territoriums waren, fortschritte, dann würde der Nationalstaat nicht nur auf der Ebene der Entgrenzung des Raumes durch den Cyberspace, sondern auch auf derjenigen des physischen Raums in seinem Bestand und in seiner Macht bezweifelt, beziehungsweise demontiert. Daß immer mehr Räume entstehen, exterritoriale Bereiche, wie es sie seit langem etwa bei Botschaften gibt, über die der Staat im Wortsinne nicht mehr verfügt. Die *Eigentümer* der neuen exklusiven Siedlungen sind dagegen auf Konflikte vorbereitet. Keinem anderen Zweck dienen ja die Kameras, die privaten Sicherheitsdienste, die diese in der Tat exklusiven Lebensbezirke vor der Stadt schützen sollen. Menschen, die sich in solche Wohnsicherheitstrakte zurückziehen, mögen das alles für selbstverständlich halten. Aber sie treiben die Polarisierung der Stadtgesellschaft, die Spaltung des öffentlichen Raumes, voran, kein Zweifel.

Der Begriff „öffentlicher Raum" wird verwendet, als habe man es nach wie vor mit einer stabilen Sache zu tun, obwohl überall die Demontage der Realität, die der Begriff einmal bezeichnete, zu beobachten ist. Der „öffentliche Raum" soll jetzt überschaubar, aufgeräumt und vor allem sicher sein, wie man dies gemeinhin von der eigenen Wohnung erwartet. Dem entspricht, daß mehr und mehr Menschen – als wollten sie die den Sicherheitsdiskurs antreibende Behauptung wachsender Unsicherheit Tag für Tag widerlegen – sich in der Stadt bewegen, als garantiere sie nicht wie selbstverständlich jene Anonymität, die sie einmal auszeichnete. Anonymität wird, wie es scheint, immer weniger geschätzt. An jedem beliebigen Ort der Stadt geben Ungezählte über ihre Mobiltelefone jederzeit Auskunft über sich und ihren jeweiligen Aufenthaltsort. Viele haben offensichtlich auch nichts dagegen, daß elektronische Augen sie beziehungsweise ihre Bewegungen verfolgen. Muß nicht vermutet werden, daß, wer durch die jederzeitige Veröffentlichung seiner Lebensumstände seine Persönlichkeitsrechte selbst antastet, weitge-

hend immun ist gegen die Idee, daß Videokameras Persönlichkeitsrechte verletzen? In einer Welt, in der die jederzeitige Verletzung der Persönlichkeitsrechte geradezu Voraussetzung eines medialen Wahnsinns ist, der die Beobachtung von Gefängnisinsassen via Internet erlaubt[6] *und die Übertragung von Hinrichtungen zu rechtfertigen sucht?*

Zum Stichwort Einschränkung der Persönlichkeitsrechte: Vielleicht handelt es sich gar nicht darum, auch nicht um eine Absenkung der Schamschwelle, sondern um eine Abwertung derer, die mithören. In der Gesellschaft, wie Proust oder Choderlos de Laclos sie beschreiben, behandelt die Herrschaft anwesende Dienstboten wie Abwesende. Körperlich anwesende Personen werden nicht wahrgenommen als Menschen, die Eindrücke haben oder Situationen beurteilen könnten. Vielleicht verhalten sich ja Menschen beim Gebrauch ihrer Handys ähnlich und behandeln ihre Mitmenschen wie nicht anwesend in dem Sinne, daß ihnen jedes Urteil, das Anwesende sich anmaßen könnten, gleichgültig ist.

Proust hat Oberklassensymptome beschrieben, eine Klassenanmaßung.

Dann wäre heute, wenn meine Vermutung zutrifft, die Demokratisierung eines Klassenphänomens festzustellen.

Demokratisch im Sinne von: Verachtung der anderen?

Müßte man nicht sogar sagen, daß jemand, dem in dieser Situation Urteile Dritter gleichgültig sind, letztlich darüber Auskunft gibt, daß Schutz der Persönlichkeitsrechte und Öffentlichkeit zusammengehören? Dieselbe Person würde sich möglicherweise anders verhalten, wenn diese Öffentlichkeit für sie wichtig wäre, wenn diese Öffentlichkeit sich beispielsweise auf ein Café beschränkte, in dem man die Person kennt, wo sie also Achtungsverluste hinnehmen müßte, wenn sie bestimmte Spielregeln verletzte. Wenn auch das unwichtig wird, dann ist das wirklich ein Symptom für den Zerfall der Öffentlichkeit, und damit verfallen auch mit ihr verbundene Bilder, Normen und Tugenden.

Öffentlichkeit war immer schon ein exklusiver Begriff

Wird der „öffentliche Raum" denn noch für im Wortsinne öffentliche, also zu veröffentlichende Angelegenheiten in Anspruch genommen? Sind Veranstaltungen „unter freiem Himmel", wie etwa der 1. Mai, nicht mehr oder weniger ihrer Entsorgung harrende Restposten historischer Rituale? Was ist eigentlich gemeint, wenn vom „öffentlichen" Raum die Rede ist? Wenn staatliche und private Sicherheitseinrichtungen diesen Raum wie Gefängnisse kontrollieren?

Die Fiktion hinter diesem Terminus wird offensichtlich, wenn man danach fragt, wer im griechischen Stadtstaat Zugang zur Agora hatte. Unfreie, Frauen, Fremde hatten ja keine Möglichkeit, an „öffentlichen" Beratungen teilzunehmen. Öffentlichkeit war immer schon ein exklusiver Begriff. Auch die Öffentlichkeit bei Rousseau ist ein Phantasma. Die Idee, daß sich Menschen mit einem gemeinsamen Interesse treffen, „herrschaftsfrei" miteinander sprechen und um die jeweilige Sache ringen, ist ohnehin realitätsfern, wenn nicht naiv. Daß man an dem Begriff „Öffentlichkeit" dennoch festhält, verweist eher auf eine Art politisches Wunschdenken. Die Politik braucht einen Adressaten. An wen wenn nicht an „die Öffentlichkeit" sollte sie sich denn wenden? Wenn die Politik sich eingestände, daß es sie nicht mehr im lange behaupteten Sinne gibt, weil sie sektorisiert ist in Zielgruppen, Einschaltquoten und so weiter, wenn man sich damit abfände, daß es „die Öffentlichkeit" bestenfalls in Form diverser, fragmentierter Öffentlichkeiten gibt, müßte sie sich fragen, an wen genau sie sich jeweils wendet und wen sie erreichen will. Jetzt können Politiker noch glauben, sie sprächen mit „der" Öffentlichkeit, wenn sie Interviews geben. Tatsächlich erreichen sie nur ein Publikumssegment, das sich womöglich gar nicht für die *res publica* interessiert, sondern für Skandale, Deodorants, Unterhaltung. Wenn man den Begriff heute diskutiert, muß man immer den der Exklusion mitdiskutieren – es sei denn, man beschränkte sich auf eine idealistische Denkfigur, die noch nie eine uneingeschränkte Entsprechung in der politischen Realität besessen hat.

Hat Georg Simmel von Tatsachen gesprochen oder eher idealtypische Vorstellungen formuliert? War die städtische Öffentlichkeit zu seiner Zeit exklusiv?

Simmel beschreibt offensichtlich Oberschichtenphänomene, sein Blick ist derjenige des bürgerlichen Individuums. Wenn wir hier einmal Ernst Jünger folgen, dann ist es damit aber vorbei: In seinem Essay *Der Arbeiter* (1932) schreibt er, das bürgerliche Individuum werde von einer Figur neuen Typus abgelöst, die zunächst nur an Details wahrzunehmen sei, an der Mode etwa. Der Arbeiter verabschiedet sich von der bürgerlichen Kleidung und trägt überall Arbeitskleidung, nicht nur bei der Arbeit, sondern auch als Arbeitsloser, als Ruhrkämpfer, als Saboteur, als Sportler oder Wahlhelfer, Ausdruck, wie er schreibt, eines „Modus, in dem das Leben überhaupt erscheint". Als „Uniform" also, die das ganze Leben in einem einzigen „Stil" umfaßt. Diese Montur ist Ausdruck einer Identität, die nicht länger auf Individualität zurückzuführen ist, sondern auf Mitgliedschaft und „Einreihung". Und dieser neue Typus dominiert die Gesellschaft. Er betrachtet den Raum der Stadt nicht länger als Bühne für die Selbstdarstellung und Begegnung unterschiedlichster Menschen, sondern in letzter Konsequenz als Ort für Aufmärsche. Damit schafft er letztlich auch den öffentlichen Raum und alle Urbanität ab. Er transformiert den Raum der Stadt zu einer Kampfzone, in der einander feindselige Gruppierungen ihre Konflikte austragen.

Die von Jünger skizzierte Figur verschränkt zweierlei: den Untergang des bürgerlichen Subjekts in den Materialschlachten des Ersten Weltkriegs und die Sehnsucht nach der Überwindung des urbanen, weltoffenen, gebildeten Individuums durch den namenlosen und gesichtslosen Helden zukünftiger Produktionsschlachten. Die Sehnsucht nach einem Typus, den es nach der befreienden Tat in den Kollektiven einer auf modernste Technik gestützten Diktatur drängt. Der Arbeiter *repräsentiert eine reaktionäre Sehnsucht nach Uniformität und Kälte, wie sie der Faschismus dann einlöste. Jüngers Essay formuliert eine Utopie der politischen Reaktion.*

Jünger hatte ja Recht behalten mit seiner Prognose. Heute könnte man versuchen, ob man an seine Beobachtungen, gestützt auf die Erfahrungen des „Dritten Reiches", anschließen könnte. Ob es nicht heute Anzeichen für Gruppenbildungen gibt, bei welchen die Zugehörigkeit zur jeweiligen Gruppe, die Inklusion, mehr zählt als die Teilhabe an einer abstrakten, anonymen, immer nur medial vermittelten Öffentlichkeit.

Weitergedacht hieße das, daß nur mehr Gruppencodes und Verbandslogiken zählen, die Selbsteinschließung beziehungsweise Selbstabschließung bestimmter Gruppen, die sich für das, wofür der Begriff Öffentlichkeit steht, nicht mehr zuständig fühlen.

Notwendigerweise wird der jeweils Andere zum Feind. In der Tat besteht die Gefahr der Entnormierung, der Entregelung. Wenn die Ingroup und das Gefühl der Gleichheit und Uniformität in der Gruppe das Allerwichtigste geworden ist, dann wird die Kampfzone eröffnet, und alle anderen, die anders sind als diese uniformierte Gruppe, die anders aussehen, sprechen, denken, müssen um Leib und Leben fürchten.

In den Sozialwissenschaften verwendet man zur Beschreibung solcher Prozesse den Begriff gesellschaftliche Anomie. Sie wird von Wilhelm Heitmeyer beschrieben nicht nur als immer wieder auftretendes Übergangsphänomen, sondern als „andauernden Zustand mit ungewissem Ausgang", als „strukturelles Merkmal moderner Industriegesellschaften". Wobei allerdings auch diejenigen Prozesse in den Blick geraten müssen, die Entregelung von oben *betreiben, selbst wenn „diese Art von Entregelung beziehungsweise diese Setzung neuer Regeln und neuer Sicherheitsmerkmale offensichtlich den Zweck verfolgt, die Gefahr eines massiven Anwachsens von Gewalt als wichtigem Indikator von Anomie unter Kontrolle zu halten"*[7]*. Entregelung unten wie oben. Wenn sich die Vorstellung von „Öffentlichkeit" als eines immer schon idealistischen, immer schon exklusiven Konstrukts weiter zersetzt, riskiert die Stadt da nicht, in diverse Suböffentlichkeiten zu zerfallen, die nach ihren jeweils dominierenden sozialen Vorstellungen handeln, beziehungsweise anderen das Lebensrecht an bestimmten Orten streitig zu machen suchen?*

Das wäre ein Schritt zurück in der gesellschaftlichen Entwicklung, ein Schritt in Gesellschaftsformen, die nach Stammesmustern und -ritualen funktionieren, wo Raumsegmente besetzt und verteidigt werden. Jean Baudrillard[8] hat das am Beispiel der Graffitti beschrieben. Es ist ein „Aufstand der Zeichen" gegen die Versuche, die Stadt in einen „homogenen Raum", in ein „Schachbrett" von „Ghettos" zu verwandeln.

„Diesen Sommer geh für Deine Träume auf die Straße"[9]

In einem Zur alten und neuen Protopolitik der Lifestyles *überschriebenen Zeitungsbeitrag*[10] *schreiben Sie, Jünger habe im* Arbeiter *eine schleichende Mobilmachung der gesamten Gesellschaft beobachtet und vermutet, Kino, Funk und Reklame würden die Massen mit „lautlosen und unsichtbaren Kommandos bewegen" und dafür sorgen, daß „an jedem beliebigen Orte und zu jeder beliebigen Zeit in jedem beliebigen Maße Herrschaft verwirk-*

licht" werde. Ausgerechnet Günther Anders hat diese Einsicht später bestätigt. In Die Antiquiertheit des Menschen *heißt es, dem Faschismus sei es gelungen, die Vermassung des Menschen durch den Rundfunk durchzusetzen, weswegen Demonstrationen – also die reale, körperliche Präsenz von Massen – inzwischen obsolete Veranstaltungen seien. Diese Beobachtung scheint mir inzwischen selbst obsolet zu sein. Denken Sie etwa an die Demonstrationen der Arbeitslosen in Paris, 1998, an die Demonstrationen gegen die ETA und die IRA in den neunziger Jahren, die Demonstrationen gegen die Mafia in Palermo, an den Monate währenden Protest in Wien gegen die Beteiligung der FPÖ an der österreichischen Regierung oder den Protest gegen den dann zurückgetretenen Fernsehdirektor auf dem Wenzelsplatz in Prag, alles Massenzusammenkünfte, die ja ganz offensichtlich die These bestreiten, daß es sich bei Öffentlichkeit und öffentlichem Raum um Fiktionen handele. In all den genannten Beispielen ging es um handfeste öffentliche Angelegenheiten an traditionellen Orten des städtischen Diskurses: Straße und Platz.*

Geht es allein um die jeweilige politische Botschaft? Geht es nicht vielleicht auch um den körperlichen Genuß der massenhaften Präsenz? In *Masse und Macht* hat Elias Canetti den Genuß der Masse an sich selbst beschrieben – wenn sie zur „Meute" wird und ihre Einheit, Stärke und Macht genießt.[11] Und zu Anders' These wäre zu sagen, daß die Nationalsozialisten trotz der Instrumentalisierung des Rundfunks für ihre Propaganda riesige Massenveranstaltungen organisiert haben. Leni Riefenstahls Filme sind Dokumente der massenmedialen Verwertung dieser Großveranstaltungen.

Ist die Lust an der körperlichen Präsenz wirklich das vorrangige Argument? Die Menschen, die sich auf dem Prager Wenzelsplatz versammelten, wollten einen verhaßten Fernsehbürokraten weghaben – Politik! Die Frauen in Palermo wollten dem System der Mafia entgegentreten – Politik! Not trieb sie an, nicht Lust oder Eitelkeit. Unbezweifelbar ist der Raum der Stadt nach wie vor attraktiv und unersetzbar, wenn man etwas öffentlich machen will. Sehr zu Recht erwartet man hier die, die man erreichen will, nicht nur in Prag und in Palermo, in Barcelona, in Dublin und Paris. Über ein ganzes Jahrzehnt gilt als hoffnungslos uncool, wer sich noch immer über die Plünderung der Welt durch eine Handvoll international agierender Gesellschaften und die ihnen ergebenen Politiker erregt. Auf einmal kommen einem diese Dreißigjährigen, die nichts anderes vor Augen und im Kopf haben als die Kultivierung ihrer wechselnden Lifestyles, wie Spottgebur-

ten einer Welt vor, gegen die international vernetzte Gruppen in Seattle, Prag, Köln, Nizza, Davos, Göteborg, Barcelona, Salzburg und in Genua demonstrieren. Mit Recht schreibt die tageszeitung[12], *„daß nun auch in der Gesellschaft und damit in den Medien wieder vermehrt die richtigen und die wichtigen Fragen gestellt werden – nach sozialer Gerechtigkeit, Verteilung gesellschaftlichen Reichtums, Legitimation staatlicher und wirtschaftlicher Macht". Ist die Stadt nicht nach wie vor der Ort, an dem gestritten wird? Über Alternativen zu einer Gesellschaft, die sich als angeblich alternativlos präsentiert?*

Sie haben vermutlich Recht mit Ihrem Eindruck. Es geht darum, eine Sache zu veröffentlichen, eine Sache als *res publica* an oder in die Öffentlichkeit zu tragen, direkt, nicht medial, indem man sich auf Straßen und Plätzen versammelt. Die Perspektive auf die Stadt könnte heute aber auch anders gewählt werden, man müßte von der Globalität der Diskurse ausgehen und dementsprechend die Ereignisse in den einzelnen Städten wie Demonstrationen und Polizeieinsätze als regionale Realisierungen globaler Probleme betrachten. Dann könnte man vielleicht sehen: Die Globalisierung hebelt nicht nur den Nationalstaat aus und deterritorialisiert die Politik, was ja viele begrüßen[13], sondern auch bestimmte verfassungsrechtliche Errungenschaften, wie etwa das Recht auf Freizügigkeit oder die Versammlungsfreiheit. Hinzu kommt, daß die hinter der Teilnahme an Versammlungen im öffentlichen Raum stehenden Motive, beziehungsweise die Antworten, die man auf diesbezügliche Fragen erhielte, natürlich deutungsbedürftig sind. Geht man nicht auch auf die Straße, weil das Fernsehen kommt? Weil der Adressat gar nicht die Stadt oder die Stadtbevölkerung ist, vielleicht nicht einmal das eigene Land, weil man, wie im Falle von Prag, wo man einen verhaßten Fernsehchef absetzen wollte, das Ausland auf die Lage im eigenen Land aufmerksam machen, beziehungsweise zeigen will, daß man mit Blick auf eine EU-Mitgliedschaft die demokratischen Spielregeln beherrscht? Der Adressat säße in diesem Fall in Paris oder in Berlin. Ein Motiv, das sich natürlich von demjenigen unterscheidet, das Canetti beschreibt: Wo alle hingehen, da will man auch dabei sein.

Mobilisierbare Subkulturen

Zu einem anderen Aspekt, den Sie in Ihrem Artikel diskutieren: Sie schreiben, keine totalitäre Jugendbewegung habe „eine Generation derartig physisch stählen und gleichzeitig geistig zerrütten können, wie es die Mischung aus Extremsportarten, Kabelfernsehen und Freizeit vermochte“. Sie sprechen von einer Generation, „die in sinnlosen Risiken und zweckfreien Gewalttaten nach Erfüllung sucht und tatsächlich allzeit zu allem bereit zu sein scheint“, und sagen dann: „Wenn dies die Lage wäre“ – Sie scheinen eine These ausprobieren zu wollen –, „dann wären ausländerfeindliche Ausschreitungen, Hooliganismus und Vandalismus nur die ersten gewalttätigen Symptome einer Jugend, die verroht ist wie Landsknechte nach langem Krieg.“ In nur einem Jahrzehnt habe „die Berliner Republik ein mobilisierbares Potential von Subkulturen hervorgebracht, vor deren möglichem Anschluß an politische Projekte es einem graust“. Eine Zuspitzung, die den üblichen, abwägenden und nach allen Seiten abgesicherten Einschätzungen eine grundsätzlich andere Sicht entgegenhält und bestimmte Signale als Gefahrensignale wahrnimmt. Als gesellschaftliche Oberflächensymptome, die als Keimformen bedrohlicher Entwicklungen interpretiert werden könnten oder müßten.

Der Beitrag verstand sich übrigens als ironische Replik auf einen in der *Frankfurter Allgemeinen* publizierten Artikel von Diedrich Diedrichsen, der *Die Leude woll'n los*[14] überschrieben war. Diedrichsens These ist viel optimistischer als Jüngers. Er versucht, in der vermeintlich depolitisierten Lifestylegesellschaft protopolitische Elemente auszumachen. Die Welt, sagt er, sei „voller immer radikalerer und fanatischerer Egos“, die völlig privat, unpolitisch und egozentrisch auftreten, auf den zweiten Blick aber eine „Wiedergeburt des Politischen“ aus der Freizeitkultur entdecken lassen. Das Wann und Wohin bestimme der mediale Einsatzbefehl, das, wie Diedrichsen schreibt, „gesungene Kommando“. Diese Mobilisierbarkeit der Lifestyles sei zu nutzen, um sie wieder an politisch-kulturelle Projekte anzuschließen, was bisher allerdings nur der NPD gelungen sei, die den freizeitrassistischen Neonazis das Gefühl gebe, „an einem größeren Projekt teilzunehmen“, das Projekt „des Nationalsozialismus nämlich“. Diedrichsen wiederholt exakt die Frage Jüngers, die Frage, welcher Macht es wohl gelingen werde, die hohen, in Bereitschaft gehaltenen Energien für sich zu nutzen. 1933 wußte Jünger es dann. Die Leute wollen heute wieder, daß was passiert, da hat Diedrichsen Recht. Das wollten sie 1932 auch, 1933 sind sie dann angeschlossen worden an ein größeres Projekt. Ich halte Diedrichsens

Analyse für ausgezeichnet, aber seine Hoffnungen für bedenklich. Ich wünsche mir keinen Anschluß an ein größeres politisches Projekt, frage mich allerdings, auf welche Kommandos heute die mobilisierbaren Subkulturen warten, die vielen, die in Fitness-Studios, beim körperlichen Training, bei den diversen Extremsportarten die Belastbarkeit ihrer Körper prüfen. Soll man in der immensen Aufmerksamkeit, die heute dem Körper gilt, nur eine Spielart des Narzißmus sehen? Oder nicht auch die Vorbereitung auf künftige Kampfeinsätze?

Alexander von Schönburg vergleicht die „Langeweile" des Jahres 1914 mit der Müdigkeit des Jahres 1999, wenn er in dem von ihm mitverfaßten Manifest Tristesse Royale *sagt: „Wäre das hier Cambridge und nicht Berlin und wäre es jetzt der Herbst des Jahres 1914 und nicht der Frühling des Jahres 1999, wären wir die ersten, die sich freiwillig meldeten."*[15]

Das würde natürlich sehr gut zu der These passen, daß die Leute „los woll'n". Und wieder ist es etwas vermeintlich Unpolitisches, Langeweile, Ennui, Erlebnishunger von reichen Wohlstandskindern, die als Motive herhalten müssen. Aber dieser Lifestyle kann eben in Politik umschlagen, und dann melden die jungen Herren aus dem Adlon sich freiwillig: Aus dieser Perspektive könnte man in den Freeclimbern von heute die Gebirgsjäger von morgen sehen, im Taucher den Kampfschwimmer, im Fallschirmspringer den Paratrooper und in den Massen der Jogger und Bodybuilder ein marschbereites Heer. Ich sehe in dieser ebenso fortgeschrittenen wie unbewußten Disziplinierung inmitten der Fun- und Freizeitgesellschaft eine unerhörte Mobilmachung, die nur noch auf den Einsatzbefehl zu warten scheint, um an den Kämpfen um Inklusion und Exklusion teilzunehmen. Schon reicht das Adrenalin, das beim Risikosport ausgeschüttet wird, nicht mehr aus, um diese durch und durch fit gemachten wie todesmutigen Körper zu befriedigen. Das an die Sicherheitsleine genommene Risiko reicht nicht mehr aus, um den *danger seeker* zu reizen. In den mit Springerstiefeln bewehrten Schlägern könnte man die Avantgarde eines Heeres sehen, dessen Tross noch in den Winterquartieren ausharrt und sich in zahllosen Übungen auf beliebige Einsätze vorbereitet. Die uniforme Mode der *tank-tops,* Camouflage-Hosen und Kevla-Rucksäcke deutet auf die Formierung einer Armee hin, die man jederzeit erkennen würde, wären nicht bislang noch die Farben so bunt …

Was müßte denn Ihrer Meinung nach passieren, damit Menschen, die von ihrer potentiellen Anschlußfähigkeit an politische Großprojekte nichts ah-

nen, losschlagen? Was muß gesellschaftlich einbrechen, damit die ohnehin dünne Decke der bürgerlichen Ordnung reißt?

Nicht viel. Ich frage nur: Warum riskieren so viele Menschen beim Extremsport schwere Verletzungen oder setzen sich der Lebensgefahr aus? Daß es sich dabei nicht um ein Randphänomen handelt, ist etwa daran zu erkennen, daß die Versicherungen mit neuen Einstufungsklassen reagieren. Bei den heute Dreißigjährigen handelt es sich ja um die erste Generation, die den Krieg kaum noch von Erzählungen der Eltern her ‚kennt'. Ist Alexander von Schönburgs Satz „Unsere Langeweile bringt den Tod. Langsam komme ich zur Überzeugung, daß wir uns in einer ähnlichen Geistesverfassung befinden wie die jungen Briten, die im Herbst 1914 enthusiastisch die Rugby-Felder von Oxford und Cambridge verließen, um in den Krieg gegen Deutschland zu ziehen"[16] nur provokativ gemeint? Oder werden Stimmungen ausgedrückt, Sehnsüchte, wie sie die Freiwilligengeneration des Jahres 1914 formuliert hat, als man sich mitten in einer saturierten Welt, die einen nicht mehr herausforderte, die keine Risiken mehr bot, um mit Jünger zu sprechen: die keinen Platz mehr hatte für „abenteuerliche Herzen", Herzen, die erst angesichts des Schreckens schlagen, buchstäblich nach dem Krieg gesehnt hat? Nach einer ‚großen Zeit'? In *Tristesse Royale* hat Christian Kracht den ‚Krieg' einen ‚Ausweg' genannt.[17]

In einer Welt, die erfolgreich Surrogate als Wirklichkeit anbietet und die Auseinandersetzung mit der Realität risikofrei und ungefährlich macht, gibt es ein wachsendes Bedürfnis nach wirklichen Erlebnissen, nach existentiellen Auseinandersetzungen …

… nach körperlichen Herausforderungen, bei denen etwas auf dem Spiel steht. Nicht Kommunikation, sondern Kampf, das ist die entscheidende Differenz. Statt virtueller Spiele körperliche Erfahrungen. Hans Ulrich Gumbrecht hat in seinem Buch *1926* geschrieben, Boxen sei deshalb ein so unglaublich erfolgreicher Sport, weil es den Zuschauern „den Tod gegenwärtig" macht, weshalb das Höchste eines Kampfes die Entscheidung durch *Knock out* ist.[18]

Sehen Sie hier einen direkten Zusammenhang mit Inklusion und Exklusion? In einem Text über Mexico City beschreibt Henri-Pierre Jeudy[19] *einen Rückkopplungseffekt zwischen den Marginalisierten und der Upper Class, die in ständiger Angst lebt, daß die Armen eines Tages die ganze Stadt einnehmen könnten: „Ob man beraubt wird, ist nicht so wichtig. Die Hauptsache ist, nicht ermordet zu werden." Man habe stets „billige Uhren, falschen Schmuck, jeden erdenklichen Ramsch" bei sich, um jederzeit Angreifer beschwichtigen zu können.*

Die Debatte über Inklusion und Exklusion wird ja oft so geführt, als handle es sich um eine abstrakte Fragestellung, als gebe es zwischen den Zonen der Inklusion und Exklusion überhaupt keine Verbindung, schon gar nicht eine existentielle oder existentiell bedrohliche. Aber hier zeigt sich doch: Es gibt Besserverdienende, die sich billige Uhren in die Taschen stecken, also reagieren und so eine Dialektik zwischen einer vermeintlich „imaginären" Bedrohung durch Ausgeschlossene und ihrem „realen" Alltag herstellen. Andere werden statt Uhren Pistolen bei sich haben. In Südamerika gibt es so viele gepanzerte Limousinen und Leibwächter wie nirgends sonst auf der Welt.

Horst Kurnitzky zitiert in einem Beitrag für Lettre International[20] *den mexikanischen Schriftsteller Carlos Monsiváis, für den Mexico City „ein Synonym für die Selbstzerstörung der Gesellschaft" ist, „des Kampfes von jedem gegen jeden, in nie dagewesenen Exzessen der Gewalt". Kurnitzky sagt, daß sich in Mexiko, „wo die Übertretung von Gesetzen immer zum Wesen der Gesellschaft gehörte wie die Nacht zum Tag, […] die Formel vom Kampf ums Überleben von einer Metapher für den ökonomischen Konkurrenzkampf in eine Beschreibung des Alltags in der Stadt verwandelt" habe.*

Worauf ich hinaus wollte, ist, daß bereits die Selbstbeschreibungen, also die in den Feuilletons und Talkshows flottierenden Thematisierungen, die wir gerade zitiert haben, schon erhebliche Wirkungen haben: Die Stilisierungen der Gefahr, der Bedrohung, des Kampfes führen ja bereits zu realen Reaktionen, auch wenn von einer wirklichen Gefahr noch gar keine Rede sein kann. Man übt sich sozusagen in „Vorneverteidigung" – gegen Ausländer, gegen Eindringlinge, gegen Migrantenströme – und errichtet Grenzen, die überwacht und verteidigt werden können. Das alles findet ja bereits statt. Und wo dies so nicht möglich ist, nämlich in den letzten städtischen Räumen, da findet dieses Streben nach Inklusion und Exklusion sein Pendant in Gruppenbildungen und in physischer Aufrüstung. Die Skinheadtruppen, die aus der Provinz in die Hauptstadt fahren, um dort Jagd auf Ausländer zu machen, die es auf dem Land gar nicht gibt, sind vielleicht das mobile und aggressive Äquivalent der *Gated communities*. Während letztere auf passive Gewalt durch Verteidigung, auf Abschreckung durch semiotische Barrieren und auf große Entfernungen von den Problemvierteln der Ballungsräume setzen, funktioniert die mobile „Kriegsmaschine“, von der Deleuze und Guattari sprechen, der Skinheads mit denselben Differenzen, geht aber gegen Exklusionsopfer – Migranten, Ausländer, Obdachlose – gewalttätig vor. Trifft dies zu, dann haben die privilegierten Bewohner teurer Wohnsicherheitszonen mit den vagierenden Schlägertrupps mehr gemeinsam, als sie bisher ahnen.

Das Gespräch führte Peter Neitzke im Februar und August 2001

Anmerkungen

1 „Die Realität der Telematik. Zur Semantik der globalisierten Gesellschaft“, in: *Merkur*, H. 582/583/1997; „Exklaven. Globalisierte Städte auf dem Weg zum Staat im Staate“, in: *Berliner Debatte*. Initial 9/1998

2 Vgl. Niels Werber, „Die Zukunft der Weltgesellschaft“, in: Maresch, Rudolf; Niels Werber (Hg.), *Kommunikation, Medien, Macht*, Frankfurt am Main 1999

3 Zygmunt Bauman, *Die Krise der Politik*, Hamburg 2000

4 Vgl. François Dubet, Diedier Lapeyronnie, *Im Aus der Vorstädte*, Stuttgart 1994 (frz. Ausg. Paris 1992)

5 Vgl. Neil Smith, *The New Urban Frontier,* London, New York 1996, und ders.: „Wem nützt der neue Urbanismus? Zero Tolerance, die ‚Giuliani-Zeit‘ und der Revanchismus der Neunziger“, in: *CENTRUM. Jahrbuch Architektur und Stadt* 1998-1999, 135ff

6 „Wer hier und so erblickt wird, hat sein Gesicht verloren“, *Frankfurter Allgemeine Zeitung*, 13. Februar 2001

7 Zit. nach: „Wie und wie lange halten Menschen das aus?“ Ein Gespräch mit Wilhelm Heitmeyer, in: *CENTRUM. Jahrbuch Architektur und Stadt* 1999-200

8 Jean Baudrillard, *Kool Killer oder Der Aufstand der Zeichen*, Berlin 1978, S. 21

9 „Life Tastes Good“. Coca-Cola-Werbung, Sommer 2001

10 Niels Werber, „Vorbereitung der Kampfzone Nimmersatter. Erlebnisbedarf: ‚Die Leude woll'n los‘, aber wohin? Zur alten und neuen Protopolitik der Lifestyles“, *Frankfurter Rundschau*, 14. Dezember 2000

11 Elias Canetti, *Masse und Macht*, Frankfurt am Main 1980, S. 103f

12 Eberhard Seidel, „Ist Genua 2001 die Geburtsstunde einer neuen Protestgeneration?“, in: *die tageszeitung*, 28. Juli 2001

13 Vgl. nur Helmut Willke, *Atopia*, Frankfurt/Main 2001. Dazu auch Werber, Niels, „Ohne Raum / im Raum. Globalisierung und Geopolitik als Leitsemantiken der Weltgesellschaft“, in: *Telepolis* vom 7. Mai 2001

14 Diedrich Diedrichsen, „Die Leude woll'n, daß was passiert. Wege aus der Ironiefalle: Für eine Wiedergeburt des Politischen aus dem Ungeist der Freizeitkultur“, *Frankfurter Allgemeine*, 13. Oktober 2000

15 *Tristesse Royale*, Berlin 1999, S. 138

16 Ebd., S. 137f

17 Ebd., S. 156

18 Hans Ulrich Gumbrecht, 1926. *Ein Jahr am Rand der Zeit*, Frankfurt/Main 2001, S. 78

19 Henri-Pierre Jeudy, *Stadterfahrungen*, Berlin 1997

20 „Metropole der Gewalt“, *Lettre International* 40 (Frühjahr 1998)

Autoren, Gesprächspartner, Herausgeber

Elisabeth Blum ist Architektin und lehrt an der Hochschule für Gestaltung und Kunst Zürich. Veröffentlichungen (u.a.): *Le Corbusiers Wege,* 1988, ³1995/2001; (Hg.) *Wem gehört die Stadt? Armut und Obdachlosigkeit in den Metropolen*, Basel 1996; *Ein Haus, ein Aufruhr. Anmerkungen zu Zaha Hadids Feuerwehrhaus*, Braunschweig/Wiesbaden 1997.

Hartmut Böhme ist Professor für Kulturtheorie und Mentalitätsgeschichte an der Humboldt Universität zu Berlin und Mitautor von *Orientierung Kulturwissenschaft. Was sie kann, was sie will* (2000).

Mike Davis ist Professor für Geschichte an der State University of New York und Autor von *City of Quartz* (1990), *Dead Cities* (2002).

Josef Früchtl ist Professor für Philosophie mit Schwerpunkt Ästhetik und Kulturtheorie an der Universität Münster und Mitherausgeber von *Ästhetik der Inszenierung. Dimensionen eines gesellschaftlichen, individuellen und kulturellen Phänomens* (2001).

Robert Menasse ist Schriftsteller. Veröffentlichungen: *Sinnliche Gewißheit*, Roman (1988); *Überbau und Underground. Die sozialpartnerschaftliche Ästhetik* (1990); *Selige Zeiten, brüchige Welt*, Roman (1991); *Das Land ohne Eigenschaften. Essay zur österreichischen Identität* (1992); *Schubumkehr*, Roman (1995); *Phänomenologie der Entgeisterung. Geschichte des verschwindenden Wissens* (1995); *Dummheit ist machbar. Begleitende Essays zum Stillstand der Republik* (1999); *Die Vertreibung aus der Hölle*, Roman (2001).

Sighard Neckel ist Professor für Allgemeine Soziologie an der Justus-Liebig-Universität Gießen, Mitglied der wissenschaftlichen Leitung des Instituts für Sozialforschung in Frankfurt am Main und Autor von *Die Macht der Unterscheidung. Essays zur Kultursoziologie der modernen Gesellschaft* (2000).

Peter Neitzke ist Publizist und Mitherausgeber von *CENTRUM. Jahrbuch Architektur und Stadt* und der Reihe *Bauwelt Fundamente* und Autor von *Konvention als Tarnung. Anmerkungen zur architektonischen Gegenmoderne in Deutschland* (1995).

Werner Sewing ist Soziologe mit den Arbeitsschwerpunkten Kultursoziologie, Architektursoziologie, Stadtsoziologie, politische Soziologie und Wissenschaftsgeschichte. Der Band *Bildregie. Architektur zwischen Retrodesign und Eventkultur* erscheint 2002.

Trutz von Trotha ist Professor für Soziologie an der Universität Siegen und forscht über Gewalt, Krieg, Staatsentstehung und neue politische Ordnungen, vor allem in Westafrika. „Politik und Gewalt oder Beobachtungen und Anmerkungen über das ‚Kalaschsyndrom'", in: *Der Begriff des Politischen,* hg. von Armin Nassehi und Markus Schroer, Sonderheft der Zeitschrift *Soziale Welt* (2002).

Loïc Wacquant ist Professor für Soziologie in Berkeley und Forscher am Centre de Sociologie européenne am Collège de France. Veröffentlichung (dt): *Elend hinter Gittern* (2000)

McKenzie Wark ist Visiting Professor in Comparative Literature an der State University of New York, Binghamton, und Senior Lecturer in Media Studies an der Macquarie University, Sydney. Autor von *Virtual Geography* (1994) und *Dislocations* (2002).

Niels Werber ist Privatdozent für Neuere deutsche Literaturwissenschaft und Medientheorie am Institut für Germanistik der Universität Bochum und Mitherausgeber von *Kommunikation, Medien, Macht* (1999) und von *Raum – Wissen – Macht* (2002).

Roger Willemsen produzierte Dokumentarfilme, Kulturmagazine, Interviewsendungen und Kulturveranstaltungen und arbeitet als Essayist, Herausgeber und Kolumnist. Autor von *Die Deutschen sind immer die anderen. Künstler sehen Deutschland. Vierzig Gespräche* (2001) und *Deutschlandreise* (Doppel-CD, 2002).

Textnachweise

Die Gespräche mit Josef Früchtl, Robert Menasse, Werner Sewing, Niels Werber und Roger Willemsen sind, teils in stark gekürzter Form und unter anderen Titeln, erschienen in *Centrum. Jahrbuch Architektur und Stadt 2001.2002*, hg. von Peter Neitzke, Reinhart Wustlich und Carl Steckeweh, Darmstadt (Verlag Das Beispiel) 2001. Das für diesen Band geringfügig überarbeitete Gespräch mit Sighard Neckel ist veröffentlicht in *Centrum. 2000.2001*, Basel (Birkhäuser) 2000. Das Gespräch mit LoïcWacquant ist zuerst erschienen in *Mittelweg 36*, Zeitschrift des Hamburger Instituts für Sozialforschung, Dezember 2001/Januar 2002. McKenzie Warks Aufsatz, erstmals veröffentlicht im *Katalog der Ausstellung Mutations* (Arc en rêve, Centre d'architecture, Bordeaux, 24. November 2000 bis 25. März 2001), ist auf deutsch publiziert in *Centrum 2001.2002*. Den Essay von Hartmut Böhme hat *Lettre International* in Heft 55 (2001) erstveröffentlicht. Mike Davis' Aufsatz *Die Flammen von New York* erscheint hier vollständig in deutscher Erstveröffentlichung (Auszüge hat die *Süddeutsche Zeitung* am 7. Dezember 2001 publiziert). Der zuerst in *New Left Review*, H. 12 (November/Dezember) 2001 erschienene Text ist Teil von Mike Davis' Buch *Dead Cities (*The New Press, NYC 2002). Niels Werbers Aufsatz *Terroristische Kommunikation* wurde für das vorliegende Buch geschrieben. Bei dem Aufsatz von Trutz von Trotha handelt es sich um die stark gekürzte Fassung des gleichnamigen Kapitels aus dem gemeinsam mit dem Ethnologen Peter Hanser veröffentlichten Buch *„... nichts als ein einsamer Ort im Wilden Westen von Papua-Neuguinea". Beobachtungen und Überlegungen zur soziologischen Theorie von Recht und Polizei an den Grenzen des Staates*, Köln (Rüdiger-Köppe-Verlag) 2002. Dieses Kapitel ist zugleich die überarbeitete und ergänzte Fassung eines Aufsatzes, den der Verfasser unter dem Titel „Ordnungsformen der Gewalt oder Aussichten auf das Ende des staatlichen Gewaltmonopols" in *Politische Institutionen im Wandel* (Sonderheft 35 der *Kölner Zeitschrift für Soziologie und Sozialpsychologie*, hg. v. Birgitta Nedelmann, S. 129-166, Opladen (Westdeutscher Verlag) 1995) veröffentlicht hat.

Bildnachweise

Fotos von Elisabeth Blum (2000)

Seite 2 Tate Modern, London
Seite 58 Agdz, Marokko
Seite 96 Zürich
Seite 123 Zürich
Seite 154 Amsterdam
Seite 187 Zürich

Inhalt